만나다, 맛나다
세계음식문화

머리말

대학원에서 식공간 연출을 배우기 위해 모였던 저자들이 학회를 만들고, 그 학회에서 주최한 푸드코디네이트 공모전의 주제였던 '만나다, 맛나다'를 책 제목으로 인용하였다. 저자들이 한국 식문화 발전을 위해 힘쓴 지 벌써 햇수로 17년이 되었으며, 『만나다, 맛나다 세계음식문화』는 13번째 저서이다. 결코 짧지 않은 기간에 많은 일이 있었지만 가장 보람된 성과는 후학을 위해 우리의 열정을 쏟은 저서 집필이 아닌가 싶다. 좋은 사람들과 만나 소통하고 맛난 음식을 통해 끈끈한 정을 쌓는 것이 소소한 일 같지만, 그 연속성으로 식문화가, 더 나아가 인류의 역사가 창조되는 것임을 깨닫게 된다.

이 책의 특성으로는 잊혀져 가는 한국의 식문화를 가능한 자세히 다루었으며, '만나다'와 '맛나다'의 두 부분으로 크게 나누어, '만나다'에서는 각 나라의 자연·사회·문화 둘러보기를 만나고, '맛나다'에서는 먹을거리 이야기, 요리거리, 주요 먹을거리, 밥상머리 맵시를 맛깔스럽게 다루었다. '똑! Knock!'에서 음식 관련 영화, 식문화, 특유의 식재료, 음식의 유래 등을 흥미롭게 소개하였다.

음식문화 속의 '만나다'와 '맛나다'는 여러 의미가 있는데 패스트푸드의 대명사인 M사의 예는 서로 다른 식문화가 특정 지역에서 만나 어떻게 맛나게 현지화되는지 보여 준다. 맥아라비아는 아랍에서 판매되며, 빵 대신 고유음식인 난에 그 지역 사람들의 맛에 최적화된 치킨 또는 쇠고기를 끼우고 요구르트 소스를 얹는다. 또한 아시아의 대만, 인도네시아, 싱가포르, 우리나라 등에서는 주식인 쌀과 만나 맥라이스가 된다. 이렇듯 햄버거는 간편하게 즐길 수 있다는 장점 때문에 세계 곳곳에서 특색 있는 메뉴로 변화하여 눈길을 끈다.

퓰리처상을 수상한 미국 저널리스트 존 매커이드John McQuaid는 그의 저서 『미각의 비밀Tasty: The Art and Science of What We Eat』(문학동네, 2017)에서 "우리 몸에 있는 많은 것과 마찬가지로 맛 감각은 유전자와 인생 경험 사이에서 펼치는 일종의 변증법"이라고 하였다. 사람은 나이를 먹으면서 더 다양한 음식을 받아들이는 기묘한 열망이 생기는데, 이것이 요리에 생명의 숨길을 불어넣는 원천이 된다고 한다. 더 맛있는 요리를 위해 향신료를 찾아 떠나 신대륙을 발견하게 되었고, 더 맛있는 요리를 위해 다양한 식재료를 주고받으며 식문화는 변화를 겪게 되었다. 음식문화의 변증법은 음식문화를 수용하고 반발하며, 결국 타협하는 맛의 진화과정이라 할 수 있다.

정현종은 「방문객」이라는 시에서 "사람이 온다는 건 실은 어마어마한 일이다. 한 사람의 일생이 오기 때문이다."라고 하였다. 이 책의 제목 '세계 식문화' 앞의 수식어인 '만나다, 맛나다'는 위의 시처럼 이 책을 한 장 한 장 만나가며 음식을 통해 인류 역사를 통째로 데려오고, 나아가 우리 인류의 미래 식문화까지도 맞이할 준비가 되기를 조심스레 바라본다.

이 책이 나오기까지 수고한 파워북의 관계자 분들께 감사드린다. 특히 인도 편의 향신료 세밀화는 미래의 한국화 꿈나무인 오지선 양이 화선지에 한 획씩 정성으로 그려서 책의 품위를 높여 주었다.

2017년 3월

저자 일동

차례

머리말 4

1 식문화의 이해

1. 문화 13
2. 음식문화 14
3. 주 에너지 식재료 15
4. 식사도구와 상차림에 따른 식사예절 17

2 동북아시아

한국

만나다

1. 자연 둘러보기 23
2. 사회 둘러보기 24
3. 문화 둘러보기 24

맛나다

1. 먹을거리 이야기 25
2. 요리거리 25
3. 주요 먹을거리 28
4. 식기와 수저 55
5. 밥상머리 맵시 58

중국

만나다

1. 자연 둘러보기 59
2. 사회 둘러보기 59
3. 문화 둘러보기 60

맛나다

1. 먹을거리 이야기 62
2. 요리거리 64
3. 주요 먹을거리 66
4. 밥상머리 맵시 70

일본

만나다

1. 자연 둘러보기 71
2. 사회 둘러보기 72
3. 문화 둘러보기 72

맛나다

1. 먹을거리 이야기 74
2. 요리거리 75
3. 주요 먹을거리 76
4. 밥상머리 맵시 81

3 동남아시아

태국

만나다

1. 자연 둘러보기 85
2. 사회 둘러보기 85
3. 문화 둘러보기 86

맛나다

1. 먹을거리 이야기 86
2. 요리거리 87
3. 주요 먹을거리 89
4. 밥상머리 맵시 91

베트남

만나다

1. 자연 둘러보기 93
2. 사회 둘러보기 93
3. 문화 둘러보기 94

맛나다

1. 먹을거리 이야기 94
2. 요리거리 95
3. 주요 먹을거리 97
4. 밥상머리 맵시 100

인도네시아

만나다

1. 자연 둘러보기 101
2. 사회 둘러보기 101
3. 문화 둘러보기 102

맛나다

1. 먹을거리 이야기 102
2. 요리거리 103
3. 주요 먹을거리 104
4. 밥상머리 맵시 106

4 서남아시아

터키

만나다

1. 자연 둘러보기 109
2. 사회 둘러보기 109
3. 문화 둘러보기 110

맛나다

1. 먹을거리 이야기 111
2. 요리거리 112
3. 주요 먹을거리 113
4. 밥상머리 맵시 121

인도

만나다

1. 자연 둘러보기 122
2. 사회 둘러보기 123
3. 문화 둘러보기 123

맛나다

1. 먹을거리 이야기 124
2. 요리거리 126
3. 주요 먹을거리 129
4. 밥상머리 맵시 131

5 서 유 럽

프랑스

만나다

1. 자연 둘러보기 139
2. 사회 둘러보기 140
3. 문화 둘러보기 140

맛나다

1. 먹을거리 이야기 141
2. 요리거리 143
3. 주요 먹을거리 145
4. 밥상머리 맵시 151

독일

만나다

1. 자연 둘러보기 154
2. 사회 둘러보기 154
3. 문화 둘러보기 155

맛나다

1. 먹을거리 이야기 156
2. 요리거리 157
3. 주요 먹을거리 158
4. 밥상머리 맵시 163

영국

만나다

1. 자연 둘러보기 164
2. 사회 둘러보기 164
3. 문화 둘러보기 165

맛나다

1. 먹을거리 이야기 166
2. 요리거리 167
3. 주요 먹을거리 168
4. 밥상머리 맵시 172

6 남 유 럽

이탈리아

만나다

1. 자연 둘러보기 177
2. 사회 둘러보기 177
3. 문화 둘러보기 178

맛나다

1. 먹을거리 이야기 179
2. 요리거리 180
3. 주요 먹을거리 182
4. 밥상머리 맵시 187

스페인

만나다

1. 자연 둘러보기 189
2. 사회 둘러보기 190
3. 문화 둘러보기 190

맛나다

1. 먹을거리 이야기 191
2. 요리거리 192
3. 주요 먹을거리 193
4. 밥상머리 맵시 195

포르투갈

만나다

1. 자연 둘러보기 197
2. 사회 둘러보기 197
3. 문화 둘러보기 198

맛나다
1. 먹을거리 이야기 198
2. 요리거리 199
3. 주요 먹을거리 199
4. 밥상머리 맵시 201

7 동북유럽

노르웨이
만나다
1. 자연 둘러보기 205
2. 사회 둘러보기 206
3. 문화 둘러보기 206
맛나다
1. 먹을거리 이야기 207
2. 요리거리 207
3. 주요 먹을거리 209
4. 밥상머리 맵시 210

스웨덴
만나다
1. 자연 둘러보기 211
2. 사회 둘러보기 211
3. 문화 둘러보기 212
맛나다
1. 먹을거리 이야기 212
2. 요리거리 213
3. 주요 먹을거리 213
4. 밥상머리 맵시 215

핀란드
만나다
1. 자연 둘러보기 216
2. 사회 둘러보기 217
3. 문화 둘러보기 217
맛나다
1. 먹을거리 이야기 218
2. 요리거리 218
3. 주요 먹을거리 220
4. 밥상머리 맵시 221

러시아
만나다
1. 자연 둘러보기 222
2. 사회 둘러보기 223
3. 문화 둘러보기 223
맛나다
1. 먹을거리 이야기 223
2. 요리거리 224
3. 주요 먹을거리 227
4. 밥상머리 맵시 230

8 중동, 아프리카

중동
만나다
1. 자연 둘러보기 233
2. 사회 둘러보기 234
3. 문화 둘러보기 235
맛나다
1. 먹을거리 이야기 237

2. 요리거리 238
3. 주요 먹을거리 240
4. 밥상머리 맵시 243

아프리카

만나다
1. 자연 둘러보기 245
2. 사회 둘러보기 246
3. 문화 둘러보기 246

맛나다
1. 먹을거리 이야기 247
2. 요리거리 247
3. 주요 먹을거리 249
4. 밥상머리 맵시 250

9 북아메리카

미국

만나다
1. 자연 둘러보기 255
2. 사회 둘러보기 255
3. 문화 둘러보기 256

맛나다
1. 먹을거리 이야기 256
2. 요리거리 257
3. 주요 먹을거리 258
4. 밥상머리 맵시 262

캐나다

만나다
1. 자연 둘러보기 263
2. 사회 둘러보기 263
3. 문화 둘러보기 264

맛나다
1. 먹을거리 이야기 264
2. 요리거리 264
3. 주요 먹을거리 265
4. 밥상머리 맵시 267

10 남아메리카

멕시코

만나다
1. 자연 둘러보기 271
2. 사회 둘러보기 271
3. 문화 둘러보기 272

맛나다
1. 먹을거리 이야기 272
2. 요리거리 273
3. 주요 먹을거리 275
4. 밥상머리 맵시 278

브라질

만나다
1. 자연 둘러보기 279
2. 사회 둘러보기 279
3. 문화 둘러보기 280

맛나다
1. 먹을거리 이야기 280
2. 요리거리 281
3. 주요 먹을거리 283
4. 밥상머리 맵시 285

아르헨티나
만나다
1. 자연 둘러보기 286
2. 사회 둘러보기 286
3. 문화 둘러보기 287
맛나다
1. 먹을거리 이야기 287
2. 요리거리 288
3. 주요 먹을거리 288
4. 밥상머리 맵시 290
칠레
만나다
1. 자연 둘러보기 291
2. 사회 둘러보기 291
3. 문화 둘러보기 292
맛나다
1. 먹을거리 이야기 293
2. 요리거리 293
3. 주요 먹을거리 294
4. 밥상머리 맵시 297
페루
만나다
1. 자연 둘러보기 298
2. 사회 둘러보기 298
3. 문화 둘러보기 299
맛나다
1. 먹을거리 이야기 299
2. 요리거리 300
3. 주요 먹을거리 301
4. 밥상머리 맵시 304
11 오세아니아
호주
만나다
1. 자연 둘러보기 307
2. 사회 둘러보기 308
3. 문화 둘러보기 308
맛나다
1. 먹을거리 이야기 309
2. 요리거리 310
3. 주요 먹을거리 311
4. 밥상머리 맵시 313
뉴질랜드
만나다
1. 자연 둘러보기 315
2. 사회 둘러보기 316
3. 문화 둘러보기 316
맛나다
1. 먹을거리 이야기 317
2. 요리거리 317
3. 주요 먹을거리 318
4. 밥상머리 맵시 321
참고문헌 및 이미지 출처 322
찾아보기 328

CHAPTER 1

식문화의 이해

식문화의 이해

1. 문화

라틴어의 경작이나 재배에서 유래된 문화의 개념은 인간 사회의 구성원에 의하여 습득, 공유, 전달되는 행동양식 또는 생활양식의 총제로 해석된다. 문화는 자연과 상반되는 개념으로 인간이 자연을 변화, 창조해 내는 것을 의미한다. 그래서 문화는 학습되는 경험, 세대로 전달되는 집단현상, 끊임없이 변화하는 속성과 자연환경뿐만 아니라 사회·정치·경제적 환경 등의 영향을 받으며, 일정한 상징성을 지닌다고 할 수 있다.

문화와 세계화는 뗄 수 없는 밀접한 관계를 갖는다. 다른 나라의 문화를 공유하는 것을 진정한 세계화로 인식하고, 우리 인류가 직면한 피할 수 없는 역사의 단계가 세계화라면 국제 전문인력 양성이 교육의 주요 목표라고 할 수 있다. 궁극적으로 세계 시민으로서 세계 문화를 공유하는 것이 진정한 세계화라고 할 수 있다. 1990년대부터 세계 기구들의 세계화 노력을 엿볼 수 있다. 세계 곳곳에서 대책을 세우는데, 1995년 유네스코UNESCO의 『우리의 창조적 다양성Our Creative Diversity』에서 문화 다양성의 중요성을 강조하였으며, 2001년 7월 세계무역기구WHO는 세계 문화의 다양성과 정체성 유지방법을 모색하였고, 비정부기구NGO에서 「문화적 종다양성을 위한 국제 네트워크INCD」 총회를 열어 "문화 관련 상품은 국제 무역 논리로 지배되어서는 안 된다."고 선언하였다. 이를 통해 우리가 세계화에 동참하는 것은 자문화 중심주의에서 벗어나 세계의 다양한 문화를 문화상대주의 시각으로 올바르게 바라볼 수 있는 태도를 가지도록 노력하는 것으로 해석할 수 있다.

2. 음식문화

문화를 음식의 관점에서 이해하면, 식재료는 자연으로부터 채취되지만 식재료에 사람이 여러 형태로 물리적·화학적 변화나 창조를 만들어 낸 것을 '식문화'라고 할 수 있다. 원시시대의 수렵이나 채집에서 문명의 발달로 농사를 짓고 가축을 사육하기 시작한 것을 인류 문화와 식문화의 시작으로 보는 것이 그 이유에서이다. 인간이 불을 사용하게 된 시점을 식문화의 시작으로 보는 관점도 있는데, 불의 사용은 곧 음식을 익혀 먹는 '조리'의 시작을 의미하기도 한다. 식문화는 음식의 재료가 되는 식품의 획득방법과 종류, 식품의 조리·가공법, 식기류, 상차림 및 음식을 먹는 방법, 식사예절 등을 모두 포함한다.

문화가 정적이지 않고 동적인 특성을 가지듯이 식문화 역시 정체되어 있지 않으며, 주변 환경이나 문화 구성원들의 가치관에 따라 끊임없이 변화한다. 자연적인 변화나 경제적인 변화가 사용 가능한 식품의 종류를 바꾸어 놓기도 하며, 다른 나라의 식품이나 식습관이 전해져 원래 식문화에 영향을 미치기도 한다. 그래서 어떤 사회든 식문화의 변화에 저항하며 전통적인 식문화를 지키려고 한다.

음식문화의 형성은 크게 자연적, 사회적, 경제적, 기술적 요인들의 영향을 받는다. 이 요인들은 서로 밀접하게 관련되어 오랜 기간에 걸쳐 식생활 문화를 만들어 나간다.

1) 자연적 요인

자연적 요인에는 수질, 토질, 기후, 지형이 있다. 인간이 살아가는 주변에는 초원·산·강·습지·바다·사막 등이 있고, 열대·온대·한대 등 기후도 다양하다. 하지만 인간은 자연에 순응하면서 지혜롭게 살아간다. 자연조건에 따라 식재료가 다르므로 식생활의 차이는 필연적이다. 수질과 토양이 좋은 지역은 식생활에 곡류와 채소가 많고, 수질이 나쁜 지역은 이를 극복하기 위한 차문화가 발달하였다. 기후는 인체에 영향을 주기 때문에 섭취하는 음식이 달라진다.

2) 사회적 요인

사회적 요인에는 종교, 관습, 세대, 가족 형태, 연령, 직업 및 도시화, 국제화, 정보화 등이 있다. 종교는 가장 영향력이 큰 요인으로 미신이나 관습에 따라 금기음식도 있으면서 식생활에 실제로 영향을 준다.

3) 경제적 요인

인간은 생활 수준과 소득이 높을수록 식생활의 변화를 추구한다. 질적으로 우수하고 건강에 유익하며, 맛있는 음식을 먹으려는 욕구는 누구나 다 가지고 있다. 새로운 음식을 찾아 국내·외로 관광을 다니는 사람들이 많아지면서, 지역과 국가마다 음식과 관련된 관광상품을 개발하는 것이 세계적인 추세이다.

가공식품의 이용과 외식의 증가도 경제적 요인 중의 하나이다.

4) 기술적 요인

기술적 요인에는 식품의 생산, 가공, 저장, 유통 기술의 발달이 있다. 식품 생산기술은 어획량과 농산물 수확량의 증가를 가져왔고, 풍부한 먹거리를 이용하여 다양한 음식을 만들어 먹을 수 있게 하였다. 식품 가공·저장 및 포장기술은 식품의 종류를 증가시켰고, 편리한 취사기구와 전자제품의 개발은 음식의 조리를 간편하게 하여 식생활을 풍요롭게 하였다. 식품 유통기술은 시공간의 제약에서 벗어나 식재료와 음식의 공급을 원활하게 하여 지역간 식생활의 차이를 해소해 주었다.

3. 주 에너지 식재료

인간은 다양한 자연환경 속에서 발달시켜 온 음식을 고유한 방법으로 먹으며 식생활을 영위하고 있다. 이들 식문화를 제대로 이해하기 위해서는 무엇을, 어떻게 먹는지의 문제에 집중할 필요가 있다. 그 지역 자연환경에 맞는 식재료를 이용해 독특한 조리법으로 만들어진 음식은 다양한 방법으로 소비된다. 또한 식기류와 상차림뿐만 아니라 음식을 먹는 방법도 다양하다. 이렇듯 무엇을 먹는지, 어떻게 요리하는지, 어떻게 먹는지는 시대에 따라 변하며, 오늘날과 같은 세계화 시대에는 이러한 변화가 더욱 빠르게 진행되고 있다.

각 나라나 민족은 제각각 식재료와 그 생산방법이 다르며, 에너지 획득의 기본이 되는 주 에너지 식재료에 따라 크게 4가지 문화권으로 나눌 수 있다. 밀을 주 에너지 식재료로 하는 문화권, 쌀을 주 에너지 식재료로 하는 문화권, 옥수수를 주 에너지 식재료로 하는 문화권, 감자 등 서류를 주 에너지 식재료로 하는 문화권 등이 있다.

1) 밀 주식 문화권

밀은 유럽, 북아메리카, 인도 북부, 파키스탄, 중동, 중국 북부, 북아프리카 등에서 이용하고 있으며, 주로 빵이나 국수를 만들어 먹는다. 북아프리카에서는 쿠스쿠스couscous로 이용하기도 한다. 밀을 재배하는 지역에서는 목축이 주로 이루어지기 때문에 육류와 유제품을 섭취하는 특징이 있다.

2) 쌀 주식 문화권

벼를 재배하는 인도 동부, 태국, 베트남, 중국 중·남부, 우리나라, 일본 등은 쌀을 주 에너지 식재료로 섭취한다. 지역에 따라 찹쌀 또는 멥쌀을 이용하며, 밥이나 국수로 소비한다. 쌀을 주 에너지 식재료로 하는 지역에서는 콩이나 생선을 주된 단백질원으로 이용하는 곳이 많다.

3) 옥수수 주식 문화권

옥수수는 멕시코가 원산지로 남아메리카와 아프리카에서 주 에너지 식재료로 이용한다. 남아메리카에서는 낟알 그대로 또는 가루를 내어 죽으로 끓여먹거나 반죽하여 둥글넓적하게 구워 먹고, 아프리카에서는 죽의 형태로 섭취한다.

4) 감자 주식 문화권

감자 등의 서류인 고구마, 토란, 마, 카사바 등을 주 에너지 식재료로 하는 지역도 있다. 특히 고구마, 토란, 마는 동남아시아와 태평양 남부의 섬 등에서 먹고 있고, 중앙아프리카나 남아메리카 일부 지역에서는 감자와 비슷한 카사바를 먹는다.

5) 기타 주식 문화권

잡곡인 수수와 기장은 사하라 남부 아프리카와 인도, 중국 일부 지역에서 활용된다. 이처럼 대부분의 지역에서 식물성 식품을 주 에너지 식재료로 소비하지만, 예외적으로 육류를 주식으로 먹는 지역도 있다. 에스키모라고 불리는 이누이트Innuit족은 식물성 식재료를 얻을 수 없는 북극 지역의 자연환경으로 인해 육류를 주식으로 삼고 있으며, 몽골인들도 육류를 많이 먹고 있다.

어떤 식품을 주 에너지원으로 섭취하는가는 일반적으로 자연환경의 영향을 가장 많이 받으므로 기후와 토양 등 자연환경이 비슷한 지역은 같은 식재료를 주 에너지 식품으로 삼는다. 또한 어떤 식품을 주 에너지 식품으로 먹느냐에 따라 부식이 달라지며, 요리법이나 식사예절도 차이가 나므로 주 에너지 식품은 식문화의 중심 역할을 한다.

4. 식사도구와 상차림에 따른 식사예절

인간은 가족이나 친지, 사회구성원과 함께 음식을 먹음으로써 먹는 즐거움을 누리는 사회적 동물이다. 따라서 음식물을 입에 넣는 방법, 음식의 상차림 등이 문화에 따라 다르다.

음식을 먹을 때 사용하는 식사도구에 따라 음식문화권을 분류하면, 도구를 사용하지 않고 음식을 손으로 먹는 수식 문화권, 젓가락을 주로 사용하는 저식 문화권, 그리고 나이프, 포크, 스푼을 사용하는 커틀러리 문화권으로 구분할 수 있다. 젓가락을 주로 사용하는 태국 등 동남아시아 일부 지역에서는 스푼과 포크를 주요 식사도구로 함께 사용하기도 한다. 우리나라, 중국과 일본처럼 같은 저식 문화권이라도 요리하는 방법과 먹는 방법 등이 식문화에 알맞게 발전해 왔기 때문에 젓가락의 모양이나 사용하는 방법에 차이가 있다.

상차림은 하나의 그릇에 다인용 음식을 담아 낼 것인가, 1인분씩 따로 담아 낼 것인가에 따라, 음식을 동시에 모두 차려 낼 것인가 아니면 하나의 요리를 먹고 난 후 다음 요리를 제공할 것인가에 따라 달라진다. 상차림 유형은 두 가지 기준에 따라 나눌 수 있다. 음식의 분배방법에 따라 개별형과 공통형으로 나눈다. 개별형은 밥상에 음식을 1인분씩

그릇에 담아 제공하는 형태로 태국이나 인도의 탈리가 대표적이다. 서양에서도 1인분씩 접시에 음식을 담아서 낸다. 공통형은 여러 명의 식사를 한 상에 차리는 방법이다. 두 가지 유형을 병용하여 혼합하는 경우도 있다. 공통형 상차림이라도 대부분 주식은 개인별로 분배한다.

음식의 배치방법은 공간전개형과 시간전개형(시계열형)으로 나눈다. 공간전개형은 1회의 식사에 제공되는 요리를 한 번에 차려 내는 서비스법으로 '한상차림'이라고도 한다. 시간전개형은 코스요리 형태로 시간차를 두고 음식이 제공되는 방법이다. 서양의 경우 일반 가정에서 시계열형이 보급된 것은 19세기에 러시아식 서비스가 보급된 이후로, 그 전까지는 공간전개형 상차림을 따랐다.

1) 수식 문화권의 식사예절

수식 문화권은 아프리카, 서아시아, 동남아시아, 오세아니아 등에 분포되어 있으며, 전 세계 인구의 40%가 수식 문화권에 속한다. 종교적으로는 이슬람교와 힌두교도들이 수식 문화권에 속한다.

2) 저식 문화권의 식사예절

저식 문화권은 쌀을 주 에너지 식재료로 하는 동양권에서 발달하였다. 음식문화에 따라 젓가락의 형태가 다르며 그 사용법에도 차이가 있다. 식사할 때 숟가락과 젓가락을 모두 사용하는 우리나라와 달리, 중국과 일본에서는 주로 젓가락을 사용한다. 중국에서는 숟가락은 국물요리를 먹을 때에 쓰며, 일본은 국물요리도 젓가락을 이용해 먹는다. 젓가락만으로 음식을 먹는 일본의 경우 젓가락 예절이 특히 엄격하고 복잡하다.

3) 커틀러리 문화권 식사예절

나이프, 포크, 스푼을 사용하는 식생활 형태는 유럽을 비롯하여 아메리카, 오스트레일리아 등으로 이주한 백인들을 통해 확산되었다. 육식을 주로 하는 서양의 경우 포크와 나이프 문화가 발달하였으며, 유럽인의 식사예절은 거의 비슷하다.

똑! Knock!

서양문화권에서도 손으로 식사를 하였다

고대 로마의 줄리어스 시저가 침대 위에 비스듬히 드러누워 식사를 했다면, 17~18세기 중세의 잔 다르크는 테이블에 앉아서 식사를 했다. 그러나 모두 손으로 음식을 집어 먹었으며 식사 전후에 손을 씻었다고 한다. 루이 15세는 잔 다르크와 마찬가지로 식탁에 앉아서 식사를 했으나 식탁용 도구와 냅킨을 사용했다. 전설적인 식욕을 가진 루이 14세도 손으로 음식을 먹었으며, 냅킨으로 음식이 묻은 손을 우아하게 닦았다고 한다. 서양에서 최초의 포크 사용은 베네치아에서 금으로 된 두 갈래 포크에서 시작되었다고 한다. 1606년 베네치아를 여행한 영국 상인 토머스 콜리어트는 베네치아 귀부인이 고안했다는 두 갈래 포크를 본국으로 가져갔으나, '하느님이 주신 손을 모독하는 것'으로 비난을 받았다. 이탈리아 메디치가의 카트린 드 메디치 왕비는 프랑스로 시집오면서 포크를 전했으나, 식도락가로 소문난 본인은 손으로 음식을 먹었다고 한다. 심지어 뜨거운 요리를 먹을 때는 손가락 씌우개인 골무를 사용했다고 한다. 둥근 주름 동정 시대에 와서 사치스런 동정에 얼룩을 묻히지 않으려고 베네치아의 포크를 본격적으로 사용하기 시작했다. 17세기 말부터 포크 사용이 익숙해졌고, 포크의 형태도 날이 2개에서 3~4개로 바뀌었다. 그러나 이 당시 식사예절에 관한 책에서 설명하고 있는 올바른 사용법과는 달리 포크를 이쑤시개처럼 사용하기도 했다.

루이 14세

카트린 드 메디치

동북아시아

CHAPTER 2

한국 중국 일본

NORTH KOREA
Beijing
Pyongyang
JAPAN
Sapporo
Tianjin
Seoul
Nagano
SOUTH KOREA
Tokyo
Lanzhou
Qingdao
Busan
Osaka
Hiroshima
CHINA
Nagasaki
Shanghai
Wuhan
Fuzhou
Guangzhou
Hong Kong

한국

REPUBLIC OF KOREA

大韓民國

한국의 음식은 5천 년의 역사를 통하여 우주를 상징하는 음양오행설의 다섯 가지 색상인 청靑, 적赤, 황黃, 백白, 흑黑의 오방색으로 구성되어 있고, 이는 곧 음식을 통하여 우주를 만나고, 우주를 먹는 것으로 이해되어 왔다.

만나다

1. 자연 둘러보기

한국은 유라시아 대륙 동쪽인 동북아시아에 위치하고 있으며, 남북으로 길게 950km에 걸쳐 있고, 전체 면적은 약 10만 km^2이다. 3면이 바다로 둘러싸여 있는 반도이고, 지형은 산지가 전 국토의 70%를 차지한다. 북부와 동부에는 높은 산악지대가 많아 밭농사를 주로 하고, 남부와 서부는 낮은 평지로 되어 있어 쌀농사를 많이 한다. 기후는 온대기후에 속하며 사계절이 뚜렷하여 농사와 축산에 적합한 기후를 가지고 있다. 대륙과 해양에서 문화를 받아들이고 전해 줄 수 있는 지리적 위치에 있어 다양한 음식문화가 발달하였다.

2. 사회 둘러보기

한국의 수도는 한반도의 중앙에 위치한 서울이며, 전체 인구는 2016년 기준 5,171만 명 정도이고, 세계 28위 정도이다.

한민족은 황색 몽고종에 속하는 퉁구스족의 하나로서, 몽고와 만주를 거쳐 남하하여 한반도에 정착하면서 단일민족을 형성하였다. 한민족은 피부색뿐만 아니라 곧은 머리카락과 짧은 얼굴에 광대뼈가 나오고 눈꺼풀이 겹쳐져 있으며, 둔부에 몽고반점이 있는 등 몽골 인종의 공통된 신체적 형질을 가지고 있다.

2015년 기준으로 인구의 43.9%가 종교를 가진 것으로 조사되었는데, 기독교 19.7%, 불교 15.5%, 가톨릭교 7.9%, 원불교 0.2%, 기타 0.3% 등의 순이다.

3. 문화 둘러보기

13세기 이전까지는 북쪽과 서역, 16세기에는 임진왜란을 계기로 남쪽의 국가, 19세기에는 서양 여러 나라의 영향을 받으며 변화와 발달을 이루어왔다. 신석기시대부터 농사를 시작하였고, 삼국시대 후기부터 주식인 밥과 부식인 반찬으로 식사하는 식생활이 형성되었다. 통일신라시대에는 불교를 숭배하여 육식은 쇠퇴하고 채소음식과 차가 발달하였다. 고려시대에는 북쪽의 여러 국가인 송, 여진, 몽고와의 교역으로 소금, 후추, 설탕이 들어왔다. 조선시대에는 유교문화가 정착되면서 효孝를 근본으로 조상을 섬기고 가부장제도에 따른 식생활을 중요시하였다. 이 시기에 옥수수, 땅콩, 호박, 토마토, 고구마, 고추, 감자 등이 유입되었다.

맛나다

1. 먹을거리 이야기

유교의 영향으로 유교 의례를 중히 여겨 통과의례通過儀禮에 따라 잔치나 제례음식의 차림새가 정해졌고, 사계절에 따른 시식時食과 명절에 먹는 절식節食이 있다. 그리고 조선시대까지는 외상 차림이 원칙이었으나 요즘에는 온 가족이 한 상에 모여 식사하는 것이 일반적이다.

한국의 음식문화는 다음과 같은 특징이 있다.

① 준비된 음식을 한 상에 모두 차려놓고 먹는 공간전개형으로 구성되어 있다.
② 밥이 주식이고, 부식으로 반찬을 곁들이는 주식과 부식이 구별되는 식사로 준비된다.
③ 파, 마늘, 참기름, 고춧가루 등 다양한 양념藥念을 사용하여 조리한다.
④ '먹는 것은 약과 같은 것'이라는 의미를 가지는 약식동원藥食同原 사상을 갖는다.
⑤ 김치와 장, 젓갈, 장아찌 등 발효식품을 많이 섭취한다.
⑥ 음양오행陰陽五行 사상을 기본으로 하여 오색 재료나 오색 고명을 사용한다.
⑦ 음양오행 사상을 기본으로 하는 양陽의 숫자인 홀수를 선호하여 고명이나 재료 등은 홀수로 선택한다.
⑧ 식사할 때는 식사도구로 숟가락과 젓가락인 수저匙箸를 사용한다.
⑨ 한 상에 올라오는 다양한 음식은 통일된 식기를 사용한다.
⑩ 밥이나 국은 뚜껑 있는 그릇을 사용하기도 한다.

2. 요리거리

한국의 식생활은 밥을 주식으로, 반찬을 부식으로 준비하는 상차림이기 때문에 곡류로 밥을 짓고, 육류·어패류·해조류·채소류 등을 사용하여 다양한 찬품을 만든다. 그리고 한국은 삼천리 방방곡곡 아름다운 강과 산을 거느리고 있다 하여 이를 비유적으로 금수강산錦繡江山(비단에 수를 놓은 듯 매우 아름다운 산천)이라고 일컫는다. 유홍준은 『나의 문화유산 답사기』에서 "우리나라에서 가장 아름다운 정원은 논"이라고 하였다.

1) 곡류穀類 cereal

탄수화물 급원식품으로 효율적인 에너지 공급원이다. 지방은 낮으며 섬유질이 많은 대표적인 곡류인 멥쌀은 반투명하고 찹쌀은 유백색을 띤다. 현미가 영양 면에서는 우수하지만 거칠어서 꼭꼭 씹어야 소화·흡수가 잘 된다.

쌀은 재배지역에 따라 자포니카형japonica type, 자바니카형javanica type, 인디카형indica type으로 구분되며, 한국은 낟알이 짧고 둥근 모양인 자포니카형을 재배한다.

2) 두류豆類 pulses

콩과에 속한 식물 종류로 콩, 팥, 녹두 등이 있다. 콩의 원산지는 한국과 만주지역으로 한국에서는 삼국시대부터 재배하였다. 콩에 들어 있는 단백질의 양은 농작물 중에서 최고이며, 아미노산의 구성도 육류에 비해 손색이 없다. 콩에는 비타민 B군이 특히 많고, A와 D도 들어 있으나 비타민 C는 거의 없다. 그러나 콩을 콩나물로 재배할 때는 싹이 돋는 사이에 성분이 변하여 비타민 C가 풍부한 식품이 된다.

3) 채소류菜蔬類 vegetables

이용 부분에 따른 채소류는 경엽채류, 근채류, 과채류 등으로 분류할 수 있다.

경엽채류莖葉菜類는 배추·양배추·상추 등과 같이 잎을 이용하는 것, 양파·마늘 등과 같이 잎이 저장기관으로 변형된 것, 꽃양배추처럼 꽃망울을 이용하는 것, 아스파라거스·죽순과 같이 어린 줄기를 이용하는 것이 있다.

근채류根菜類는 무·순무·당근·우엉 등과 같이 곧은 뿌리와 고구마·마 등과 같이 뿌리의 일부가 비대한 덩이뿌리塊根를 이용하는 것, 연근·감자·생강 등과 같이 땅속줄기地下莖가 발달한 것이다.

과채류果菜類는 생식기관인 열매를 식용하는 채소로서 오이·호박 등의 박과 채소, 고추·토마토 등의 가지과 채소, 강낭콩 등의 콩과 채소와 이 밖에 딸기·옥수수 등이 있다.

4) 산채류山菜類 wild vegetables

산채류는 산에서 흔히 자라는 식물 중 사람이 먹을 수 있는 식물을 말하며 산나물이라고도 한다. 국토의 70%가 산으로 이루어져 있어 산에서 나는 나물의 종류 또한 다양하다. 한국에는 약 3,200여 종의 식물이 자생하고 있으며, 이 중 식용할 수 있는 식물로는 약 850종이 알려져 있다. 그러나 실제로 식생활에 이용되는 종류는 수십 종에 지나지 않으며, 산채는 식물학적 생활형에 따라 크게 초본식물과 목본식물로 나눌 수 있다.

5) 축산물畜産物 livestock

한국에서 생산되는 축산물은 우유, 달걀, 쇠고기, 돼지고기, 닭고기이며 부산물은 원피(가공 전의 가죽)를 포함한다.

현재 보존되고 있는 토종 한우는 털색에 따라 덩치가 크다는 뜻의 황소, 짙은 갈색과 검은색 무늬를 가진 칡소, 검은색의 흑소로 나뉜다. 수소를 가리키는 황소는 본래 한소에서 나온 말이다. 황소라 할 때의 '황'을 누렇다는 뜻으로 잘못 알고 있는 경우가 많은데, 이때의 '황'은 누렇다는 뜻이 아니라 '크다'라는 뜻을 가진 '한'에서 나온 말로, 검은 소건 흰 소건 덩치가 큰 수소일 경우에는 모두 황소라 부를 수 있다.

6) 수산물水産物 fishery products

수산물이란 어패류나 해조류 등과 같이 바다, 강, 호수에서 나는 산물로 단백질이나 지방이 풍부하고 비타민과 무기질의 공급원이며, 육류, 알류, 우유에 비해 라이신 함량이 많아 라이신이 부족한 곡류 중심의 한국인 식생활에서 중요한 역할을 한다.

봄에 나는 수산물로는 가자미·병어·조기·준치·잉어·삼치·조개·해삼·꽃게 등이 있고, 여름에는 민어·갈치·뱀장어·꽁치·멸치·오징어·고등어가 산란하러 모인다. 가을에는 갈치·연어·도루묵·삼치·방어·꼬막 등이 제철이고, 겨울에는 청어·가자미·임연수어·정어리·양미리·문어·낙지·꼬막·굴 등이 많이 난다.

7) 과실류果實類 fruits

과실은 나무나 풀에서 나는 먹을 수 있는 열매로 과일이라고도 한다. 보통 수박이나

똑! Knock!

한국의 3대 진미는?

세계 3대 진미3大珍味는 캐비어와 푸아그라, 트러플인데 죽기 전에 꼭 먹어봐야 할 식재료로 꼽히는 것들이다.

그렇다면 한국의 3대 진미는 무엇이라 할 수 있을까?

5천 년의 역사를 통해 우수한 식문화를 자랑하는 한국의 식문화는 안타깝게도 한국을 대표하는 3대 진미라는 재료에 대한 정립이 되어있지 않은 실정이다. 이 기회를 통하여 누구에게라도 자랑스럽게 이야기할 수 있는 한국의 3대 진미를 찾아보고 정립할 수 있는 기회가 되기를 바란다.

먼저 진미란 음식의 좋은 맛을 이야기하지만 세계 3대 진미를 통해 진미가 되기 위한 조건을 추정해 보면, 먼저 고가의 식재료이면서 으뜸으로 치는 재료의 희소성을 가지고 있어야 하는 것을 알 수 있다. 즉, 재료가 얼마나 희귀하고 품질이 어느 정도의 등급을 갖느냐에 따라 값어치는 천차만별이다.

한국 국토의 70%가 산으로 되어 있고 3면이 바다이므로 산에서 구할 수 있는 식재료로 송이버섯松栮과 인삼人蔘을 들 수 있고, 어류로는 숭어의 알을 소금이나 간장에 절여 햇볕에 말려 먹던 어란魚卵을 생각해 볼 수 있겠다.

한국의 식문화는 관광자원과 만나 커다란 시너지 효과를 볼 수 있는 좋은 자원을 많이 가지고 있다. 한식의 세계화를 위해 많은 노력을 기울이고 있는 만큼 국가적인 차원에서 한국을 대표하는 3대 진미를 확립하여 한식의 세계화에 더 한층 박차를 가하기 바란다.

딸기 등의 열매채소도 과일에 포함된다. 과일에는 우리 몸에 필요한 비타민, 당분, 무기질과 같은 영양소가 많이 들어 있다. 수박·참외·딸기 등과 같이 풀에서 나는 과일이 있고, 사과·배·복숭아 등과 같이 나무에서 나는 것도 있다.

3. 주요 먹을거리

1) 팔도 향토음식의 특징

'팔도'는 한국의 여덟 개 도都를 뜻하며, 한국의 행정구역이 8도로 나뉜 것은 1413년 조선 태종 때이다. 팔도란 말은 성종 9년(1478년)에 완성된 『팔도지리지八道地理志』란 책이 발간된 뒤 널리 쓰이게 되었다. 여기서 8도의 명칭은 경기도, 강원도, 충청도, 전라도, 경상도, 평안도, 함경(함길)도, 황해도를 말하는데, 당시에 제주도는 전라도에 속해 있었다. 충청도, 전라도, 경상도 등이 남도와 북도로 나뉜 것은 1896년 조선 말 고종 때이다.

여기에서는 서울과 제주도를 추가하여 10개 지역 음식이 지니고 있는 특징을 살펴보고자 한다.

(1) 서울

서울은 조선시대의 수도로서 500여 년 동안 도읍지였기 때문에 궁중음식을 비롯한 조선시대 음식풍이 많이 남아 있으며, 음식이 사치스러웠고 격식이 까다로웠다. 음식의 양은 적었으나 가짓수는 많았고, 양념을 많이 했으며, 짜지도 싱겁지도 않은 중간 정도의 간을 했다. 모양은 작고 예쁘게 만들며 손이 많이 가는 정성스런 음식으로 전해진다. 대표적인 음식으로 주식류에는 설렁탕·장국밥·흑임자죽·생치(꿩)만두 등이 있고, 이 중 설렁탕은 가장 널리 알려져 있다.

찬류로는 열구자탕悅口子湯(신선로)·육개장·구절판九節板·각색전골·홍합초·간납(간이나 소

열구자탕

구절판

각색전골

홍합초

우설편육

매작과

의 위인 처녑으로 만든 전)·우설牛舌편육·수란水卵 등이 있으며, 특히 열구자탕과 구절판은 맵시 있는 서울음식의 특징을 잘 보여 준다. 떡류로는 두텁떡(봉우리떡)·상추떡·각색편·느티떡 등이 있다. 조과류로는 약과·매작과·엿강정 등 다양한 각종 다식이 있고 음료로는 오미자화채·앵두화채·진달래화채 등이 있다.

(2) 경기도

경기도는 농산물이 풍부하며 서해안은 해산물이 많고, 음식은 개성음식을 제외하고는 대체로 수수하며 맛도 구수하고 소담스럽게 만드는 것이 특징이다. 간은 세지도 약하지도 않은 서울과 비슷한 편이며, 양념을 많이 사용하지 않는다. 곡물음식이 특히 발달했고, 각종 젓갈이 풍성하며, 김장에는 조기젓·새우젓을 많이 쓴다. 농촌에서는 호박풀떼기·수제비 등을 잘 만들어 먹었고, 주식으로 오곡밥과 찰밥을 즐긴다.

개성은 과거 고려시대의 수도로서 음식문화가 발달했던 곳이다. 서울음식처럼 사치스럽고 종류도 다양해 전주와 더불어 호화롭고 솜씨가 뛰어나 궁중음식에 비길 만하다. 대표적인 음식으로 주식류에는 개성편수·조랭이떡국·장국에 끓여서 제물에 그대로 내는 제물칼국수 등이 있으며, 특히 조랭이떡국은 조선 건국 후 개성 사람들이 나라 잃은 원한으로 가래떡 끝을 비틀어서 만들기 시작했다는 이야기가 전한다.

찬류에는 개성닭젓국·냉이토장국·감동젓(곤쟁이젓)찌개·개성무찜·연평도조기젓·개성보쌈김치 등이 있다. 떡은 여주산병·우메기(개성주악)·개성경단·수수지지미 등이 있고, 조과류에는 개성모약과, 음료로는 모과청화채가 있다.

개성편수

조랭이떡국

개성보쌈김치

(3) 강원도

산악지방에서는 감자, 옥수수, 메밀이 생산되고 도토리와 각종 산채, 버섯류가 많이 쓰이며, 동해안 지역에서는 각종 해산물과 해조류가 난다. 음식이 소박하고 단순한 편으로 감자, 강냉이, 메밀 등과 해산물로 음식의 맛을 낸다.

대표적인 주식류는 강냉이밥, 감자밥, 메밀막국수, 감자수제비, 감자범벅 등으로 옥수수와 감자를 다양하게 이용한다. 특히 메밀막국수는 메밀국수를 김칫국물에 말아 김치, 오이, 고춧가루, 깨소금을 얹은 것으로 강원도의 명물이다.

찬류에는 쏘가리매운탕·도치두루치기볶음·오징어순대·동태구이·더덕생채·창란젓깍두기 등이 있으며, 강냉이녹말로 만드는 올챙이묵은 여름철 별미이기도 하다.

떡류에는 감자시루떡·감자떡·감자녹말송편·옥수수설기·메밀전병(총떡) 등이 있고, 조과류에는 과줄·황골엿(옥수수엿)이, 음료에는 연엽식혜·강냉이차가 있다.

오징어순대

메밀막국수

메밀전병

(4) 충청도

충청도는 농업이 주가 되지만 서쪽 해안지방은 굴, 조개, 꽃게 등의 해산물이 풍부하다. 음식의 맛을 낼 때는 된장을 많이 사용하고, 음식은 자연 그대로의 맛을 살려 담백하고 소박한 음식이 주를 이룬다.

주식류에는 콩나물밥·날떡국·호박범벅·호박풀떼기 등이 있으며, 특히 쌀 위에 콩나물과 쇠고기를 함께 안쳐 밥을 지어 양념장에 비비는 콩나물밥이 유명하다. 찬류에는 굴냉국·넙치아욱국·청포묵국·청국장찌개·담북장·말린묵볶음·애호박나물·어리굴젓 등이 있다.

콩나물밥

어리굴젓

물호박떡

떡류에는 볍씨쑥버무리·물호박떡·쇠머리떡 등이 있고, 조과류에는 무릇곰·무엿, 음료에는 찹쌀미수·천도복숭아화채가 있다.

(5) 전라도

전라도는 조선시대의 양반식 음식법을 이어받았으며, 쌀과 기타 농산물이 풍족하고 해산물이 많아 음식이 다양하고 사치스럽다. 남쪽에 위치하여 음식은 간이 센 편이고 고춧가루를 많이 넣어 맵고 짜며 자극적인데, 이는 온난한 풍토에서 위장에 자극을 주기 위한 것이다.

주식류에는 전주비빔밥, 콩나물국밥, 피문어죽, 고동칼국수 등이 있다. 전주는 콩나물콩의 특산지로 콩나물국밥은 전주비빔밥과 함께 전국적으로 유명하다. 찬류에는 머위깨국, 천어탕, 추어탕, 송이산적, 산돼지고기구이, 홍어회, 고들빼기김치, 굴깍두기, 토란탕, 황포묵, 꼬막무침 및 각종 젓갈 등이 있다. 떡류에는 감시루떡·전주경단 등이 있고, 조과류에는 유과·고구마엿이 있으며, 음료에는 유자화채·수정과 등이 있다.

전주비빔밥

추어탕

굴깍두기

(6) 경상도

동해와 남해의 어장으로 해산물이 풍부하며, 낙동강을 중심으로 한 평야가 발달되어 농산물 또한 넉넉하다. 생선을 많이 이용하는데, 단순히 국으로 끓이거나 소금으로 간하여 굽거나 회로 먹는다. 음식은 멋을 내거나 사치하지 않으며, 젓갈과 양념을 많이 사용하고, 간은 몹시 맵고 센 편이다. 곡물음식 중에는 국수를 즐기며 범벅이나 수제비는 별로 먹지 않는다.

대표적인 주식으로는 진주비빔밥, 무밥, 통영비빔밥, 닭칼국수, 건진국수 등이 있다. 찬류로는 재첩국, 고등국, 들깨미역국, 오징어불고기, 상어돔배기구이, 톳나물, 전복김치, 단풍콩잎장아찌 등으로 해산물을 이용한 음식이 많다. 떡류에는 모시잎송편·쑥굴래·잣구리 등이 있고, 조과류에는 유과·다시마정과, 음료에는 안동식혜·단술·감주가 있다.

진주비빔밥

닭칼국수

오징어불고기

(7) 제주도

한국 최남단에 위치한 섬으로 쌀농사는 적고 대신 밭벼가 약간 있으며, 해안에서 고기를 잡거나 해녀에 의해 잠수어업을 하는 어업 중심의 해촌이다. 주재료는 한라산의 버섯과 산채, 해산물과 해초이며, 회를 즐기고, 생선으로 국을 많이 끓인다. 음식은 자연 그대로의 맛을 살려 양념을 많이 사용하지 않는 소박한 음식이다. 특산물로는 감귤과 전복, 갈치, 자리돔 등이 있다.

대표적인 주식에는 전복죽·표고를 넣고 끓인 초기죽(표고의 제주 방언)·옥돔죽·매역새죽(미역)·깅이죽(게) 등이 있는데, 옥돔죽은 옥돔을 고아 가시와 뼈를 골라 내고 생선국에 불린 쌀을 넣은 다음 약한 불로 오래 끓인 죽이다. 찬류에는 고사리국, 톳냉국, 돼지

전복죽

오메기떡

빙떡

고기육개장, 오분쟁이찜, 옥돔구이, 자리물회, 꿩적, 전복소라회, 날미역쌈 등이 있다.

떡류에는 빙떡·달떡·침떡(좁쌀시루떡)·오매기떡 등이 있으며, 그중 빙떡은 무채나물을 소로 넣고 돌돌 말아 부친 떡으로 별미이다. 조과류에는 닭엿·꿩엿, 음료에는 밀감화채·차풀로 만든 차인 자굴차(차풀의 제주도 방언) 등이 있다.

(8) 평안도

서쪽은 서해안에 면하여 해산물이 풍부하고 넓은 평야에선 곡식이 풍부하다. 예로부터 중국과의 교류가 많아 대륙적이고 진취적이어서 음식에 기교를 부리지 않아 크기가 큼직하고 푸짐하게 만든다. 추운 겨울에는 기름진 육류음식과 녹두음식이 많으며, 메밀로 만든 냉면과 만두 등을 즐긴다. 김치는 동치미가 주를 이루고 냉면용 동치미는 따로 만든다. 간은 대체로 심심하고 맵지 않으며 싱거운 편이다.

대표적인 주식에는 온밥(장국밥), 김치말이, 평양냉면, 어복쟁반, 동치미국냉면, 평양만둣국과 만두소를 둥글고 작게 빚은 다음 밀가루에 굴려서 끓인 굴린만두 등이 있다. 찬류로는 오이토장국·돼지내장과 배추김치, 여러 가지 채소와 메밀가루를 함께 넣고 끓여 걸

어복쟁반

녹두지짐

노티

쭉한 찌개인 내포중탕·녹두지짐·쇠고기를 간장에 조린 똑똑이자반·꽃게찜·돼지순대·백김치 등이 있다.

떡류에는 소나무 속껍질을 우려낸 후 찧어 넣은 송기떡·조개송편 등이 있는데, 특히 좁쌀가루를 엿기름가루로 당화하여 반죽을 만들고 기름에 지지는 노티는 평안도와 황해도의 특색 있는 떡이다. 조과류로는 과줄·엿·등이 있다.

(9) 함경도

험악한 산악지대가 많아 밭곡식이 발달하여 좋은 품질의 잡곡이 많으며, 동해에서는 동태를 비롯해 질 좋은 생선이 다양하게 잡혔다. 음식의 간은 싱겁고 담백하다. 마늘·고추 등 양념을 강하게 쓰는데, 고춧가루 양념의 별칭인 다데기라는 말은 이 지방에서 나왔다. 음식은 크고 풍성하다. 대표적인 주식에는 잡곡밥·닭비빔밥·찐조밥·갈비를 고은 국물에 밥을 넣고 선지나 두부 등을 얹어 내는 가릿국·얼린콩죽 등이 있으며, 감자녹말로 국수를 뽑아 홍어 등의 맵게 무친 생선회를 얹어 비벼 먹는 회냉면은 전국적으로 알려져 있다.

찬류에는 새천어국(천렵국)·원산해물잡채·청어를 구운 비웃구이·명란젓·함경도대구깍두기·미역냉국·가자미식해·동태식해 등이 있으며, 특히 동태순대는 동태의 뱃속에 만두소와 같은 것을 채워 넣은 후, 얼려서 겨우내 광에 보관해 놓고 필요할 때마다 찌거나 구워서 먹는 요리로 함경도의 특산물이다.

떡류에는 찰떡인절미·달떡·오그랑떡 등이 있고, 조과류에는 강정·산자·약과, 음료에는 단감주가 있다.

명란젓

가자미식해

동태순대

(10) 황해도

연백평야와 재령평야에서 쌀 생산이 많고 잡곡이 많으며, 닭고기의 맛이 좋아 음식에 닭고기를 많이 사용한다. 간은 짜지도 싱겁지도 않으며, 음식은 양이 풍부하고 소박하다. 김치는 맵지 않고 짜지 않으며, 동치미국물은 넉넉히 만들어 겨울철 국수나 밥에 말아서 밤참으로 즐긴다.

대표적인 주식에는 김치밥, 잡곡밥, 김치말이, 밀국수를 삶아 건져 닭국물에 말고 고명을 얹은 씻긴국수, 냉콩국 등이 있다. 찬류에는 되비지탕·김칫국·조기매운탕·행적·된장떡·고수김치 등이 있는데, 특히 행적(김치누름적)은 돼지고기·김치·실파 등을 꼬챙이에 꿰고 밀가루를 묻혀 번철에 지진 요리로 황해도의 넉넉한 인심을 보여 주는 요리이다.

떡류에는 잔치메시루떡·무설기떡·찹쌀가루를 쪄서 안반에 놓고 쳐 인절미를 만든 뒤 붉은팥소를 넣고 작은 고구마 크기로 빚어 콩고물을 묻힌 오쟁이떡·차수수를 익반죽하여 일반 경단보다 3배 크게 빚어 삶아 팥고물을 입힌 수수무살이·수리취인절미 등이 있고, 조과류는 무정과, 음료는 연안식혜가 있다.

김치밥

되비지탕

행적

2) 일상식 상차림

쌀과 잡곡을 재료로 하여 지은 밥과 다양한 찬품으로 구성된 밥상차림을 말하며, 상의 주식이 무엇인지에 따라 상차림이 구분된다. 일상식 상차림에는 아침과 저녁밥을 주식으로 하는 반상과 점심이나 간단한 손님상으로 내는 장국상(면상麪床), 죽상, 술을 대접하기 위한 주안상 그리고 다과상이 있다.

상차림에는 음식이 놓이는 위치가 정해져 있다. 따뜻한 음식과 국물이 있는 음식은 오른편에 위치한다. 가운데에는 나물과 생채 등의 일반적인 찬을 낸다. 찬 음식과 마른 반찬은 왼편에 위치하도록 한다. 장 종지는 둘째 줄 가운데 위치한다. 밥그릇은 왼편, 국그릇은 오른편에 위치한다.

우리가 먹는 음식은 음양오행 사상에 근거해서 발달되어 왔다. 음에 속하는 밥은 봄처럼 따뜻하게, 양에 속하는 국은 여름과 같이 뜨겁게, 또 음에 속하는 젓갈과 김치는 가을처럼 시원하게, 양에 속하는 술은 겨울처럼 차게 하여 마심으로써 한국인은 매일매일 하루 세 끼의 식사마다 봄, 여름, 가을, 겨울이 갖추어진 1년의 시간을 먹는 셈이다.

조선왕조는 반상 차림의 규모를 장(간장, 초장, 겨자, 초고추장)을 제외한 모든 음식의 가짓수를 0첩 또는 0기로 표시했다. 즉 '7첩(기) 반상'이란 장을 제외한 음식의 종류가 7종류임을 의미한다. 하지만 19세기 말경 저자 미상의 조리서인 『시의전서』는 밥, 탕, 조치, 침재, 장을 제외하고 찬의 가짓수만으로 5첩, 7첩, 9첩을 나타내고 있다. 이는 조선시대 후기에 생겨난 부의 집중과 매관매직에 따른 양반사회의 붕괴, 사치 및 요릿집 문화의 발달에 의하여 음식문화가 변화된 것으로 보인다.

조선의 왕들은 몸소 근검절약을 실천해 보였다. 특히 나라가 어지러울 때는 찬품의 가짓수를 줄였으며, 천재지변을 비롯해 나라에서 일어나는 모든 재앙은 왕의 부덕 때문인 것으로 생각하고 일상의 행위 속에서 책임지는 모습을 보였다. 왕의 일상식은 12첩 반상이라고 주장하는 데는 구한말 이후의 일로 근검절약을 몸소 실천하려 했던 조선왕조의 통치철학과는 거리가 있다.

그렇지만 현대에는 19세기 이전의 상차림에 대하여 논하는 것이 무의미하게 되었고 『시의전서』에 따른 상차림이 보편화되어 있으므로 여기에서는 현재 일반화되어 있는 상차림에 대하여 다루기로 한다.

(1) 반상飯床

가장 기본적인 일상식으로 밥과 반찬을 갖추어 차리는 상차림이다. 찬의 수에 따라서 반상의 첩수가 정해진다. 3첩은 서민의 상차림이고 여유가 있으면 5첩, 7첩으로 상을 차렸다. 사대부의 양반가에서는 9첩 반상을 최고의 상차림으로 여겼다고 한다.

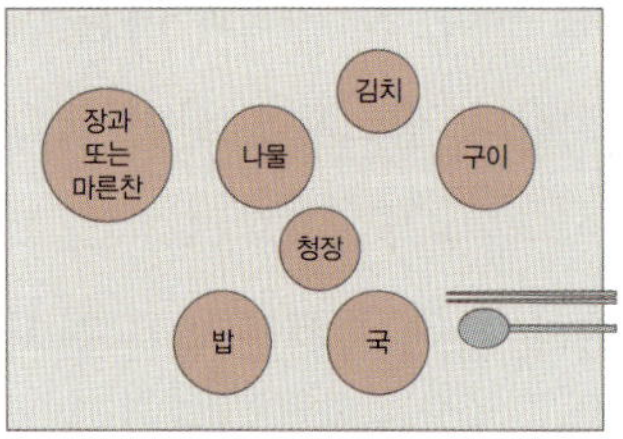

3첩반상 반배도

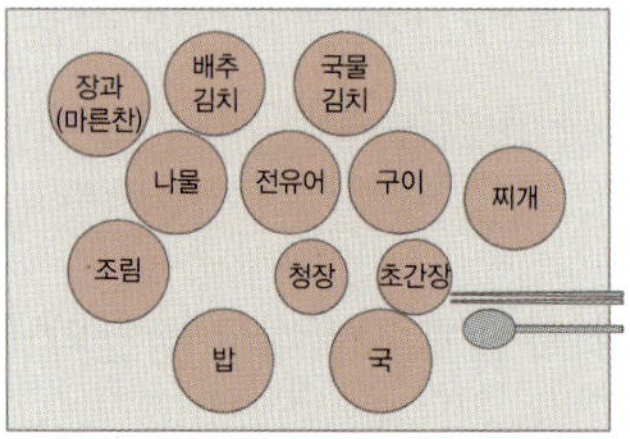

5첩반상 반배도

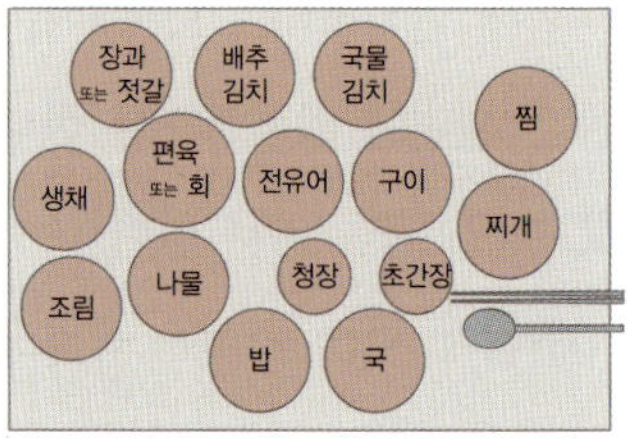

7첩반상 반배도

반상의 기본음식

	밥	국	김치	장류	찌개	찜	전골
3첩	1	1	1	1			
5첩	1	1	2	2	1		
7첩	1	1	2	3	1	택 1	
9첩	1	1	3	3	2	1	1

첩수에 들어가는 음식

	생채	숙채	구이	조림	전	장과	마른찬	젓갈	회	편육
3첩	택 1		택 1		x		택 1		x	x
5첩	택 1		1	1	1		택 1		x	x
7첩	1	1	1	1	1		택 1		택 1	
9첩	1	1	1	1	1	1	1	1	택 1	

(2) 죽상粥床

곡식을 주재료로 하여 물을 붓고 끓여 알갱이를 무르게 만든 반유동식의 음식으로 이른 아침 시간에 조반朝飯을 먹기에 앞서 가볍게 죽을 먹거나 보양保養, 병후病後의 회복음식恢復飮食 또는 식량이 부족할 때 국가에서 구휼救恤 목적으로 배급하기도 했다.

만드는 방법이나 들어가는 재료에 따라 다양한 죽을 만들 수 있다. 쌀알을 으깨거나 갈지 않고 통쌀로 끓인 죽을 옹근죽, 쌀알을 작게 갈아서 끓이는 죽을 원미죽, 완전히 곱게 갈아 매끄럽게 끓인 죽을 무리죽이라 한다. 다시 미음, 응이, 암죽 등으로 다양하게 분화되었다.

미음은 곡물을 껍질만 남을 정도로 충분히 고아서 체에 밭친 것으로 죽보다 묽은 음식이다. 응이는 녹말가루로 쑨 음식이다. 암죽은 곡식이나 밤 등의 가루를 물에 타서 끓인 것이다. 죽을 만드는 법은 일반적으로 재료의 5배 정도 물을 붓고 끓이면 된다.

(3) 장국상

주식을 국수나 만두, 떡국으로 차리는 상으로 점심 또는 간단한 식사에 어울린다. 찬품으로 전유어, 잡채, 배추김치, 나박김치, 장김치 등을 놓는다. 그리고 회갑, 혼례 등의 경사 때에는 고임상인 큰상을 차리고, 경사의 당사자 앞에는 면과 간단한 찬을 놓은 면상麵床인 임매상을 차린다.

국수장국은 뜨거운 고기장국에 국수를 말고 쇠고기와 볶은 표고, 달걀지단으로 고명을 얹어 만든 한국 면류의 기본형이라 할 수 있으며, 쇠고기가 널리 보급되기 이전에는 꿩고기를 많이 썼다.

장국상은 기본음식 이외에 유과류·떡류가 함께 차려지므로 한 끼의 상차림으로서 완전하다고 할 수 있다. 즉, 전유어와 편육, 김치를 함께 차리므로 한 상의 장국상차림에는 식품의 균형과 배합이 잘 이루어져 있다.

(4) 주안상酒案床

술을 대접하기 위해서 차리는 상으로 청주, 소주, 탁주 등과 전골, 찌개 같은 국물 있는 음식, 전유어, 회, 편육 등을 안주로 내놓는다. 술과 그 술에 적합한 안주로 구성하며 술이나 안주에 계절 감각이 많이 담긴다. 한국은 예로부터 좋은 술이 많았고 주례酒禮와 주행酒行을 존중하였으므로 빈객에게 주안상을 차려 대접하는 것이 상례였다. 주안상차림의 범절은 각 가정의 일상사에서 비교적 큰 비중을 차지하고 있었다.

술은 곡물로 빚어 거른 청주가 주류를 이루었다. 계절에 따라 다양한 종류의 술을 이용하였다. 삼해주, 약산춘, 소국주, 이화주, 두견화주 등은 봄철에 좋은 술이다. 여름철에는 가양청주에 소주를 섞어 빚은 과하주·창포주, 햅쌀로 빚은 신도주·국화주·구기자주 등을 이용하였다.

이른 가을에는 일일주, 삼일주 등도 즐겼다.

술그릇으로 술병·술주전자 등이 쓰였다. 찬 술일 때에는 술병이, 더운 술일 때에는 주전자가 쓰인다.

(5) 교자상交子床

명절, 축하연, 회식 등 집안에 경사가 있을 때 큰상에 음식을 차려 놓고 여러 사람이 함께 둘러앉아 먹는 상이다. 교자상에는 술과 안주를 주로 하는 건교자상과 여러 가지 반찬과 면·떡·과일 등을 골고루 차린 식교자상, 식교자와 건교자를 섞어서 차린 얼교자상이 있다.

한국의 상차림을 살펴보면, 일상식의 경우는 밥과 반찬으로 차려진 반상차림, 연회나 큰 잔치가 있어 손님대접을 할 때에는 교자상차림, 간단한 손님대접에는 장국상 또는 주안상차림을 하는 것이 전통이다.

음식은 신선로 혹은 전골, 찜류, 전류, 편육류, 회, 숙채, 생채, 마른반찬, 떡, 숙과류, 생과류, 화채류 등으로 초대한 손님의 식성, 계절, 색채 등을 고려하여 시간, 예산, 집안의 설비 등에 맞추어 준비한다. 차린 음식에 따라 간장, 초간장, 초고추장 등을 곁들인다.

독상의 전통은 1900년대 이후에는 급격한 외세의 영향으로 조금씩 변화되었다. 1920년경부터는 궁중에서 여럿이 함께 사용하는 큰 식탁을 사용하였다고 하며, 일반 사가에서도 점차 연회 때나 비슷한 연배에게는 겸상을 차렸다.

(6) 다과상茶菓床

차와 과자 등을 차려 놓은 상으로 여러 종류의 떡과 유밀과·유과·다식·숙실과 등의 과자와 화채, 차 등을 그 계절에 맞는 음식으로 마련하여 팔각형의 모반이나 원반에 차려서 대접한다. 이를테면 봄과 여름에는 진달래화전에 앵두편, 살구편 등을 비롯해 과일을 이용한 과편이나 쌀강정, 정과, 새콤달콤한 화채를 만들어 대접한다. 또한 추석에는 햇곡식과 햇과일로 만든 송편이나 율란, 조란 등의 숙실과를 많이 차린다. 겨울철에는 깨강정이나 약과, 매작과 등을 차리고, 음료로는 따뜻한 모과차나 이가 시리도록 차가운 수정과나 식혜를 대접한다.

3) 통과의례通過儀禮 상차림

사람이 태어나서 죽을 때까지 행하는 의식을 통과의례하고 하는데, 한국은 예로부터 음식을 갖추어서 의례를 지냈다. 탄생, 삼칠일, 백일, 돌, 관례, 혼례, 회갑, 회혼례, 상례, 제례 등에는 특별한 상차림을 준비하였다.

(1) 탄생誕生

출산 후 흰쌀밥과 미역국을 끓여 상에 받쳐 삼신상三神床을 준비하여 산모 머리맡에 놓는다.

'생기다'는 '삼기다', '삼다'에서 온 말인데, 이때 '삼'은 음양이 접화되어 탄생되는 '태胎'의 의미이다. 그래서 생명을 점지해 주는 신을 '삼신' 혹은 '태신'이라고 하고, 생명이 탄생되는 탯줄을 '삼줄', 생명이 탄생된 곳을 '삼터'라고 부른다. 한국인들에게 3은 생명의 수이자 행운의 수이다.

삼(3)은 순서적으로 세 번째를 의미하지만, 내용적으로는 일(1)과 이(2)를 종합한 수이다. 일이 양陽의 수이고, 이가 음陰의 수라면, 삼은 양과 음이 대립적 통일을 이룬 것이기 때문에 접화의 수가 되는 것이다.

삼신상차림

(2) 삼칠일三七日

아기가 출생한 지 7일이 되면 초이레, 14일이 되면 두이레, 21일이 되면 세이레가 된다. 7이라는 숫자는 길吉한 수라는 속신에서 기인한 것으로 보인다. 삼칠일에는 백설병白雪餠을 쪄서 삼칠일을 축하한다. 이때의 백설기는 대문 밖에 내보내지 않고 집안에서 가족과 가까운 친지 사이에서만 모여 축의를 나누는 것이 원칙이다.

백설기는 멥쌀가루에 설탕물을 내려서 켜를 얇게 잡아 시루에 안쳐 찐 떡으로, 티 없이 깨끗하고 신성한 음식이라는 뜻에서 어린아이의 삼칠일, 백일, 첫돌의 대표적인 음식으로 쓰인다. 하얀 것은 빛을 상징하고, 빛은 모든 존재의 근원이기 때문에 근본이나 본

바탕을 의미한다. 흰색이 가지는 순결과 무병장수를 기원하는 마음이 담겨져 있다.

한 민족의 전통색에 대한 의식이 집약되어 나타나는 대표적인 예가 건국신화와 국기이다. 한반도에 가장 먼저 나라를 세운 고조선의 건국신화를 살펴보면 '단군왕검이 도읍을 아사달에 정하고 나라를 개창하여 조선이라 일컬었다'고 하는데 여기서 아사달은 아침의 땅을, 조선은 고운 아침을 의미한다. 이 모두 아침의 맑고 밝고 깨끗한 빛을 연상시켜 주는 표현이다.

한민족을 배달민족이라고도 하는데, 배달이란 밝은 땅을 의미하므로 역시 조선과 같은 이미지를 전달해 준다. 여기서 '밝은'을 한자로 전환하면 흰빛 '백白'으로 표현된다. 즉, 한국인은 밝고 깨끗한 아침의 빛 이미지를 매우 선호하며 그것에 대한 경외심을 가지고 있다.

(3) 백일百日

태어난 지 백일을 맞이한 아기가 무사히 자란 것을 대견하게 여겨 이를 축하해 주는 풍습이다. 의술이 발달하지 못했던 옛날에 이 기간 중 유아의 사망률이 높아 비롯된 것이다. 백일잔치는 먼저 아침에 삼신상三神床을 차리는 것에서 시작된다. 삼신상에는 미역국과 흰밥을 차리며, 산모産母나 아기의 할머니는 삼신상 앞에 단정히 앉아 아기의 건강과 수명과 복을 빈다. 비는 것이 끝나면 삼신상에 차린 음식은 산모가 먹는다.

백일상차림

백일상에는 여러 종류의 떡과 과일 및 음식을 풍성하게 차리며, 아기의 장수와 복을 비는 뜻으로 흰 실타래와 쌀을 놓는다. 잔치 뒤에는 백일 떡을 이웃에 돌려 함께 나누어 먹는데, 백일 떡을 받은 집에서는 돈이나 흰 실타래를 떡을 담아온 그릇에 담아서 답례한다.

100이라는 숫자는 큰 수, 많은 수, 완전수를 뜻하며, 엄마 뱃속에서부터 일 년 되는 날이기도 하다.

(4) 돌

아기의 장수복록長壽福祿을 기원하는 행사이다. 아이가 출생하여 1년이 되는 첫 생일날을 돌이라 하여 빈부귀천貧富貴賤이나 경향京鄕의 지역적 차이 없이 누구나 아이를 위해 돌잔치를 지낸다. 돌날 아침에 삼신상을 차려 아이의 명복命福을 빌고, 가족이나 일동이 미역국과 쌀밥으로 조반을 마친 다음 돌잔치를 시작한다. 돌맞이하는 아이는 돌옷을 예쁘게 차려입고 준비된 돌상 앞에 앉는다.

돌상은 모나지 않고 둥글둥글하게 잘 살라는 의미에서 둥근상에 각종의 떡과 과일을 풍부히 올려 놓고 그밖에 강정·약과·약밥·고기·생선·전 등도 많이 차려 놓는다. 특히 돌 음식으로는 국수·백설기·수수팥떡 등 장수와 무병, 부정을 막는 의미를 지닌 음식으로 차린다.

남자아이의 경우에는 쌀·돈·책·붓·먹·두루마리·활·장도·흰 실타래·대추·국수·떡 등을, 여자아이의 경우에는 쌀·돈·책·붓·먹·두루마리·바늘·인두·가위·잣대·흰 실타래·대추·국수·떡 등을 놓아둔다. 아이는 이것들을 집는데, 첫 번째와 두 번째에 집는 것으로써 그 아이의 성격·재질·수명·재복·장래성을 점쳐 본다. 이러한 행사를 돌잡이라고 한다. 책·먹·붓·두루마리를 먼저 집으면 학문에 힘써 과거에 등과하여 벼슬을 할 것이라고 하고, 쌀·돈을 먼저 집으면 부자가 될 것이라고 보았다. 또 활·장도를 먼저 집으면 무관이 될 것이라 하고, 실과 국수를 먼저 집으면 장수하리라고 본다. 대추를 먼저 집으면 자손이 많으리라고 보고, 떡을 먼저 집으면 미련하리라고 보고, 바늘·가위·자·인두를 먼저 집으면 바느질을 잘할 것이라고 본다.

돌상차림

상차림의 음식들은 복을 받고 액을 멀리 하라는 의미를 내포하고 있다.

(5) 관례冠禮

관례는 소년과 소녀가 성인이 되면서, 기존 사회가 특별한 관심을 가지고 그들에게 새로 부여된 지위, 곧 '성인'의 의미를 자각시켜 주는 의식이다. 상투를 틀어 갓冠巾을 씌우는 의식을 중심으로 한 여러 가지 절차로서, 남자아이가 15세가 넘으면 관례를 행하고, 그 때부터 한 사람의 성인으로 대우하였다. 한편, 여자는 쪽을 찌고 비녀를 꽂아주는 의식으로서 계례笄禮를 행하였다. 지금의 '성년의 날'에 버금가는 행사라 할 수 있다.

(6) 혼례婚禮

혼례는 어른이 된 처녀, 총각이 평생을 함께할 것을 약속하는 의식으로 부부관계를 맺는 서약을 하는 오늘날의 결혼식과 같은 의미이다. 전통 혼례는 신부의 집에서 치렀으며, 혼례날은 신부 집에서 정하고, 신랑 집에서는 혼례 전 날에 옷감과 편지가 든 함을 신부 집으로 보냈다.

신랑과 신부가 오래도록 행복하게 살라는 의미를 담아 암수 한 쌍의 나무 기러기를 놓았으며, 신랑과 신부는 혼례를 위해 손을 깨끗이 씻고 서로 절을 주고받는다. 그 다음은 순서대로 술을 마시고 부부로서 서로가 하나 됨을 약속하였으며, 혼례를 치르고 며칠 동안 신부 집에서 머문 후 신랑 집으로 가서 시부모와 어른들께 폐백을 드렸다. 신랑 식구들은 신부에게 대추와 밤을 던져 주며 자식을 많이 낳고 복되게 살라고 기원해 주었다. 근래에는 혼례를 치른 후 가족들이 다시 모이기 어려우므로 혼례식을 마친 후에 바로 폐백을 드리기도 한다.

폐백

편포폐백

폐백닭

(7) 회갑回甲

사람이 태어나서 60년 만에 맞는 생일날로, 환갑還甲, 주갑周甲, 갑년甲年, 환력還曆, 화갑華甲이라고도 한다. 태어난 간지干支의 해가 다시 돌아왔음을 의미하는 것으로, 더욱 경사스러운 생일이라 할 수 있다. 환갑은 한국 사람들이 나이를 치는 법으로 하면 예순한 살에 맞는 생일이다. 한국 사람은 환갑을 인생에서 크게 경하해야 할 것으로 여겨 큰 잔치를 베풀어 축하를 받았다.

환갑을 지낸 다음해를 진갑이라고 하여 이 날에도 잔치를 베푼다. 진갑잔치는 환갑잔치만큼 성대한 잔치는 아니나, 생일잔치보다는 성대하게 잔치를 베풀고 하객의 하례를 받는다.

진갑을 지낸 뒤에는 생일의 큰 잔치가 별로 없으나, 70세의 생일에 고희古稀잔치, 77세의 생일에 희수喜壽잔치, 88세의 생일에 미수米壽잔치를 하게 된다. 70세에 고희잔치를 하는 것은 "인생칠십고래희人生七十古來稀"라는 두보杜甫의 「곡강시曲江詩」에 있는 시구에 의한 것이고, 77세에 희수잔치를 하는 것은 희喜자를 반초半草로 쓰면 마치 七十七같이 보이기 때문이며, 88세의 생일을 미수라 함은 八十八을 합하면 미米자와 같이 되기 때문이다. 고희잔치, 희수잔치, 미수잔치는 진갑 정도의 잔치이다.

(8) 회혼례回婚禮

환갑 후의 환갑만큼 큰 잔치에는 회혼례回婚禮가 있다. 이것은 결혼한 지 만 60년 만에 결혼한 날짜에 행하는 의식으로, 신랑과 신부가 60년을 함께 살고 나면, 그 자녀들이 부모의 회혼을 기념하여 베푸는 잔치이다. 부부가 처음 귀밑머리 풀 때를 생각하여 다시 신랑과 신부처럼 복장을 하고 자손들에게서 축하를 받는다. 이 의식은 혼례에 준하나, 자손들이 헌주하고 권주가와 음식이 따르는 점이 다르다.

(9) 상례喪禮

상례는 죽은 사람을 장사지낼 때 수반되는 모든 의례로서 사람이 태어나서 마지막 통과하는 관문이 죽음이고, 이에 따르는 의례가 상례이다. 대부분의 사회에서는 죽음을 단순히 인간의 생물학적인 활동의 정지가 아니라 인간의 영혼이 현세에서 타계他界로 옮겨간다고 믿으며, 상례에는 그러한 관념들이 일정한 행위로 표현되고 있다.

무속이나 불교가 유교보다 일찍 한국인의 종교생활을 지배하였음에도 불구하고 유교식 상례가 보편적으로 관행되어 온 까닭은, 유교에서 규정한 사례四禮 중의 하나가 상례이고, 상례를 비롯한 사례를 조선시대의 사회적 규범으로 받아들여 그 준행을 법제적으로 강요하였기 때문이다. 한편, 상례는 다른 의례와는 달리 그것이 인간의 최종 통과의례라는 점에서 도시와 농촌을 막론하고 보수적인 성격을 띠면서 전승되었다.

부모가 운명하면 자녀들은 슬픔과 비탄 속에서 시신屍身을 거두고 입관이 끝나면 죽은 사람의 영혼이 살아 있을 때처럼 모시는 혼백상魂魄床을 차린다. 촛대와 초, 향로香爐와 향香, 주酒, 과果, 포脯를 차리는데 이때 굽이 높은 제기에 담기도 한다. 제물의 특색은, 재료를 잘게 썰지 않고 통째 혹은 크게 각을 떠서 간단하게 조리하고, 고명은 화려하게 하지 않는다.

(10) 제례祭禮

조상숭배는 조상에 대한 일련의 종교적 신념과 행위를 말한다. 제례는 제사라고도 하며, 인간은 죽어도 영혼은 불멸하다는 믿음에서 비롯된다는 설과 조상에 대한 애정과 공포라는 설 등이 있다.

조상에 대한 의례적인 행위는 죽은 사람을 산 사람과 따로 떼어 내기보다는 죽은 사람과 산 사람의 상호관계를 오히려 활발하게 해주는 성격을 지닌다. 즉, 상례나 제례는 죽은 사람을 살아 있는 사람들의 사회에 다시 통합시키고 받아들이는 행위인 것이다.

홍동백서紅東白西와 어동육서魚東肉西로 차려진 제상祭床의 음식들은 이승과 저승을 이어주고, 산 자와 죽은 자의 벽을 넘나드는 영혼의 기호記號이다. 제수로 쓰이는 나물도 마찬가지이다. 도라지 같은 흰 뿌리 나물은 조상님을 뜻하고, 고사리 같은 검은 줄기 나물들은 현세現世에서 살고 있는 사람을 뜻한다. 그리고 미나리 같은 푸른색의 나물은 앞으로 태어날 후손을 상징한다. 제상은 과거, 현재, 미래로 흘러가는 시간의 강물인 것이다.

4) 절식節食과 시식時食

한국은 예로부터 춘하추동 4절기와 밀접한 관계가 있는 농경 위주의 생활로 인하여 세시풍속이 발달하였고, 태음력 중심의 24절기에 따라 농사를 지었으며, 관혼상제나 농경의례의 기초가 되었다.

절식은 다달이 있는 명절에 차려 먹는 음식을 말하고, 시식은 춘하추동 계절에 따라 나는 식품으로 만드는 음식을 말한다. 이러한 시식과 절식의 풍습은 4계절 자연의 변화에 순응하며 살아온 우리 민족문화의 한 특징이기도 하다. 명절잔치는 음식과 놀이에 바탕을 둔 축제로서 음식을 차려 이웃과 함께 나누고 놀이로 신명나게 즐기면서 공동체로 결속을 굳건히 하며 농사일의 제철을 일깨우려는 지혜도 함축하고 있다. 세시풍속은 종교적 기능, 공동체 삶을 강조하는 사회적 기능, 인간의 휴식과 자연의 재생을 통한 생산적 기능, 그리고 전통예술 전승이라는 측면에서 예능적 기능을 담고 있다.

(1) 1월의 음식

설날(음력 1월 1일)

설은 원단, 세수, 년수, 신일이라고도 하는데 일 년의 시작이라는 뜻이다.

설날에는 조상께 차례를 지내고 어른들께 세배를 드리며, 설날을 전후하여 성묘를 가는 풍습이 전승되고 있다. 정월에 지내는 차례를 떡국차례라고 하는 것은 아침 제사를 준비하는 데 떡국을 올리기 때문이다. 세배 손님 대접을 위해 여러 가지 음식을 준비하는데 이를 세찬이라고 하며, 떡국을 먹어야 나이 한 살을 더 먹는다는 상징이기도 한 떡국은 첨세병添歲餠이라고도 한다. 가정에 따라 가짓수와 양은 다르지만 공통적인 음식은 떡국이다.

떡국의 역사는 옛날 상고시대上古時代부터 신년 제사新年祭祀 때에 먹던 음복飮福 음식에서 유래되었다고 하며, 즉 섣달 그믐날 세신歲神에게 가래떡을 올렸고 세신에서 올렸던 가래떡을 썰어서 육류肉類와 함께 끓인 다음 식구들이 복福을 받고자 나누어 먹은 데서 시작된 풍속인 것이다. 옛날에는 쌀과 고기가 귀하던 시절이므로 떡국은 일 년 중 설날에만 먹을 수 있었던 특별한 음식이었으며, 자연적으로 떡국을 먹는 것은 한 해를 더 보낸다는 의미를 담게 되었다.

흰 떡국은 순수무구純粹無垢한 의미를 담고 신성한 마음가짐을 가지고자 흰 떡국을 먹는 것이고, 흰떡을 길게 늘려서 뽑는 가래떡은 식구들의 장수長壽를 기원하는 의미가 들어 있다. 또한 가래떡을 엽전 모양으로 동그랗게 써는 것은 재화財貨가 풍족하기를 기원하

떡국

전유어

과정류(주악)

는 마음을 담고 있다고 한다. 이렇듯 한 해를 시작하는 새해 첫날 경건한 마음으로 무병장수와 풍요에 대한 소망의 뜻을 담은 음식이 바로 떡국인 것이다.

- 설의 시절식 : 떡국, 만둣국, 전유어, 전복초, 과정류, 장김치, 세주 등

대보름(음력 1월 15일)

음력 정월 보름으로 상원이라고도 부르며 중원(7월 보름), 하원(10월 보름) 등 삼원 가운데 으뜸이다. 농사가 잘 되기를 빌며 마을공동체 명절의 성격이 강하였다. 아침에 부럼이라 하여 껍질이 단단한 밤, 호두, 은행, 무 등을 깨물어 한 해 무사태평과 부스럼이 없기를 축수한다.

한국에서 농경이 시작된 시기는 신석기시대 중기이고, 청동기시대에 농경 지역이 크게 확대되었다. 농작물 역시 벼, 보리, 조, 피, 수수, 콩과 같이 대단히 다양해졌다. 따라서 곡물을 이용한 음식이 일찍이 있었다.

대보름의 명절식인 오곡밥을 먹는 유래는 신라시대부터 나타나는데 『삼국유사三國遺事』에 기록되어 있다.

시절식 중 나물은 9종류를 준비하는데 동양에선 9를 좋은 의미로 알고 있다. 9는 살아 있는 양의 기운으로는 맨 끝이므로 장수를 뜻하기도 하고, 성스러운 수 3의 3배나 강화된 의미를 갖기 때문에 '포용의 종합'으로 받아들이고 '완성의 수'로 여긴다. 즉, 9라는 수가 한 자릿수에서는 가장 큰 수이며 그래서 완전함을 의미하는 수였기 때문에 9라는 숫자를 선호한다.

- 대보름의 시절식 : 오곡밥(찹쌀, 붉은팥, 검은콩, 차수수, 차좁쌀), 아홉 가지 묵은 나물, 약식, 복쌈(김, 취나물, 아주까리나물), 원소병, 부럼, 귀밝이술 등

오곡밥

약식

원소병

(2) 2월의 음식

중하절中夏節(음력 2월 1일)

농사가 시작되는 음력 2월 초하루를 머슴날, 노비날이라고 하는데, 그 해의 풍년을 기원하면서 농사일에 수고할 일꾼들을 위로하고 격려하는 뜻에서 크기가 손바닥만 하게 큰 송편을 만들어 나이 수만큼 노비에게 나누어 주었다.

- 2월의 시절식 : 생실과(밤, 대추, 건시), 포(육포, 어포), 노비송편, 기름과 꿀로 만든 과자류인 약과와 강정의 유밀과, 콩볶이 등

밤

육포

유밀과(약과)

(3) 3월의 음식

삼짇날(음력 3월 3일)

음력 3월 초사흗날을 삼짇날이라고 하며 봄나들이하기에 좋은 절기로 상사, 중삼 또는 상계라고도 한다. 들에 나가 꽃놀이를 하고 새 풀을 밟으며 봄을 즐겼다. 강남 갔던 제비가 돌아오고 뱀이 동면에서 나오기 시작하는 날이다. 봄이 온다는 이때, 겨우내 묵은 때를 벗는 의미에서 들과 산에서 자연을 먹고 즐겼다.

- 3월의 시절식 : 진달래화전花煎, 오미자화채의 건더기로 진달래꽃을 띄우는 운치 있는 음료인 화면花麵 또는 녹두 녹말을 만들어 흘흘하게 풀어서 놋쟁반에 한 술 떠서 얇게 펴 끓는 물에 중탕하여 익히다가 반 정도 익으면 더운물 속에 담가 말갛게 다 익으면 꺼내서 찬물 속에서 떼어 낸 후 이 얇은 조각을 돌돌 말아서 물에 훑어 곱게 채 썰어서 오미자국에 띄운 화면花麪 혹은 창면暢麵, 책면冊麵이라 불리는 면, 쑥떡 등

진달래화전

탕평채

쑥버무리

(4) 4월의 음식

초파일(음력 4월 8일)

석가탄신일로 신라와 고려시대부터 계속되는 풍속으로 집집마다 자녀의 수대로 연등을 달았다. 이날은 또 고기를 넣지 않은 음식을 만들어 소찬을 베풀었다.

- 4월의 시절식 : 도미찜, 쑥떡, 녹두편, 미나리강회, 느티떡, 볶은 콩 등

도미찜

느티떡

미나리강회

(5) 5월의 음식

단오(음력 5월 5일)

음력 5월 초닷새를 단오, 수릿날, 중오절, 천중절, 단양이라 불렀다. 일년 중 가장 양기가 강한 날로서 더위가 시작되는 날로, 부채를 사용하기 시작한다. 부녀자들이 창포 삶은 물로 머리를 감고, 창포 뿌리를 깎아 비녀를 만들어 '수복壽福'이라는 글자를 새겨 꽂기도 하였다.

- 5월의 시절식 : 삶은 준치살과 다져 익힌 쇠고기를 섞어 완자로 빚은 후 쪄낸 준치만두, 준칫국, 제호탕, 수리취절편(차륜병, 단오병), 앵두편, 앵두화채 등

준칫국

제호탕

수리취절편

(6) 6월의 음식

유두流頭(음력 6월 15일)

음력 6월 보름을 유두날이라고 하며 무더위가 절정에 달하는 시기이다. 유두란 말은 동류두목욕東流頭沐浴의 줄임말로 맑은 개울물에 나가 목욕하고 머리를 감으며 하루를 쉬면淸遊, 상서롭지 못한 것을 쫓고 여름에 더위를 먹지 않는다고 하였다.

- 유두의 시절식 : 어선, 밀가루 묻힌 민어를 끓는 물에 살짝 데쳐 먹는 어채, 구절판, 편수, 깻국, 찹쌀가루를 쪄서 둥글게 만든 후 꿀물에 넣어 먹는 수단, 둥근 완자를 꿀물에 넣지 않은 건단, 반죽한 밀가루에 소를 넣고 쪄낸 상화병霜化餠, 밀가루 반죽피에 속을 넣고 주름지게 오므려 감잎을 깔고 찐 수교의(수교위) 등

어선

보리수단

깻국

삼복三伏

하지 후 셋째 경일을 초복, 둘째 경일을 중복, 입추 후 첫째 경일을 말복이라 하는데, 이 셋을 삼복이라 하니 양기에 눌린 음기가 엎드려 있다는 뜻이다. 모든 사람이 지친 복날에는 시원한 자연을 찾아 찬물에 발을 담그며 더위를 피하였다.

- 삼복의 시절식 : 육개장, 삼계탕, 민어매운탕, 임자수탕 등

육개장

민어매운탕

삼계탕

(7) 7월의 음식

칠석七夕(음력 7월 7일)

칠석은 음력 7월 7일로 견우와 직녀가 일 년에 한 번 오작교에서 만나는 날이라고 한다. 부녀자들은 마당에 바느질 차비를 하고 음식을 차려 길쌈과 바느질을 잘하게 해달라고 직녀에게 기원한다. 이날 집집마다 책을 볕에 쬐는 풍습도 있다.

• 7월의 시절식 : 영계찜, 규아상, 밀전병, 밀국수, 증편, 개피떡, 생실과(참외) 등

밀전병

증편

개피떡

(8) 8월의 음식

추석秋夕(음력 8월 15일)

추석은 음력 8월 보름으로 가배일, 중추절, 가위, 한가위라 부르며 설날과 함께 가장 큰 명절이다. 햇곡식으로 송편과 술을 빚고, 햇과일을 마련하여 조상에게 차례를 지내고 성묘를 한다. 추석에 먹는 송편은 오려송편이라 부르는데 오려는 올벼의 옛말로 제철보다 일찍 익는 벼를 말한다. 올해 수확한 햅쌀로 빚은 송편을 의미한다.

• 8월의 시절식 : 오려송편, 토란탕, 가리찜(갈비찜), 송이산적, 잡채, 화양적, 율란, 조란, 배

송편

토란탕

화양적

화채, 배숙 등

(9) 9월의 음식

중구重九(음력 9월 9일)

음력 9월 9일을 중구, 중광, 중양重陽이라고 하는데 양수陽數가 겹치고 9가 겹쳤다는 뜻이다. 삼짇날 돌아온 제비가 다시 강남으로 떠나는 날이 이날이다. 산과 들로 나가 단풍을 감상하며 국화꽃을 띄운 술을 마시고 시를 지었다.

- 9월의 시절식 : 국화주, 국화전, 유자화채, 배화채, 밤단자, 찹쌀가루 반죽 위에 감국(국화의 원조인 노란 들국화)을 얹어 기름에 지진 감국전甘菊煎(국화전) 등

국화전

배화채

밤단자

(10) 10월의 음식

무오일

우리 민족은 10월을 상달이라고 부르며 한 해 농사를 추수하고 수확한 곡식들을 곡간에 들여 놓으며 한숨 돌리는 시점이다. 팥시루떡을 만들고, 햇곡식으로 술을 빚어 조상

팥시루떡

무시루떡

애탕

들께 감사의 고사告祀를 지낸다.

- 10월의 절식 : 팥시루떡(무오병), 무시루떡, 연포탕, 닭고기를 넣어 만든 세모 모양의 변씨만두, 무오병(고사떡), 유자화채, 쑥을 넣고 끓인 국으로 애탕艾湯, 쑥을 찧어 떡을 만들고 볶은 콩가루를 입힌 쑥단자 등

(11) 11월의 음식

동지冬至

동짓달은 아세라 했고 민간에서는 작은 설이라 하였다. 일 년 중 밤이 가장 길고 낮이 가장 짧은 날로 온갖 귀신과 잡신을 쫓는다는 벽사의 뜻으로 팥죽을 쑤어먹었다. 또 '태양의 부활'로 여겨 생명과 광명의 주인인 태양신에 대한 축제를 열었다. 해를 본떠 둥그랗게 빚은 새알심을 넣고 팥죽을 쑤어 나이와 같은 수로 새알심을 팥죽에 넣어 먹었다.

- 11월의 시절식 : 팥죽, 동치미, 쇠가죽으로 만든 아교에 한약재와 꿀을 넣고 끓여서 족편과 같이 굳힌 전약, 냉면, 골동면, 수정과, 식혜 등

팥죽

골동면

수정과

(12) 12월의 음식

섣달그믐(음력 12월 30일)

섣달그믐은 제석, 세제, 세진이라 부르고 1년을 마지막 보내는 날로서 성묘도 하고 집안 어른을 찾아 묵은 세배도 드렸다. 집안 구석구석 불을 밝히고 잡귀의 출입을 막고 복을 받으려는 뜻에서 잠을 자지 않았다. 궁중에서는 동짓날에서 세 번째 미일未日을 납입納入이라 부르고 한 해 농사를 마무리하는 뜻에서 납향臘享이라고 부르는 제를 올렸다. 그믐날 밤을 새우며 남은 음식이 없도록 비빔밥을 만들어 가족들과 나누어 먹었으며, 밤새 윷놀이를 하고 윷점을 치기도 하였다.

- 12월의 시절식 : 골동반(비빔밥), 만두전골, 장김치, 정과, 수정과, 식혜, 절편, 반죽을 길게 빚은 후 손으로 잘라내서 한 입 크기로 끊어 둥글고 길게 문어발 같이 늘여 (골무 모양) 만드는 골무병 등

골동반

도라지정과

식혜

4. 식기와 수저

1) 식기食器

식사食할 때 사용하는 그릇器으로 계절에 따라 다양한 식기류를 사용해 왔다. 봄과 겨울에는 목기, 여름에는 백자, 겨울에는 유기그릇을 사용하였으며, 발효식품을 저장하거나 양념을 담아 두는 그릇으로 옹기를 사용하였다.

우리 조상들은 신석기시대부터 물건을 담기 위해 그릇(토기)을 만들어 썼다. 처음에는 진흙 반죽으로 그릇 모양을 만들어 햇볕에 말려 쓰는 간단한 형태였다가 그릇을 불에 구

우면 더욱 단단해진다는 것을 알게 되었다. 그러한 형태로 오랜 기간 사용되어 오던 토기가 결정적으로 발전하게 된 것은 유약을 발명하면서부터이다. 유약은 '코팅'과 같은 역할로, 유약이 발명되기 전에는 그릇에 물이 스며들기도 했다. 하지만 유약을 바른 후에는 물이 스며들지 않고 매끈매끈 윤이 나고, 더욱 단단해졌다.

한국의 대표적인 그릇은 고려청자와 조선백자이다. 고려청자가 신비로운 비색을 자랑한다면, 조선백자는 말 그대로 새하얀 우윳빛을 내는 도자기이다. 어떤 흙과 어떤 유약을 쓰는지, 또 가마 속 불 조절을 어떻게 하는지에 따라 그릇의 빛깔은 달라진다.

(1) 옹기

옹甕, 瓮은 '독'이라는 우리말의 한자어로 질그릇과 오지그릇을 일컫는다. 질그릇은 흙으로 빚어 유약을 칠하지 않고 구워낸 것으로, 900℃의 온도에서 구운 시루나 작은 질그릇이 있고, 섭씨 1,200도에서 구워낸 항아리 같은 큰 독이 있다. 오지그릇은 철분이 많은 흙과 나무재를 섞어 만든 후 유약을 칠해 섭씨 1,200도에서 구워낸 그릇을 말한다.

옹기의 특성으로는 통기성, 저장성, 발효성, 경제성, 그리고 쓰임새의 다양성을 들 수 있다.

(2) 유기鍮器

78%의 구리와 22%의 주석을 합금하여 만든 놋제품으로 제작기법에 따라 크게 세 가지로 구분한다. 방짜유기는 두드려서 모양을 만들어 낸다. 휘어지거나 잘 깨어지지 않고 다른 유기에 비해 금속광택이 뛰어난 것이 특색이다. 주물유기는 쇳물을 주물사로 만든 일정한 틀에 부어 주조하여 제품화하는 기법으로 대량 생산할 수 있으며 안성유기가 유명하다. 반방짜유기는 방짜와 주물기법이 어우러져 만들어진다.

여름철에는 보냉保冷, 겨울철에는 보온保溫 효과를 갖기 때문에 냉면이나 탕, 비빔밥 등의 음식을 담아 낸다.

(3) 백자白瓷

순백색의 태토胎土로 형태를 만들고 그 위에 장석질의 투명한 유약을 발라 섭씨 1,300~1,350도에서 구워 만든 자기磁器, porcelain로, 모든 도자기 중에서 가장 단단하고 실용적이

질그릇

옹기

유기

백자

며 우아한 자리에 잘 어울린다. 또한 이가 빠져 깨진 부분도 눈에 잘 띄지 않으며 만져도 부드럽다. 굽는 동안 자기의 재료인 고령토가 유기질로 변해 식기에 긁힌 자국이 나지 않으며, 금이 간 경우라도 음식의 기름이나 액체가 잘 스며들지 않는다. 한국에서 자기를 생산하기 시작한 것은 대체로 통일신라 말 무렵인 약 9세기라고 한다.

조선백자는 안료의 성분과 이를 입히는 기법에 따라 순백자, 청화 백자, 철회 백자, 진사 백자 등으로 나뉜다. 순백자는 백자를 만드는 점토와 유약 외에 다른 물질을 사용하지 않은 순수한 백색 자기를 말한다. 청화 백자는 백자 표면에 산화 코발트를 주성분으로 하는 코발트블루인 안료로 무늬를 그린 뒤, 투명하고 파르스름한 백자 유약을 입혀 구워 낸 것이다.

조선시대 유학이 전래되고 검소, 질박, 결백함 등을 추구하게 되면서 백색을 선호하게 되었다. 이렇듯 백자가 가지고 있는 청순함이 양반들의 취향에 맞았기 때문에 청자에서 백자로 발달되었다.

2) 수저匙箸

식사 때 사용하는 도구인 숟가락과 젓가락을 이르는 말로 시저匙箸라고도 한다. 수저는 동양에서만 사용되는 식기용구인데, 처음에는 조개 껍데기나 나무로 만들어졌던 것으로 추정되며 점차 백동·놋쇠·금·은·스테인리스 등으로 만들어졌다.

젓가락의 기원은 세계 4대 문명 발상지 중 하나인 황하 유역이라는 것이 정설이다. 은대의 유적(기원전 1700~기원전 1200)에서 청동제 젓가락과 숟가락이 발견되었는데, 이는 일상생활에서 사용되던 것이 아닌 조상신에게 음식을 바치는 종교의례에서 사용되던 제기

祭器일 것으로 추측되고 있다.

한국은 유일하게 금속 재질의 젓가락을 사용해 왔으며, 중국에서는 사기로 숟가락을 만들기도 하고, 일본에서는 젓가락을 대나무로 만들었다. 현재 한국의 숟가락 모양은 약간 우묵하게 들어간 타원형에 자루가 달려 있으며, 중국 것은 끝이 더 넓고 둥글고 우묵하여 음식을 뜨는 부분과 자루가 잘 구분되지 않는다. 젓가락은 한국의 것이 가장 짧고 중간 굵기이며, 일본 것은 약간 더 길고 가늘며, 중국 것이 가장 길고 굵다. 고대에는 젓가락과 숟가락을 병행하여 사용하였던 3국이 시대적 배경으로 젓가락만을 사용하기도 하였고, 숟가락과 젓가락을 함께 사용하기도 하였다.

5. 밥상머리 맵시

- 여럿이 식사할 때는 개인접시를 준비하여 먹을 양만큼을 덜어서 먹는다. 초고추장이나 초간장은 각각 작은 숟가락을 얹어 놓고 필요한 양만큼만 개인접시에 덜어 놓고 사용한다.
- 숟가락과 젓가락은 한 손에 함께 들고 사용하지 않도록 한다. 밥이나 국물은 숟가락으로, 반찬은 젓가락을 사용한다. 밥그릇이나 국그릇을 손으로 들고 먹지 않는다.
- 음식을 먹을 때에는 음식 타박을 하지 않으며, 먹을 때에 씹는 소리를 내지 않도록 입을 다물고 씹는다.
- 수저가 그릇에 부딪혀 나는 소리가 될 수 있으면 나지 않도록 하며 수저로 밥이나 반찬을 뒤적거리지 않고 위에서부터 먹도록 한다.
- 식사 도중에 수저에 음식이 묻어 있지 않도록 하고, 밥그릇도 밥풀이 여기저기 붙어 있지 않도록 한다.
- 식사 후 수저는 처음 위치에 놓고, 사용한 냅킨은 대강 접어서 상 위에 놓는다.

중국

THE PEOPLE'S REPUBLIC OF CHINA, CHINA

中華人民共和國, 中國

중국에는 "백성이 먹는 것을 하늘로 여긴다民以食爲天."라고 하여 일상생활에서 먹는 것을 매우 중요시 생각한다. 이들은 먹는 것이 건강을 유지하는 비결이며 더 나아가 삶의 여유와 즐거움이라 여긴다.

만나다

1. 자연 둘러보기

중국의 면적은 약 960만 km^2로 세계 4위, 한반도의 약 44배 면적이며, 유럽 전체 면적과 거의 비슷하다. 남북간 거리 약 5,500km, 동서 간 거리 약 5,200km의 광활한 토지로 인해 지역별로 다양한 기후대가 분포한다. 주로 최남단 지역의 열대기후, 서부 지역의 건조기후, 동북 지역의 한대기후 등으로 구분되며 전체적으로 사계절이 뚜렷한 계절풍기후의 특징을 보이고 있다.

2. 사회 둘러보기

인구는 2016년 기준으로 약 13억 7천만 명으로 세계 1위를 차지하고 있다. 전 세계 인구를 62억 명이라 했을 때 약 20%를 넘는 수치다. 연평균 인구성장률 1.1%를 고려하더라도 2025년에는 15억 명이 넘을 것으로 추정된다. 전체 인구에서 한족이 차지하는 비중이 약 91.5%이고, 소수민족은 약 8.5%에 해당하며 광족, 몽고족, 후이족, 먀오족, 조선족 등 55개 민족이 포함되어 있다.

한자漢字로 표시되는 중국어는 세계에서 가장 많은 사람이 사용하는 언어이다. 중국어는 일반적으로 한어漢語라고 부르기도 하고, 1956년 이후 중국의 표준어를 보통화普通話라고 부른다. 중국어는 지역에 따라 베이징어北京語·쑤저우어蘇州語·광둥어廣東語·푸젠어福建語·커자어客家語로 크게 나뉜다.

3. 문화 둘러보기

황하 문명 탄생에서 시작한 하夏나라(기원전 2070~기원전 1600년경), 갑골문자를 사용한 중국 최초의 왕조인 은殷나라(기원전 1600~기원전 1046년경), 농업을 장려하고 철기의 사용이 시작된 주周나라(기원전 1046~기원전 256년) 이래 약 5천 년 동안 수많은 왕조가 흥망을 반복해 왔다. 중국 역사상 최초의 통일국가이며 유럽식 이름인 China 역시 진나라에서 유래된 것으로 보인다. 진秦나라(기원전 221~기원전 206년)에 이어 중국을 통일한 한漢나라(기원전 202년~서기 206년)는 중화민족의 대부분을 차지하는 한족의 기틀을 세웠다. 수隋나라 멸망 뒤 건국된 중국의 정통왕조인 당唐나라(618~907년)는 서방의 페르시아, 이슬람제국, 동로마제국과의 교류도 성하였다. 차가 처음으로 재배되어서 해외로 수출되었고, 또한 화북지방에서는 2년 삼모작三毛作이 가능하게 되어 농업 생산량이 크게 증가하였다. 영토가 넓어짐에 따라 비단길을 통한 무역이 이루어져 상업이 발달했으며, 화폐 유통도 활발하게 이루어져 어음인 비전이 사용되었고, 행行이라는 상인 조합도 생겼다. 문학 역시 귀족 중심의 시가 발달하였는데 이백과 두보가 대표적인 시인이다. 종교적으로는 불교가 매우 발전하였다. 의자에 앉아 식사하며 숟가락과 젓가락을 함께 사용하였다.

송宋나라(960~1279년)는 세계 최초로 지폐를 발행하였으며, 문치주의 국가로 사대부 사명 의식이 있었으며 문화 정치를 폈다. 시대적으로 북송과 남송으로 나뉜다. 쌀과 보리의 이모작이 확대되었고 이러한 새로운 농업으로 인해 북송시대의 인구는 약 1억 명에 달했을 것이라 추정된다. 그리고 예술, 사상 및 각종 실용기술의 발달이 두드러져 문화적으로 풍요롭던 시기였다. 제지, 인쇄기술의 향상과 시민경제의 발흥으로 인해 이때까지 일부

관료, 귀족에게 독점되던 문학, 미술, 음악, 사상 등이 시민 사이에서도 활발하게 발전하였다. 젓가락을 세로로 놓기 시작했으며, 차를 마시는 풍습이 번성하였다.

원元나라(1279~1368년)는 몽고 초원의 영웅 칭기즈칸이 무력을 앞세워 유럽과 아시아를 석권함으로써 역사상 유례없는 대제국을 건설하였다. 그 뒤를 이은 세조 쿠빌라이는 후계자 싸움에서 승리하여 칸의 자리에 오른 후 나라 이름을 원나라로 고치고 수도를 연경(북경)으로 옮겨 대도라 칭하였다, 마르코 폴로Marco Polo가 원나라의 연회장에 대해 설명한 내용을 살펴보면, 상류층은 포도주가 유행했으며 금과 은으로 된 식기들을 사용한다고 하였다.

명明나라(1368~1644년)는 원나라 지배 아래 만연된 여러 가지 몽고풍의 제도와 풍습 등을 씻어내고 한족의 문화를 재건하기에 힘썼다. 명대부터 밥과 부식물은 젓가락으로 먹었고, 숟가락은 국 전용의 도구로 받아들여졌다.

그러나 19세기에 들어서 1차 아편전쟁과 2차 아편전쟁에서 청清나라(1616~1912년)가 영국에 패배한 이후, 중국 본토는 서구 열강의 반식민지로 전락했고, 홍콩은 영국에, 마카오는 포르투갈에 넘어갔다. 이후 1912년에는 아시아 최초의 공화제 국가인 중화민국이 탄생했다. 하지만 각지의 군벌에 의한 내전이나 몽골, 티베트의 독립운동 등으로 말미암아 중화민국은 분열되었다. 또한 1930년대에는 국공 내전과 중일전쟁으로 중국 각지가 전장이 되었다. 그 후 중일전쟁 중에 세력을 늘린 중국공산당이 1945년의 일본 패배 이후 국공 내전에서 승리를 거두어 1949년 10월 1일 중화인민공화국 정부를 세웠다.

중국의 역사는 참으로 길다. 그리고 그 분열과 통일의 반복 속에서 셀 수 없이 짧고 다양한 문화의 꽃이 피고 졌다.

맛나다

1. 먹을거리 이야기

중국인들 사이에서는 "식사하셨어요?"가 가장 일상적인 인사말이다. 이는 중국인들의 삶 속에 있는 먹는 것의 중요성을 가늠할 수 있다. 이처럼 중국은 먹는 것 그 자체를 소중한 문화로 존중했으며, 13세기의 마르코 폴로, 19세기의 영국 식물학자 로버트 포춘 Robert Fortune의 기록에 의하면 평범한 중국인들의 식단조차 매우 풍족했다는 것을 알 수 있다.

고대 군주들의 통치수단은 '잘 먹고, 잘 살기'로, 이 단순한 기본원칙을 충족시키지 못하면 정치가 불안해지고 기존 권력을 위협받는 상황임을 암시했다. 세련되고 우아한 취미를 가진 사람들의 음식에 대한 관심과 지식은 교양 덕목 중 하나이며, 이는 곧 미각적 취향과 미학적 취향이 서로 결합된 것으로 생명을 유지하기 위한 연명의 차원을 넘어 중국의 정치, 사회, 문화적 삶에 지대한 역할을 해왔다.

① 광대한 지역에서 생산되는 풍부한 식재료와 수천 년의 식문화 경험을 바탕으로 중국 특유의 독특한 음식문화가 형성되었다.

지역적 특징으로 살펴보면 쌀이 많이 생산되는 남방은 밥이 주식이고, 밀이 많이 나는 북부는 면을 주식으로 한다. 넓은 영토에서는 상업과 유통이 발달하여 여러 종류의 육류와 해산물을 이용한 다양하고 풍성한 요리문화를 자랑하고 있으며, 재료의 풍성함과 요리방식의 다양함은 전 세계에서 최고를 자랑한다.

② 중국에는 일찍부터 열을 효율적으로 이용하여 음식을 만드는 조리법이 발달했다. 높은 화력과 기름을 이용하여 빠른 시간 안에 재료를 볶는 방법부터 오랜 시간에 걸쳐 천천히 삶아 국물을 우리는 방법에 이르기까지 실로 다양하다. 가장 주된 것은 갖은 양념을 기름에 볶아서 주 재료 위에 덮는 것이다. 갖은 양념을 기름과 고열을 이용해 볶았기 때문에 여러 가지 맛이 조합되어 진한 맛을 낸다.

③ 현대를 사는 중국인들의 식생활에서 아침은 보통 채소나 고기 속이 있는 '바오쯔包

바오쯔(包子)

만터우(饅頭)

여우탸오(油条)

子', 속이 없는 찐빵인 '만터우饅頭', 꽈배기 모양의 튀김인 '여우탸오油条'에 우리의 콩국물과 유사한 '더우장豆醬' 등을 사 먹는 것으로 해결한다. 점심 때는 간편하게 면이나 덮밥류로 한 끼를 해결하는 경우가 많다. 1949년 사회주의 정권이 들어선 이래로 여성들은 남자들과 동등하게 직장생활을 하기 때문에 남녀 구별 없이 먼저 돌아온 쪽이 식사 준비를 한다. 물론 남자 혼자 경제활동을 하는 경우에는 당연히 여자가 가정살림과 식사를 준비한다.

④ 축하나 진급 등의 행사에는 주로 외식을 하며 이때 본격적으로 잘 알려진 중국요리들을 맛볼 수 있다. 일단 요리가 나오면 각자 앞접시에 먹을 만큼 덜어 먹으며, 손님이나 윗사람에게 먼저 요리를 권하고 다른 사람도 먹을 수 있도록 한꺼번에 많은 요리를 덜어가지 않는 것이 예의다. 요리 순서는 량차이涼菜, 러차이熱菜, 주식主食, 탕湯 순서로 나온다.

⑤ 음식물이 건강과 밀접하게 관련되어 있다는 점이다. 이는 제대로 먹고, 올바른 재료를 선택하여 적절한 방식으로 재료를 조합하는 것이 건강을 지키고 장수하는 가장 믿을 만한 방법이라는 뜻이다. 영양과 식사요법에 관한 방대한 문헌이 있으며 그 내용은 절약, 중용, 균형이라는 고전적 가치관과 밀접하게 연결되어 있다.

중화제국의 미식법은 먼저 최고의 음식, 가장 귀한 음식을 조달하여 맛을 보는 것, 그 다음 이것에 대해 글을 쓰는 일이다. 즉, 대부분의 음식관련 저자들은 미식가들이며 음식에 대한 글을 썼다는 것을 알 수 있다.

2. 요리거리

1) 차茶

중국인의 일상생활에서 늘 함께하는 기호음료로 전 국민들이 애용하고 있다. 이렇듯 차를 마시는 습관을 가지게 된 것은 유럽의 음료문화처럼 석회 성분의 수질 문제와 기름진 식생활, 불교의 전파로 인한 역사적인 배경에 기인한다고 볼 수 있다.

차의 종류는 오랜 역사처럼 종류가 다양하다. 가장 보편적인 분류는 발효 정도에 따라 발효차, 반발효차, 후발효차, 불발효차로 나눌 수 있다. 발효차의 대표적인 것은 홍차로 전 세계적으로 영국에서 많이 소비되며, 중국에서는 안후이성安徽省 치먼祁門에서 생산되는 '치먼 홍차(기문 홍차)'가 대표적이다. 반발효차는 백차白茶, 오롱차烏龍茶, 화차花茶 등이 속한다. 후발효차는 황차黃茶, 흑차黑茶가 있고, 불발효차는 우리가 흔히 알고 있는 녹차로 룽징차龍井茶, 둥팅비뤄춘洞庭碧螺春, 황산마오펑차黃山毛峰茶 등이 잘 알려져 있다.

2) 상어 지느러미魚翅

대체로 건조된 상태로 유통되는 상어 지느러미는 영어명인 샥스핀Shark's pin이 익숙한 명칭이나 중국어로는 위츠魚翅라고 하며 중국의 3대 진미 중 하나로 주로 광동지방에서 즐겨 먹는 고급 식재료다. 기력 회복과 식욕을 촉진시켜 주는 효능과 독특한 식감으로 통지느러미는 찜이나 조림에, 하급품은 수프나 볶음에 사용한다. 무색, 무미, 무취의 식재료로 색이 밝고 탄력이 있으며, 힘줄이 굵고 긴 것이 좋다.

3) 제비집燕窩

중국 요리연구가인 가명이 쓴 『요리수지』에 소개된 금사연金絲燕은 바다제비가 지은 집으로 만든 요리로 황제가 즐겨먹는 '황제의 음식'으로 알려져 있어 최고급 식재료로 취급되고 있다.

제비집 옌워燕窩는 바닷가 절벽에 둥지를 틀고 해초와 생선뼈 등을 모아 자신의 타액을 섞어 둥지를 만든 것으로 시간이 지나면서 투명하게 변한 것이 가장 상품이다.

제비집요리에는 숟가락이 2개가 세팅되며 하나는 숟가락에 구멍이 뚫인 것으로 제비집

똑! **Knock!**

조리용어로 메뉴를 보는 법

- 煎(전jiān) : 기름을 두르고 지지기 例 南煎丸子(난자완스)
- 炒(초chǎo) : 중불~강한 불에 볶기. 生자가 붙으면 그대로 볶기. 淸자가 붙으면 간을 한 후 녹말가루를 묻혀 볶기 例 炒白菜(초백채), 八珍炒麵(팔진초면)
- 炸(작zhà) : 기름을 넉넉히 붓고 센 불에 튀기기. 生자가 붙으면 가루 없이 그냥 튀기는 것. 淸자가 붙으면 재료에 소금이나 간장으로 간을 한 후 튀기는 것. 乾자가 붙으면 양념+녹말가루를 재료에 묻힌 뒤 튀기는 것 例 乾炸松笠魚, 炸醬麵(쟈장미엔)
- 蒸(증zhēng) : 찜요리. 淸자가 붙으면 재료에 소금과 향신료를 넣고 찐 요리 例 淸蒸魚(창쯩위)
- 燒(소shāo) : 우선 볶은 다음에 진한 양념장 등으로 조리는 방법 例 紅燒牛肉(홍사오니우로우미엔)
- 溜(류liū) : 양념한 녹말 소스를 더하는 방법. 醋溜는 설탕+식초로 달콤새콤하게 만든 양념한 녹말 소스를 얹는 법 例 糖醋肉(탕추러우)
- 烹(팽pēng) : 삶기의 조리법이나 건팽乾烹이라고 하면 물기 없게 볶은 것을 말함 例 乾烹(깐펑)
- 燻(훈xūn) : 재료를 연기로 그을려서 향기로운 맛을 낸 것 例 燻魚(훈어)
- 湯(탕tāng) : 국물을 뜻하며 농도에 따라 淸(칭qīng)은 맑은 국, 羹(갱gēng)은 녹말물을 넣은 탁한 국
- 丝(사sī) : 식재료를 가늘게 채 써는 것 例 鷄絲面(계사면)

팔진초면(八珍炒麵)

쟈장미엔(炸醬麵)

창쯩위(淸蒸魚)

홍사오니우로우미엔(紅燒牛肉)

탕추러우(糖醋肉)

깐펑(乾烹)

을 건져 먹고, 숟가락에 구멍이 없는 것은 국물을 먹는다.

4) 건해삼干海参

해삼은 '바다의 인삼'이란 뜻으로 중국의 해산물 요리에 빠지지 않고 등장하며 해삼요리만 20가지가 넘는다. 해삼은 청삼, 흑삼, 홍삼으로 구분하여 유기물을 주로 먹는 것은 흑해삼과 청해삼이며, 홍조류를 주로 먹는 것을 홍해삼이라 한다. 중국에서는 삶아서 소금에 절인 후 말려 판매하고 있으며 거의 영구적으로 유통기간이 길다.

3. 주요 먹을거리

문화적 전통 또한 달라서 지역별로 독특한 음식문화를 가지고 있으며 넓은 지역만큼이나 다양하다. 흔히 중국요리를 산둥山東, 장쑤江蘇, 저장浙江 안후이安徽, 푸젠福建, 광둥廣東, 후난湖南, 쓰촨四川의 8대 요리, 또는 베이징, 상하이, 쓰촨, 광둥의 4대 요리로 구분한다.

1) 중국의 8대 요리

1) 산둥魯菜요리

베이징요리의 원형으로 '노채魯菜'로 불리며, 명·청시대의 궁중요리로 베이징 황궁에서 요리되었다. 요리의 특징은 맛과 향기가 좋고, 짜며, 씹는 맛은 부드럽고, 채색이 선명하고, 구조는 섬세하다. 투명한 국물과 희고 향기로운 우유 수프奶湯가 잘 사용되어 파 등을 향미료로 사용한다. 또 바다가 가까워 생선과 어패류를 사용한 요리가 많은 것도 특징이다. 명·청시대의 요리사 중에는 산둥성 출신이 많고, 조리장의 공통어는 산둥어였다.

2) 장쑤蘇菜요리

장쑤성에서 유래한 요리로 상하이요리의 원형으로 맛이 담백하며, 여러 계절의 식재료 맛을 살리는 조리법을 사용한다. 일반적으로 식재료가 부드러워질 때까지 요리하기 때문에 모양이 뭉개지기 쉽다. 또한 제철 식재료를 사용하여 형태의 조화를 중시하며, 수프를 이용하여 맛을 더한다.

3) 저장浙菜요리

민물고기, 새우, 물새, 해산물, 야생초와 채소가 풍부하여 이것들을 살린 조리법이 발달하였다. 조리법이 섬세하고 다양하며, 양념은 짜지만 음식은 담백하다. 이 지역 특산품인 양질의 신선한 식재료를 골라 맛을 이끌어 내는 것이 특징이다. 소동파의 이름과 일화에서 유래된 둥퍼러우東坡肉를 비롯하여 절강의 역사로 이어지는 이야기가 담긴 요리가 많다.

4) 안후이徽菜요리

낮고 습한 지역적 특성으로 산나물, 차, 죽순, 버섯, 야생동물과 민물고기, 자라 등 민물 식재료를 사용한다.

5) 푸젠閩菜요리

요리가 가볍고 풍미가 있으며, 부드럽고 씨안웨이鮮味라고 불리는 맛을 강조하며, 식재료 본래의 맛을 살리는 조리법을 사용한다.

6) 광둥粵菜요리

세계적으로 가장 많이 알려진 광둥요리는 중국 남부에 있는 광둥, 푸젠, 광시廣西 등지가 해당된다. 16세기 이래 외국 선교사와 상인들의 왕래가 빈번하면서 중국 전통요리에 서양 요리법이 결합하여 독특한 요리가 완성되었다. 아열대성기후로 다양한 해산물과 과일이 풍부하다.

7) 후난湘菜요리

고추를 많이 사용하여 중국 매운 요리의 대표격이며 쓰촨요리와 다른점은 매운맛에 시고 짠맛이 있다는 점이다.

8) 쓰촨川菜요리

쓰촨요리는 특히 매운 요리로 유명한데 "후난湖南 사람들은 매운 것을 겁내지 않지만, 쓰촨 사람들은 맵지 않을까봐 두려워한다湖南人不怕辣, 四川人怕不辣."라는 말이 있을 정도로 매운맛을 즐긴다.

2) 중국의 4대 요리

(1) 베이징北京요리

베이징을 중심으로 남쪽은 산둥성, 서쪽으로 타이위안太原 지역의 요리를 포함하여 '징차이京菜'라고도 한다. 특히 베이징은 원元·명明·청淸의 수도로서 지리적으로도 문화의 중심지로 고급요리가 발달했다. 궁중요리의 대표격인 만한전석滿漢全席(만주족과 한족의 요리를 총집결하였다는 의미)에는 적게는 30가지, 많게는 160가지의 요리가 나온다.

친숙한 요리로 베이징카오야北京烤鴨와 솬양러우涮羊肉 등이 있다. 베이징카오야는 통째로 구운 오리를 얇게 저며 전병에 파와 장을 곁들여 싸서 먹는 요리이며, 솬양러우는 종이처럼 얇게 썬 양고기를 끓는 물에 살짝 데친 후 양념장에 찍어 먹는 샤부샤부와 유사한 요리이다.

만한전석(滿漢全席)

베이징카오야(北京烤鴨)

솬양러우(涮羊肉)

(2) 상하이上海요리

양저우揚州, 쑤저우蘇州 지역 요리를 포함한 상하이요리는 '난징南京요리' 혹은 '장쑤요리'라고 한다. 풍부한 해산물을 주 재료로 하는 음식이 많고, 대체로 달고 기름지다.

잘 알려진 민물게 요리와 동파육東坡肉이 있으며, 민물게 요리는 다소 비싸지만 식도락가들이 최고로 꼽는 진미로서 찬바람이 부는 계절이 제철이다. 동파육은 송나라 시인이자 정치가로 유명한 소동파(소식蘇軾)가 만들었다고 전해지는 요리다. 소식은 그의 작품에서 음식을 즐기는 기쁨에 대해 표현하기도 했으며 음식을 음미하고 평가하는 일은 단순한 탐욕과는 전혀 차원이 다른 것으로 간주되었다.

동파육(東坡肉)

상하이 게요리

(3) 쓰촨川菜요리

중국 내륙부의 쓰촨, 윈난雲南, 구이저우貴州 지역의 요리를 말하며 예로부터 중국의 곡창지대로 유명하고 사계절 산물이 모두 풍성해 야생 동식물이나 채소류, 민물고기를 주재료로 한 요리가 많다.

대부분의 요리에 고추, 후추, 마늘, 파 등의 향신료를 넣어 만들며 잘 알려진 쓰촨요리로는 마퍼더우푸麻婆豆腐, 궁바오지딩宮保鷄丁 등이 있으며, 특히 각종 채소와 육류를 데쳐 먹는 쓰촨식 샤부샤부인 훠궈火鍋가 있다.

마퍼더우푸(麻婆豆腐)

궁바오지딩(宮保鷄丁)

훠궈(火鍋)

(4) 광둥廣東요리

세계적으로 가장 많이 알려진 광둥요리는 중국 남부에 있는 광둥, 푸젠, 광시廣西 등지가 해당된다. 16세기 이래 외국 선교사와 상인들의 왕래가 빈번하면서 중국 전통요리에서양 요리법이 결합하여 독특한 요리가 완성되었다.

4. 밥상머리 맵시

전통적인 식사법은 모두 둘러앉을 수 있는 둥근 탁자에서 큰 접시에 나온 음식을 여러 사람이 나눠 먹는다. 음식이 나오면 주빈 앞에 놓아 먼저 먹도록 하고 음료나 술도 주빈에게 물어서 정한다. 이때 음식의 종류는 참석한 인원수보다 적게 주문하지 않는다. 또한 주문한 요리의 숫자는 짝수로 주문하는데, 이는 짝수가 행운의 수라고 생각하기 때문이다.

탁자 중앙에 주문한 음식이 순서대로 나오면 원판을 돌려가면서 각자의 접시에 담아서 먹거나 서버가 서빙해 주기도 한다.

개인 세팅으로는 앞쪽에 개인접시, 왼쪽에는 국을 담을 작은 그릇, 오른쪽에 젓가락과 숟가락을 놓는다. 젓가락은 한국보다 길고 나무 또는 상아로 만든 것이며, 숟가락은 사기로 만든 렝게로 안쪽이 움푹 파져 있는 형태이며 국물을 떠먹을 때만 사용한다.

국물을 제외한 모든 음식은 젓가락을 사용하며, 밥이나 국수는 그릇을 들고 입 가까이 대고 먹는다. 렝게는 국물을 먹은 후에는 반드시 뒤집어놓아 지저분한 것이 보이지 않도록 하는 것이 예의다.

똑! Knock!

금옥만당 The Chinese Feast, 1995

중국의 요리 영화로 다양하고 진기한 식재료를 볼 수 있다.

궁중요리 만한전석의 대결을 두고 펼쳐지는 내용은 중국의 음식문화를 이해하는 데 추천할 만한 영화로 우리에게 잘 알려진 장궈룽張國榮이 출연했다.

일본

JAPAN

日本

일본요리는 눈으로 먹는다고 할 정도로 보이는 모습에서 궁극의 계절감과 아름다움을 추구한다. 색상, 형태, 담는 법, 산수의 법칙 등 자연에 거슬리지 않는 요리법으로 오감을 만족시키는 요소들로 이루어진다.

만나다

1. 자연 둘러보기

국토 전체의 면적은 약 38만 km^2로 세계 61위이다. 아시아 동북쪽, 태평양 서쪽에 위치한 섬나라인 일본은 남한 면적의 3.8배, 한반도 전체 면적의 1.7배이다. 위로부터 홋카이도, 혼슈, 시코쿠, 큐슈 네 개의 큰 섬으로 이루어져 있으며 이들 주변에 수천 개의 작은 섬이 밀집되어 있다.

사계절이 뚜렷하고 여름은 고온다습, 겨울은 한랭건조한 온대몬순기후에 속하며 한국과 같다. 일본의 평야는 산지가 많아 국토의 4분의 1 정도 차지하고 있고, 대부분 산지에서 실려 내려오는 토사가 퇴적되어 형성되었다. 이로 인해 평야가 비옥하다. 그중 니가타, 아키타, 야마가타, 미야기 등 도호쿠 지방의 4개 현은 대표적인 쌀 생산지이며 재배면적으로는 홋카이도가 최고를 차지하고 있다.

2. 사회 둘러보기

인구는 현재 약 1억 2,700만 명으로 세계 8위이며, 대도시인 도쿄, 오사카, 나고야에 집중되어 있다. 종사하는 산업군으로는 3차 산업으로 가장 많은 인구를 차지하고 있다.

일본에서는 서구 선진국과 같은 형태로 인구전환이 진행되면서 2차 세계대전을 기준으로 인구동태가 다산다사형에서 소산소사형으로 이행되었고, 출생률도 사망률과 함께 저하하여 인구 구조형은 피라미드형에서 종형으로 변했다.

일반적으로 '순수 일본인'이라 하면 국적·혈통·문화 3가지 요소의 공통성 유무에 따라 구별하고, 그렇지 않을 경우 이를 '비일본인'으로 구분한다. 특히 일본 사회의 경우 '일본인'이 아닌 '비일본인'을 배제하려는 사회적 경향이 매우 강하다. 일본 민족이란 야마토大和 민족을 중심으로 한 단일민족으로 일본 최초의 국가였던 야마토국가를 구성한 민족의 후손이라는 의미였으나 영토 확장과 더불어 류큐족(오키나와)과 아이누족이 포함되었다.

3. 문화 둘러보기

1) 헤이안 시대(797~1185)

조정에 식사를 관여하는 각종 관직이 존재했으며, 귀족은 고실故實이라 칭하고 옛 관습을 중요시하는 '보는 요리'를 만들게 되었다. 식기는 젓가락받침, 젓가락통, 쟁반대, 현반, 네모난 쟁반이 사용되었다. 지금의 교토를 수도로 정하고 일본요리의 기초가 정립된 시기다.

2) 가마쿠라 시대(1192~1333)

화식火食이 발달한 시기이며 무사 중심의 사회적 배경으로 식생활이 간소하며 형식에 얽매이지 않는 합리적인 식문화가 전개되었다. 승려는 1일 3식, 서민은 1일 2식이 일반적이었다. 식기는 공적인 자리에서는 칠기를, 일반적인 자리에서는 목기를 사용하였다. 송나라에서 도자기 기술이 전파되어 유약도기가 만들어졌으며, 불교를 동반한 쇼진精進요리가 발달하였다.

헤이안 시대

가마쿠라 시대

무로마치 시대

3) 무로마치 시대(1396~1575)

가마쿠라 초기의 소박하고 실질적이며 건강했던 무사사회의 식생활이 귀족사회와의 교류에 의해서 서서히 형식적인 양상이 나타나기 시작했다. 의식儀式요리의 조리법이 확립되고 차가이세키茶懐石요리의 발달은 소박했던 무사계급의 식생활에서 예식, 의례를 중시하는 형식적인 것으로 변화시켰다.

4) 아즈치·모모야마 시대(1576~1602)

전국시대 말기에 시작된 남만무역의 영향으로 포르투갈이나 스페인에서 수입품과 조리법이 유입되었다. 그리고 중국의 영향을 받은 후차普茶요리의 등장으로 싯포쿠卓袱요리(큰 그릇에 담아 내고 각자 덜어서 먹는 중국식 요리)가 나가사키와 오사카에 확산되었다. 남만식품으로는 호박, 감자, 고추, 옥수수 등이 있다. 토마토는 식용이 아닌 관상용이며, 대표적인 남만요리에는 튀김, 카스텔라, 비스킷, 별사탕 등이 있다.

5) 에도 시대(1603~1867)

일본음식이 집대성된 시대로 가이세키요리가 서민에게도 보급되었다. 다도의 발달과 함께 차가이세키요리가 거리의 술안주요리로 개량되어 발전하였다. 가정에서의 식사는 각자의 상을 이용하였고, 거리에는 음식점이 등장하면서 차와 밥, 두유나 조리된 음식을 팔기 시작했다.

아즈치·모모야마 시대

에도 시대

6) 메이지 시대(1868~1910)

메이지 5년에 육식 금지가 해제되면서 식생활은 점차 서구화되었다. 이 시대에 들어서면서 요리잡지나 가정요리를 위한 요리학교, 여자대학이 생겨났다. 돈까츠, 비프스테이크, 고로케, 오므라이스, 카레라이스 등도 가정에서 만들어 먹게 되었다.

맛나다

1. 먹을거리 이야기

한국과 비슷한 점은 쌀을 주식으로 하고, 여기에 국과 반찬을 먹는 식사방식이다. 주로 사용하는 조미료도 발효식품이 발달하여 간장, 된장, 식초, 절임류가 발달했다.

① 밥도 하나의 요리 또는 술안주가 될 수 있어 다양한 형태의 요리가 발달되어 있다.

② 에도 시대부터 된장(미소)과 간장(쇼유)은 공장에서 생산하는 방식을 취하고 있다.

③ 식재료의 맛을 살리기 위해 조미료 사용도 자제하는 조리법으로 담백한 맛을 추구한다.

④ 국물요리에 있어 사용하는 재료는 가다랭이포(가쓰오부시), 다시마, 멸치, 마른 버섯을 주로 사용하며, 특히 가다랭이포는 압도적으로 많이 사용한다.

⑤ 일본요리는 눈으로 먹는다고 할 정도로 보이는 모습에서 궁극의 계절감과 아름다

움을 추구한다. 색상, 형태, 담는법, 산수의 법칙(자신을 낮추고 상대방을 높이는 방식으로 자연을 거스르지 않게 음식을 담아 내는 것, 단순한 아름다움을 넘어 먹는 사람이 편안하게 먹을 수 있도록 배려하는 것) 등 자연에 거슬리지 않는 요소들로 이루어진다.

⑥ 관동지방은 일본 총인구의 1/3이 집중되어 있으며 도쿄를 중심으로 관서지방에 비해 맛이 강하고 달다. 사용하는 다시에 있어서도 다시마보다는 가쓰오부시를 많이 사용하고 간장 맛이 강하다. 날씨의 영향으로 밀가루보다는 메밀 재배가 수월하여 우동보다 메밀국수를 즐겨 먹는다. 또한 낫토를 아침식사의 밥에 얹어 비벼먹는다.

⑦ 관서지방은 오사카를 중심으로 교토, 나라가 포함되며, 재료 자체의 맛을 살려 조리하는 것이 특징으로 예로부터 문가를 중심으로 한 교토는 귀족요리(두부, 채소, 밀기울, 건청어, 대구포)를 사용한다. 오사카는 조개류와 생선요리가 발달했으며, 오코노미야끼와 타코야끼를 즐겨먹는다.

2. 요리거리

1) 가쓰오부시가다랭이포

가다랭이를 찌거나 삶아서 훈연상자나 통에 넣어 푸른곰팡이가 발생되도록 한 것을 햇볕에 말리고 재차 푸른곰팡이가 발생하도록 7~8회 반복하여 만드는 것이 전통적인 방법이지만, 전통적인 방법보다는 간편하게 말리는 작업이 선호되고 있다. 가다랭이의 어떤 부위를 사용하느냐에 따라 불리는 명칭이 다르며 주로 대패로 깎은 상품을 구입하여 사용한다. 이밖에 참치, 고등어, 전어, 삼치 등의 등푸른생선으로 만들기도 한다.

가쓰오부시

2) 와사비고추냉이

와사비

유채과에 속하는 상록 채소로 다년생 반음지식물로서 매운맛과 단맛을 가지고 있으며 청정지역에서 재배

가능하다. 수경재배로 일 년 내내 균일한 수량을 보이는 지역에서 상품성 있는 와사비를 재배할 수 있다. 최상품은 3년 정도 키운 와사비이다.

3) 미소된장

국물요리에 빠질 수 없는 미소는 지역, 재료나 숙성기간에 따라 수 십 가지로 분류하고 있다. 대표적으로 콩 100%로 만든 다이즈 미소는 향보다는 깊은 맛을 내고, 쌀이나 보리 등의 탄수화물을 넣어서 만든 미소는 감칠맛과 단맛이 강하다. 국내에 유통되는 미소는 주로 아와세 미소(혼합된장)로 어느 요리에나 무난히 쓸 수 있다.

3. 주요 먹을거리

1) 스시壽司 초밥

지방별로 다른 모양의 스시가 있으며, 관서지방의 하코즈시(상자초밥)에서 유래한 마키즈시와 관동지방의 니기리즈시 등으로 발달하였다.

관서초밥은 관동초밥에 비해 단맛과 신맛이 강하다. 관동초밥이 싱거우면서 담백한 맛을 살린다면 관서초밥은 꿀이나 숙성시킨 초 등을 넣어 풍부한 맛이 특징이다.

초밥을 맛있게 먹으려면 먼저 지방이 적고 담백한 생선, 즉 광어, 도미 등부터 먹기 시작한다. 그 다음으로 기름기가 많은 토로(참치뱃살), 끝맺음으로 데마끼라고 하는 김마끼로 입안을 개운하게 한 후 마무리한다. 한 가지 종류의 초밥을 먹은 다음 반드시 가리(초생강)을 먹고 입안을 개운하게 한 후 다음 생선초밥을 먹어야 그 맛을 음미할 수 있다. 또

스시모리아와세

교쿠

한 초밥집의 맛을 평가할 수 있는 잣대로 교쿠(달걀말이)를 꼭 맛보도록 한다.

2) 스이모노吸い物 국물요리

국물요리의 일종으로 대표적인 것은 미소시루이다. 생선, 채소, 갑각류 등의 식재료와 다시마와 가쓰오부시로 뽑은 이치방다시를 베이스로 한다. 이때 담백한 맛을 내거나 식재료의 맛과 향이 겹치지 않도록 하기 위해 가쓰오부시를 넣지 않은 국물에 계절에 맞는 식재료를 넣고 만들기도 한다. 식사예절에서 주의할 점은 그릇을 왼손으로 받쳐 잡고 오른손으로 뚜껑을 열어서 밥상의 오른쪽 옆에 둔다. 그릇을 오른손에 쥐고 왼손으로 바꿔 든 다음 젓가락을 들고 국과 건더기를 먹는다. 맑은장국과 된장국으로 나눌 수 있고, 숟가락이 아니라 젓가락으로 가볍게 저어 그릇에 입을 대고 마신다.

3) 야키모노燒き物 구이요리

직접 또는 간접적인 화력으로 굽는 요리로 메뉴의 중심이 된다. 쇠고기나 돼지고기 또는 생선에 데리야키 소스를 발라 구워 먹는 데리야키가 있고, 한국의 빈대떡 같은 오코노미야키가 있다. 그 밖에 양념을 하지 않고 불에 직접 굽는 시라야키가 있는데 주로 장어구이에 많이 쓰인다. 소금을 뿌려 굽는 시오야키 등 다양한 요리가 있다.

4) 쓰게모노漬物 절임요리

채소류를 소금, 된장, 식초, 쌀겨, 간장에 절인 음식이다. 우리에게 단무지로 알려진 다쿠앙이나 매실장아찌인 우메보시 등이 이에 속한다. 특히 우메보시는 일본의 일장기를

쓰게모노

채소조림

닭고기채소조림

상징한다.

5) 니모노煮物 조림요리

다시마나 가쓰오부시로 만든 이치방 또는 니방다시를 베이스로 하고 간장, 미림, 설탕과 채소, 육류, 어패류의 재료들을 넣고 조린 요리이다. 대표적인 니모노로는 가쿠니角煮, かくに(돼지고기찜), 니쿠쟈가肉じゃが(감자조림), 부리다이콩ぶり大根(방어와 무조림), 니마메煮豆, にまめ(콩조림) 등이 있으며, 오세치요리おせち料理(정월요리)에도 요리의 보존성을 높이기 위해 다양한 니모노가 포함된다.

6) 나베모노なべもの 냄비요리

냄비에 육수를 붓고 여러 가지 재료를 넣어 끓인 냄비요리이다. 겨울철에 주로 먹는 일

샤부샤부

스키야키

텐동

규동

본의 대표음식이다. 종류에는 물 또는 가쓰오부시·다시마·채소 등의 육수에 치리나베, 닭고기를 넣은 미즈타키가 있다. 또 끓는 육수에 얇게 저민 쇠고기와 채소를 넣어 살짝 익혀 먹는 샤부샤부しゃぶしゃぶ도 나베모노의 일종이다. 그밖에 쇠고기 전골인 스키야키すき焼き도 포함된다. 니모노와 달리 오래 익혀서 먹지 않는다.

7) 돈부리どんぶり 덮밥

밥 위에 반찬이 되는 요리를 올려 놓은 덮밥을 뜻한다. 올려 놓은 요리에 따라 다양한 돈부리가 된다. 한국의 덮밥과는 달리 비벼 먹지 않는다. 대표적인 것은 쇠고기 양념을 볶아서 올린 규동ぎゅうどん牛, 닭고기에 달걀물을 넣고 반숙으로 익힌 오야꼬 돈부리親子丼 おやこどん, 여러 가지 해산물을 얹은 카이센 돈부리, 훈제연어를 올린 샤케 돈부리, 돈까스 튀긴 것에 실파와 양파를 넣고 달걀물을 반숙하여 밥에 올린 가츠동カツどん, 새우와 채소, 생선 등의 튀김에 맛간장을 끼얹은 텐동てんどん, 조미간장을 발라 구운 장어를 올린 우나기 돈부리うな丼 うなどん가 있다.

8) 오니기리お握り 삼각김밥

밥에 소금으로 간을 하거나 참깨, 다진 쇠고기 등 다양한 재료를 섞어 넣고 삼각형으로 뭉쳐 김으로 감싼 음식이다. 일반적으로 삼각김밥 같은 형태이지만, 밥에 들어간 재료는 명칭에 따라 다양하다.

9) 소바そば 메밀국수

일반적으로 소바에 사용되는 메밀은 구황작물로 쓰이다가 에도 시대에 들어서 대중적인 일상식에 널리 사용되었다. 메밀가루 반죽을 밀대로 넓게 펴 병풍처럼 말아 접은 후 가늘고 길게 썰어 낸 소바키리蕎麦切り, そばきり가 일본의 면류 중에서도 가장 역사가 짧지만 대중적인 인기를 얻었다.

일반적으로 메밀가루만을 사용해서 반죽을 만들기는 어렵기 때문에 밀가루나 마, 달걀, 곤약 등을 섞어서 만든다. 메밀가루를 사용한 비율에 따라 크게 두 종류로 나눌 수 있는데, 메밀가루 100%로 만든 것을 쥬와리소바十割蕎麦, じゅうわりそば, 메밀가루 80%와 밀가루 20%로 만든 것을 니하치소바二八蕎麦, にはちそば라고 한다.

오사카를 비롯한 남쪽 지방보다는 도쿄를 중심으로 한 북쪽 지방에서 주로 먹는다. 자루소바ざる蕎麦, ざるそば 또는 모리소바盛り蕎麦, もりそば는 소바를 차갑게 하여 쯔유에 찍어 먹는다. 가케소바かけ蕎麦, かけそば는 뜨거운 쓰유(국물)에 면과 여러 가지 건더기를 넣어 먹는다.

10) 우동うどん

에도 시대에 면 요리를 전문으로 하는 음식점이 생겨나기 시작했다.

메이지 시대에는 제면기계가 개발되어 면의 소비가 크게 증가하였고, 우동을 비롯한 면요리가 본격적인 서민음식으로 정착하게 되었다. 먹는 법에 따라 히야시우동冷うどん과 가케우동かけうどん으로 나뉜다. 히야시우동은 우동을 삶아 찬물에 비벼 씻은 후 체나 돈

소바

우동

라멘

부리 그릇에 담고, 잘게 썬 파와 와사비를 곁들인 쓰유(국물)에 찍어 먹는 것을 말한다. 가케우동은 삶은 우동면에 뜨거운 다시 쓰유를 붓고 잘게 썬 파와 튀김 부스러기를 곁들여 먹는 방식이다.

11) 라멘ラーメン

중국의 납면拉麵(라미엔)을 기원으로 1958년에 개발한 면요리로 그 위에 돼지고기(챠슈), 파, 삶은 달걀 등의 여러 토핑을 얹는데, 지역이나 점포에 따라 다양한 종류가 있다.

안도 모모후쿠安藤百福가 개발한 인스턴트 라면인 '닛신日清 치킨 라멘'이 일본 전역에서 인기를 끌면서 '라멘'이라는 이름이 대중적으로 정착되었다. 일반적으로 일본식 된장으로 맛을 낸 미소라멘, 간장으로 맛을 낸 쇼유라멘, 소금으로 맛을 낸 시오라멘, 돼지뼈로 맛을 낸 돈코츠라멘 등이 대표적이다.

12) 오코노미야키お好み焼き

우리의 부침개와 유사한 형태로 뜨거운 번철에 기름을 두르고 참마 갈은 것, 밀가루, 달걀, 양배추가 기본재료이고 토핑에 따라 해산물, 쇠고기, 돼지고기, 닭고기, 치즈 등을 넣어 둥글게 지져 낸 음식이다. 거의 익을 무렵 마요네즈를 바르고 그 위에 오코노미야키 소스와 파래김, 가쓰오부시를 얹어서 먹는다. 일반적으로 오사카식과 히로시마식이 있다. 오사키는 들어가는 재료를 다 섞어서 굽지만, 히로시마식은 얇은 반죽에 각각의 재료들을 차례로 쌓아가면서 굽는다.

4. 밥상머리 맵시

식사하기 전에 반드시 "잘먹겠습니다."라고 말한 후 식사를 시작한다.

기본적으로 모든 음식은 개별 밥상의 형태이거나 사각 쟁반에 각각의 음식을 담아서 한 상 형태로 낸다. 모든 음식은 젓가락을 사용하며 끝이 뾰족하여 생선을 발라 먹기 쉽고 형태가 작은 음식을 집을 수 있다. 재질은 대체로 나무로 되어 있거나 옻이 칠해진 것이 많다. 국의 경우도 왼손으로 들고 입에 대고 젓가락으로 건더기를 집어가며 마신다.

젓가락을 사용하는 6가지 식사예절은 다음과 같다.

첫째, 젓가락으로 음식을 꽂아서 먹지 않도록 한다.

둘째, 고개를 숙이고 먹지 않는다. 왼손으로 들고 젓가락으로 먹어야 한다.

셋째, 같이 쓰는 소스를 찍어서 먹을 때는 한 번만 찍어 먹는다.

넷째, 젓가락끼리 음식을 넘겨주지 않는다. 이는 일본의 장례식에서 기원한 것으로 시체를 태우고 나서 특별한 젓가락을 사용하여 재로부터 뼈를 집어서 가족 한 명이 다른 사람에게 넘겨서 그릇에 넣는 의식이 있기 때문에 식사 시에는 금지된 사항이다.

다섯째, 젓가락을 밥그릇에 꽂지 않는다. 일본에서는 죽은 사람에게 바치기 위해 젓가락을 밥그릇에 세워 두기 때문이다.

여섯째, 젓가락을 핥거나 빨지 않는다.

동남아시아

CHAPTER 3

태국　베트남　인도네시아

Ha Noi
Chiang Mai
THAILAND
VIETNAM
Bangkok
Saigon
Songkhla
Sumatra
Kalimantan
Sulawesi
INDONESIA
Jakarta
Java

태국

THE KINGDOM OF THAILAND

ราชอาณาจักรไทย

태국의 음식문화는 중국, 인도, 포르투갈의 영향을 받아 이루어졌다. 쌀을 주식으로 하며 한꺼번에 차려 먹는 경우가 많다. 시각적인 요소를 중요시하며, 향이 강한 향신료를 사용하고 신맛, 톡 쏘는 맛이 섞여 있다. 세 끼 중 저녁식사의 비중이 크나 식사량은 적은 편이며 과일, 과자, 떡 등의 간식을 즐긴다.

만나다

1. 자연 둘러보기

태국은 인도차이나 반도의 중앙에 위치하고, 약 51만 km^2의 면적을 지니고 있으며 한반도의 2.3배에 달한다. 자연환경에 따라 북부, 중부, 동북부 및 남부로 구분된다. 열대몬순기후로 연중 따뜻하고, 5~10월은 우기로 연간 강우량의 거의 전부가 이 시기에 몰리며, 11~4월은 건기이다.

2. 사회 둘러보기

태국의 수도는 방콕Bangkok이고 치앙마이Chiang Mai나 파타야Pattaya 등의 주요 도시가 있다. 인구는 2016년 기준으로 약 6,800만 명에 달하고, 민족은 타이족(85%), 화교(12%)로 구성된다. 타이어를 공용어로 사용하고 영어가 상용어이다. 대부분이 불교이며, 소수 주민들은 이슬람교, 중국계 종교, 기독교 등을 믿는다.

3. 문화 둘러보기

태국은 4차례 왕조가 바뀌었으며, 수코타이Sukhothai 시대(1238~1378년), 아유타야Ayutthaya 시대(1351~1767년), 톤부리Thon Buri 시대(1767~1782년), 차끄리Chakri 시대(1782년~현재)로 구분할 수 있다. 유럽 세력이 16세기부터 방문하기 시작하였고, 19세기 유럽 열강의 진출이 극심하였으나 동남아시아에서 유일하게 외세의 침략을 받지 않고 독립을 유지하였다.

태국은 타이족을 중심으로 주변 나라들과 오랜 기간 상호적으로 영향을 주고받으며 음식에 있어서도 복합적인 성격을 지니게 되었다. 인도 및 중국과의 활발한 문화 교류로 인해 이들의 영향을 받았으며, 태국의 근대화와 함께 서구 문화의 유입은 궁전과 귀족 계층의 음식문화에 영향을 주었다.

맛나다

1. 먹을거리 이야기

중앙 지역은 비옥한 토양의 곡창지대이며 바다와 인접해 해산물도 풍부하다. 타이족이 정착하기 이전에 거주하던 불교문명을 따르던 몬mon족의 영향을 받았으며, 아유타야 왕조로부터 유래한 궁중요리가 많은 영향을 끼쳤다. 음식이 화려하고 고급스러우며, 채소나 과일 조각도 이곳에서 비롯된 것이다. 이산Isan이라고도 불리는 북동쪽은 라오스, 캄보디아, 베트남 요리와 비슷하다. 북쪽은 산악지대이며, 미얀마, 북라오스, 중국 운남 지역의 요리와 유사하다. 남쪽은 양면이 열대의 바다로 둘러싸여 있어 해산물이 풍부하고, 코코넛 밀크, 울금을 많이 사용하고 인도, 말레이시아, 인도네시아 요리와 비슷하다.

인도와 페르시아 요리의 경우 초기에는 무역상에 의해 들어왔으나, 이후 이들 정착민으로부터 전해지게 되었다. 태국의 깽kaeng과 마사만 커리massaman curry 등은 바로 이들의 영향을 받은 것이다. 또한 인도 스타일의 커리 파우더를 사용하기도 하며 대표적 음식이 퐁 카리phong kari이다. 이슬람교의 영향을 받아 쇠고기, 닭고기 등을 사용하며 돼지고기가 들어가는 경우는 드물다. 고기를 큼직하게 썰고 감자를 넣어 만들며 쌀밥과 함께 메인 요리로 먹기도 한다. 달걀을 이용한 태국의 디저트인 포이통foi thong(포르투갈어로 fios de ovos)은 포르투갈의 영향을 받은 것으로 달걀 노른자, 설탕 시럽을 넣어 가는 실 모양으로 만든다.

또한 일상생활에 불교가 밀착되어 있으며, 불교 행사 중에는 금주를 한다. 이때는 일반 주점에서도 주류를 팔지 않는다.

2. 요리거리

1) 쌀

태국은 세계 1, 2위를 다투는 쌀 수출국이며, 태국 요리의 주 재료로 이용된다. 백미, 현미, 자스민쌀, 찹쌀 등이 생산되며, 보통 이모작을 한다.

2) 여러 가지 채소

카피르 라임kaffir lime은 일반 라임보다 작고 색이 어두우며 단맛이 있다. 태국 수프 요리나 커리에 들어가는 재료이다.

에그 플랜트eggplant는 작은 공 모양의 태국 가지로 커밋 가지kermit eggplant라고도 부른다. 한국 가지와 비슷하나 아삭하면서 향이나 맛이 강하지 않다. 그린커리나 수프, 볶음요리에 이용된다.

샬롯shallot은 양파와 비슷하게 생겼으나 속살이 보라색인 채소이다. 양파보다 매운맛이 덜하고 단맛이 있으며 알싸한 향이 있다.

갈랑갈galangal은 생강의 한 종류로 태국, 베트남, 인도네시아 음식에 주로 이용된다. 똠얌꿍에 들어가며, 타이식 커리 페이스트에도 사용된다.

카피르 라임

에그 플랜트

샬롯

갈랑갈

3) 과일

태국은 과일의 종류가 다양하고 계절별로 즐길 수 있다. 1~4월에는 포도, 잭프루트, 자바사과, 귤, 수박, 석류 등이 제철 과일이며, 이외에도 망고, 리치, 파인애플, 두리안, 망고스틴 등이 있다. 망고는 가장 인기 있는 과일이다.

7월에는 용안longan, 랑삿langsat, 패션프루트passion fruit, 포멜로pomelo, 귤, 포도, 수박 등이 많이 수확된다. 바나나, 코코넛coconut, 구아바guava, 파파야papaya 등은 연중 계속해서 맛볼 수 있다.

과일을 수확하는 시기에 이를 기념하기 위해 열리는 축제들이 있다. 4월 초에 차층사

용안

랑삿

패션프루트

포멜로

구아바

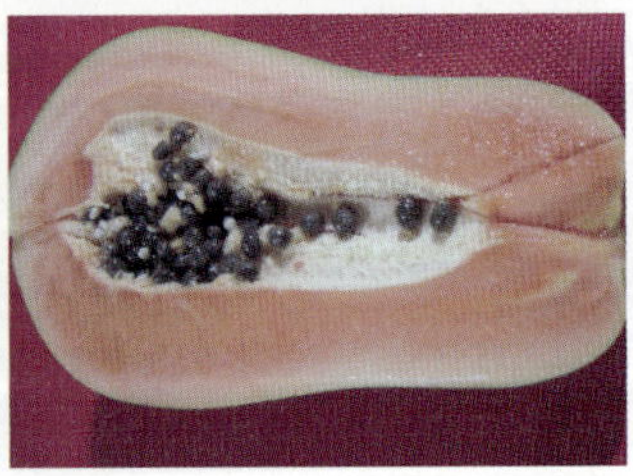
파파야

오chachoensao에서 빳리우 망고축제paet riu mango festival가 열리고, 5월에는 송클라songkla에서 과일시장이 열리며 과일조각대회 등이 개최된다. 6월에 찬타부리chanthaburi에서 두리안을 비롯하여 이 지역에서 생산되는 각종 과일 전시회가 열리고, 9월에는 방콕 근처 나콘파톰nakhon pathom에서 포멜로 시즌pomelo season을 맞아 과일과 꽃으로 장식한 마차 행진을 벌리는 축제가 열린다.

똑! **Knock!**

태국의 소스

- 남플라nam pla : 피시 소스에 얇게 썬 고추를 넣어 만든 것으로 마늘과 라임을 소스에 넣기도 함. 쌀요리와 자주 먹는 식탁용 소스
- 까삐kapi : 새우를 발효해서 간 다음 소금을 섞어 만든 것으로 남프릭 소스, 태국식 커리 페이스트를 만들 때 사용함
- 남프릭nam phrik : 태국의 전형적인 매운 소스로 생고추나 말린 고추, 마늘, 샬롯, 라임즙 그리고 피시 또는 새우 페이스트를 절구에 빻아 만듦. 남프릭은 메인요리와 함께 작은 접시에 제공됨. 생채소나 삶아서 차게 식힌 채소, 생선, 가금류, 육류 등으로 만든 음식을 찍어 먹음
- 커리 페이스트curry paste : 태국 커리에 항상 들어가는 페이스트로 일반적으로 새우 페이스트, 고추, 양파나 샬롯, 마늘, 레몬그라스, 갈랑갈, 고수 등으로 만듦. 전통적인 방법으로는 위 재료를 절구로 갈아서 사용함. 커리 페이스트는 기름이나 코코넛 밀크에 볶아서 사용하며 요리의 향을 내고 잡냄새를 잡아 줌
- 스리라차 소스sriracha sauce : 고추, 식초, 마늘, 설탕, 소금으로 만든 매운 소스로 태국의 동부 지방에서 주로 사용함

3. 주요 먹을거리

1) 똠얌tom yam

잘게 썬 새우, 생선, 닭 등에 각종 향신료를 넣고 5~6시간 정도 걸쭉하게 끓인 수프이다. 똠은 '끓이다', 얌은 '새콤한 맛'을 뜻한다. 새우를 넣으면 똠얌꿍tom yam kung, 닭이 들어가면 똠얌 카이tom yam kai라고 한다. 고추, 레몬그라스, 라임 등의 재료를 이용해 맵고

똠얌

솜땀

카오팟

달고 시고 짠맛을 모두 느낄 수 있으며, 신선로나 도자기 용기를 이용하여 뜨겁게 먹는다. 똠얌꿍은 외국인들이 가장 좋아하는 태국음식 1위를 차지하기도 하였다.

2) 솜땀som tam

'신맛을 내는 것'이란 뜻을 가진 '솜'과 '빻다'라는 뜻을 가진 '땀'이 결합된 것으로 태국을 대표하는 샐러드이다. 절구에 마늘과 고추를 넣고 으깬 후 줄기콩과 방울토마토를 즙이 나올 정도로 빻은 다음 채 썬 그린파파야, 마른 새우, 라임, 땅콩가루, 피시 소스 등을 넣는다. 동북부 지방 음식이었으나 지금은 태국 전 지역에서 즐겨 먹는다. 솜땀은 주로 쌀밥을 곁들여 먹으며 고기나 생선 요리와 함께 먹기도 한다.

3) 카오팟khao phat

태국의 대표적인 볶음밥이다. 밥에 새우, 오징어, 닭고기, 돼지고기, 달걀 등과 여러 가지 채소를 넣고 볶으며 젓갈인 남플라로 맛을 낸다. 그릇에 담을 때는 신선한 라임, 오이, 양파, 실파 등을 곁들이고, 고수나 고추, 달걀지단, 다진 땅콩 등을 위에 뿌린다.

이외에도 다음과 같은 대표요리가 있다.

남똑무nam tok moo는 태국의 북동부 요리로 석쇠에 구워 낸 돼지고기에 레몬즙, 파, 칠리, 피시 소스를 곁들인 음식이다.

팟타이

얌운센

팟타이phat thai는 태국식 볶음면으로 쌀국수에 닭고기나 해산물 등을 넣고 피시 소스, 설탕, 라임주스나 타마린을 넣어 볶은 후 다진 땅콩이나 볶은 달걀을 얹는다.

얌운센yam wunsen은 녹두로 만든 당면에 새우, 오징어, 잘게 썬 돼지고기를 넣어 만든 매운맛의 샐러드이다.

똑! Knock!

태국의 국수

국수는 쌀가루, 밀가루, 녹두가루로 만든다. 중국의 영향으로 만들어진 국수에는 세 종류가 있으며, 센야sen yai은 넓고 평평한 국수이고, 센렉sen lek은 얇고 평평한 쌀국수, 버미셀리라고도 알려진 센미sen mi는 가늘면서 둥근 면이다. 발효된 쌀로 만든 버미셀리vermicelli는 그린치킨커리 같이 매운 커리나 솜땀과 같은 샐러드와 함께 먹는다. 달걀과 밀가루로 만들어진 바미bami는 생면으로 판매된다. 운센wun sen은 녹두가루로 만든 아주 얇은 건조 국수이다.

4. 밥상머리 맵시

- 국물이 있는 국수를 먹을 때는 주로 숟가락과 젓가락을 사용하고, 튀긴 국수는 포크와 숟가락을, 생선이 들어간 국수는 숟가락만 사용한다. 국이 있는 음식은 숟가락으로 떠서 먹고 들이 마시지 않는다.

- 태국 사람들은 음식점에서 개인적으로 음식을 시키기보다 여러 가지를 주문해서 나누어 먹는다.
- 식사를 마친 후에 배부르게 잘 먹었다는 뜻으로 음식을 조금 남긴다.
- 음식점에서 식사에 초대 받았을 때 함께 계산하겠다는 의사표현을 하면 주최자에게 실례가 될 수 있다.

똑! Knock!

Thai Select

타이 셀렉트Thai Select는 태국 정부에서 전 세계 태국음식점과 음식을 인증하는 프로그램이다. 이것을 통과하기 위해서는 다음 조건을 충족하여야 한다.

1. 6개월 이상 영업을 해야 하며, 메뉴의 60% 이상이 태국 요리로 구성된 레스토랑이어야 한다.
2. 경험이 풍부한 일류 태국 요리사나 1년 이상의 경험을 가진 태국음식을 전문적으로 다루는 보조주방장이 상주하여야 한다.
3. 일정량 이상의 태국 식자재 및 기타 자재를 사용하여야 한다.

베트남

THE SOCIALIST REPUBLIC OF VIETNAM
Việt Nam

베트남은 다양한 나라의 영향을 받아 복잡한 음식문화를 형성하고 있다. 특히 중국, 인도, 프랑스의 영향을 많이 받았으며 강한 향신료를 사용한다. 먹고 마시는 것을 모든 행동의 우선으로 생각한다.

만나다

1. 자연 둘러보기

베트남은 인도차이나 반도의 동쪽에 가늘고 긴 S자형으로 위치해 있다. 남북으로 약 1,600km에 걸쳐 길게 뻗어 있고, 면적은 약 33만 km^2로 한반도의 1.5배에 달한다. 국토는 크게 북부 고원지대, 홍강 삼각주, 안남 산맥, 해안 저지대, 메콩강 삼각주의 다섯 지역으로 이루어진다. 북부는 아열대기후, 남부는 열대몬순기후이다. 열대 계절풍의 영향으로 5~10월에는 비가 많이 오며, 11~4월은 주로 건기가 된다.

2. 사회 둘러보기

베트남의 수도는 하노이Hanoi, 최대 도시는 호찌민Ho Chi Minh이다. 인구는 2016년 기준으로 약 9,500만 명이며, 베트남족(87%), 타이족, 화교, 크메르족 등 54개 소수민족으로 구성되고 베트남어를 사용한다. 다종교 국가로 불교, 가톨릭교, 까오다이교(유교, 불교, 도교의 혼합 종교), 기독교 등이 있고 토속 종교도 있다.

3. 문화 둘러보기

베트남은 중국의 지배를 받았으나 938년 독립하였다. 이후 프랑스(1883~1945년)와 일본의 지배를 받기도 하였으나, 1945년 호찌민이 베트남의 독립을 선언하고 베트남민주공화국의 수립을 선언하였다. 1976년 베트남사회주의공화국으로 통합하였으며, 1986년 베트남 공산당이 시장경제를 도입하여 현재는 대부분 국가와 수교를 맺고 있다.

베트남은 지리적 위치로 인해 오래전부터 수많은 인종의 이동이 있었으며 이로 인해 복합적인 식문화를 지니고 있다. 중국, 인도 문화의 영향을 받았고 프랑스 식민지로 인한 서구 문화의 영향도 받았다.

맛나다

1. 먹을거리 이야기

베트남 음식은 대부분 향신료를 사용하고 신맛, 단맛, 쓴맛, 짠맛이 혼합되어 있다. 피시 소스, 새우 페이스트, 간장, 쌀, 허브, 과일, 채소를 많이 사용한다. 레몬그라스, 생강, 민트, 고수, 계피, 고추, 라임, 바질 잎 등의 특유한 향을 지닌 허브를 생것으로 많이 쓰고, 유제품과 오일은 최소한으로 쓴다. 채소는 주로 생으로 먹거나 삶거나 볶아 먹으며, 육류는 간단한 조리법을 선택한다. 식사 종류는 다양하지만 대부분 한그릇 요리로 간편하고 소박하며, 더운 기후로 인해 볶거나 튀기는 요리가 많다.

북부는 추운 기후로 인해 향신료의 생산과 공급이 적어 소박하고 담백한 맛을 주로 내며 다른 지역의 음식보다 덜 매운 편이다. 중국과 국경을 접하고 있어 중화풍의 요리가 많다. 중부는 산악지대로 향신료가 풍부하여 매운 음식이 많다. 또한 베트남 마지막 왕조의 수도였던 후에Huế는 왕실 요리의 영향으로 화려하다. 중남부의 산악지대는 커피 및 차를 재배하기에 적합한 기후와 토양을 지니고 있다. 남부는 프랑스, 태국, 미국의 영향을 받아 형성되었으며, 따뜻한 기후와 비옥한 토양 덕분에 쌀과 다양한 과일, 채소가 풍부하다.

베트남 사람들은 간단하게라도 아침을 꼭 챙겨 먹는다. 출근하면서 포장된 음식을 사와서 먹기도 한다. 아침에만 열리는 가판대가 곳곳에 있다.

2. 요리거리

1) 쌀

비옥한 토지와 열대기후로 벼농사를 일 년에 3~4회 지을 수 있어 쌀을 많이 생산하며 이로 인해 쌀이 주식이다.

2) 반짱banh trang

라이스 페이퍼이다. 쌀가루를 물에 넣어 죽처럼 끓인 다음 종이처럼 얇게 펴서 말린 것이다. 우리에게 월남쌈으로 알려진 고이꾸온goi cuon, 짜조chaû gio 등을 만들 때 이용한다.

반짱

3) 꼬므업당khổ qua or mướp đắng

한국에서는 여주, 여지로 알려져 있으며, 고기와 같이 볶거나 국에 넣는 채소로 쌉쌀한 맛이 난다. 말려서 차로 마시기도 하며, 당뇨병에도 좋다.

4) 과일

다양한 열대과일이 풍부하며 과일을 소금에 찍어 먹기도 한다. 망고, 아보카도, 람부탄,

망꺼우

용과

두리안

스타프루트

리치, 망꺼우sugar apple, 용과dragonfruit, 바나나, 파인애플, 파파야, 두리안, 라임, 망고스틴, 수박, 포도, 스타프루트star fruit, 구아바 등이 재배된다.

똑! Knock!

베트남 소스

- 느억맘nuoc mam : 생선을 발효시켜 만든 어장魚醬으로 베트남 음식의 간을 맞출 때 사용하는 기본 조미료. 피시 소스fish sauce라고도 함
- 늑등nước tương : 한국의 간장과 비슷하며, 콩과 땅콩을 원료로 만드는 베트남 간장. 많은 음식을 이 간장에 찍어서 먹음
- 솟야비sot gia vi : 쌀국수, 조림, 볶음 등에 넣어서 조리하는 베트남식 간편 소스
- 늑콧즈아, 늑마우즈아nuco cot dua, nuoc mau dua : 코코넛으로 만든 캐러멜 소스로 윤기 나는 요리를 만들 수 있음. 빵을 만들거나 코코넛 스무디, 코코넛 크림 파스타, 코코넛 커리 등에 넣음
- 맘또옴mam tom : 베트남 남부 사람들이 좋아하는 소스로 발효된 새우 페이스트. 주로 고기를 찍어서 먹고 면발이 쫄깃한 쌀국수에는 필수임
- 어우하오dau hao : 굴소스로 해산물요리뿐만 아니라 볶음밥, 볶음면, 무침 등에 이용됨
- 뜨응엇tuong ot : 칠리 소스로 붉은 고추를 굵게 갈아 생강과 식초를 넣어 만든 소스. 햄버거, 쌀국수, 구이 등에 이용됨
- 사떼sate : 짭쪼롬하면서도 감칠맛이 나는 소스로 구이나 조림에 사용하면 좋음. 퍼(쌀국수)에 넣으면 국물 맛이 매콤하면서도 시원해 해장용으로 좋음
- 늑콧메nuoc cot me : 타마린이 들어간 소스로 고급 해산물 요리에 사용됨
- 늑짬nuoc cham : 깨를 넣어 고소하면서 새콤한 맛으로 샤부샤부나 월남쌈 소스에 잘 어울림
- 호이신 소스hoisin sauce, sốt tương ngọt : 중국요리에서는 해선장이라고 부르는 조미료. 남부 베트남에서 퍼에 넣어서 먹음. 작은 그릇에 따로 담아 퍼에 있는 고기를 찍어서 먹기도 함

3. 주요 먹을거리

1) 쌀국수요리

퍼phở는 소고기나 닭고기로 국물을 낸 육수에 쌀로 만든 국수와 얇게 썬 고기를 넣고 기호에 따라 칠리 소스, 라임즙, 고수, 숙주, 느억맘 등을 넣어서 먹는 쌀국수이다.

반보후에bún bò Huế는 베트남 중부의 후에 지방에서 유래한 것으로 매콤한 쇠고기 쌀국수이다. 쇠고기 뼈, 새우 페이스트, 레몬그라스, 말린 고추 등이 들어가 특유의 국물맛을 낸다. 민트잎, 숙주, 라임이 같이 제공된다.

2) 고이꾸온goûi cuon

한국에서는 월남쌈으로 알려져 있다. 반짱이라고 부르는 라이스 페이퍼에 돼지고기, 새우, 채소, 쌀소면 등을 넣어 돌돌 말아 먹는다. 짜조와 달리 튀기지 않는다.

3) 반미baùnh mì

프랑스의 영향으로 만들어진 베트남식 바게트로, 빵은 밀가루와 쌀가루를 섞어서 만들고 구워진 빵 속에 고수, 오이, 당근과 무 피클, 마요네즈, 닭 간으로 만든 파테, 피시 소스 등이 들어간다. 숯불에 구운 돼지고기, 토마토 소스에 조린 고기완자 또는 닭고기가 함께 이용되기도 한다.

퍼

반보후에

고이꾸온

반미

반꾸온

반쎄오

4) 반꾸온baùnh cuon

찹쌀 반죽을 얇게 만들고 그 위에 양념해 볶은 돼지고기, 목이버섯을 넣어 돌돌 말아낸 다음 박하와 기름에 구운 마늘, 숙주 등과 느억맘 소스와 버무려 먹는다.

5) 쌀요리

쏘이xoâi는 베트남인들이 가장 즐겨먹는 간편한 아침식사이다. 찹쌀로 만든 주먹밥 같으며 밥 위의 고명을 다양하게 선택할 수 있다.

껌찐하이산côm chieân haûl saûn은 해산물과 채소를 넣어 볶은 밥이다.

껌승com suon은 양념된 돼지고기를 숯불에 구워 덮밥처럼 먹는다.

6) 반쎄오baùnh xeøo

우리나라의 부침개와 비슷하며, 메콩강 지역의 대표 음식이다. 쌀가루 반죽을 얇게 부친 다음 새우, 돼지고기, 얇게 썬 양파, 버섯 등을 넣고 반으로 접어 먹는다. 반은 빵이나 떡, 케이크를 나타내고, 쎄오는 쌀가루 반죽을 부쳤을 때 나는 '지글 지글' 소리에서 유래된 것이다.

7) 짜조chá giò

튀김만두와 비슷한 서민요리의 대표 음식으로 다진 돼지고기, 새우, 게살 등을 채소와 섞어서 라이스 페이퍼에 말아서 튀겨 먹는다. 중국의 지배를 받는 동안 스프링롤이 베트남식으로 정착된 것이다. 중국식 스프링롤은 밀가루로 피를 만드는 반면, 짜죠는 쌀로 피를 만든다.

8) 커피

커피는 주로 로부스타종을 강배전으로 볶아서 핀드리퍼로 진하게 내려 마신다. 까페 다cà phê đá는 아이스 블랙커피이다. 까페 쓰어 다cà phê sữa đá는 연유가 들어간 베트남식 아이스 커피이다. 컵에 연유를 넣고 그 위에 얼음과 커피를 넣어 마신다. 달달하고 시원한 커피로 인기가 많다.

이외에도 다음과 같은 대표요리가 있다.

숩꾸어suùp cua는 게살을 넣고 끓인 수프에 향채와 고추기름을 넣어먹는 요리이다.

사오똅baép xaøo teùp은 옥수수와 새우에 버터와 설탕을 넣어 볶은 밥이다.

보라랏boø laùb lop은 다진 소고기를 빈랑이라는 잎에 싸서 숯불에 구워 먹는 요리이다.

반콧baùnh khoït은 베트남 남부 지역인 붕따우의 대표음식으로 쌀반죽에 새우를 얹어 구워 내며 느억맘에 찍어 채소에 싸서 먹는다.

라우멍싸오또이rau muong xaøo toûi는 우리나라의 시금치와 같은 라우멍(공심채)을 마늘과 함께 기름에 볶은 요리로 흰쌀밥과 함께 반찬으로 먹는다.

고이응오센톰팃gỏi ngó sen tôm thịt은 베트남의 대표 샐러드로 로터스 새우 샐러드로 알려

짜죠

까페 다

분짜

져 있다. 연근과 새우, 돼지고기나 닭고기가 들어간다.

분짜bùn chaû는 새콤달콤하고 차가운 느억맘 국물에 돼지고기 숯불구이와 쌀국수, 오이, 상추 등을 적셔 먹는 요리이다.

4. 밥상머리 맵시

- 큰 그릇에 음식을 담아 여러 사람이 나눠 먹으며, 밥도 큰 볼에 담아 내고, 작은 그릇에 덜어서 먹는다.
- 밥그릇을 손에 들고 주로 젓가락으로 음식을 먹으며 숟가락은 국물을 먹을 때 사용한다.
- 특별한 날의 음식은 주로 짠맛의 메인과 단맛의 디저트로 구성된다.
- 음식과 함께 맥주 등의 술을 곁들여 마신다.
- 개인잔 옆에 맥주를 준비하고 잔에 얼음을 넣고 직접 따라서 마신다. 상대방의 잔에 맥주를 채워야 할 때에는 그 사람의 맥주를 따른다. 상대방의 잔은 항상 차있도록 하는 것이 예의 있는 행동이라고 여긴다. 베트남 사람들은 배가 불러도 안주 없이 술을 마시지 않는다.

인도네시아

REPUBLIC OF INDONESIA

인도네시아는 많은 섬과 민족으로 구성되어 있어 음식문화에 있어서도 지역별로 차이가 난다. 향이 강한 것이 특징이며 인도, 중국, 아랍, 서방 여러 나라의 영향뿐만 아니라 이슬람교, 불교, 힌두교 등 종교의 관습에 의해 다양한 음식문화가 형성되어 있다.

만나다

1. 자연 둘러보기

인도네시아는 동남아시아에 위치하며 18,000개의 섬으로 이루어진 나라이다. 190만 km^2의 면적을 지니고 있으며 한반도의 9배에 달한다. 고온 다습한 몬순기후, 열대성 몬순기후로 고온 무풍 다습하다. 계절은 우기와 건기로 구분되며, 우기는 10~3월경, 건기는 4~9월경이다. 우기에는 하루 약 1시간 정도의 스콜이 집중적으로 내리며, 스콜이 지나가면 바로 날이 개는 것이 열대 우기의 특징이다.

2. 사회 둘러보기

인도네시아의 수도는 자카르타Jakarta이고 자바, 수마트라, 깔리만탄, 술라웨시, 발리 등이 주요 섬이다. 인구는 2016년 기준 약 2억 5,830만 명으로 세계 4위이다. 민족은 자바족, 순다족, 아체족, 바딱족, 발리족 등 300여 종족으로 구성된다. 자바족은 최다 종족으로 자바섬에 거주하며 자바어를 사용한다. 순다족은 주로 자바섬 서부에 거주하며 자바족 다음으로 큰 민족이다. 바딱족은 대부분 아체와 북부 수마트라에 거주하고 있으며, 가장 엄격한 부계 중심의 대가족 제도를 유지한다. 인도네시아어Bahasa Indonesia를 사용하고, 종교는 이슬람교, 기독교, 가톨릭, 불교, 힌두교가 있다.

3. 문화 둘러보기

벼농사는 남부 몽고계통의 이주자들에 의해 소개된 후 4세기경 시작되었으며, 7~8세기경 중국 상인에 의해 불교가 전파되면서 채식주의가 성행하였다. 튀김, 국수, 간장, 두부 등을 만드는 법과 떡, 차도 이때 도입되었다.

인도네시아는 1512년에 포르투갈을 시작으로 유럽과의 정기적인 교류를 했다. 포르투갈은 너트메그, 정향, 큐베브 후추cubeb pepper를 독점하려는 목적을 가지고 프란시스코 세라노Francisco Serrão를 선봉으로 하는 무역상들을 보냈다. 또한 네덜란드, 영국의 무역상들과의 교류도 있었다.

16~18세기 네덜란드, 영국, 포르투갈 사람들이 들어와 서양식품 재배 및 조리법을 가르치게 되었고, 350년 동안 네덜란드가 식민통치하면서 빵 제조, 과일 초절임, 포크, 숟가락 사용이 시작되었다.

맛나다

1. 먹을거리 이야기

여러 섬으로 이루어진 인도네시아는 300여 민족이 살고 있다. 많은 지역 요리가 있으며 식생활 형태에 있어서도 지역마다 차이가 난다. 토착문화와 함께 외국의 영향을 받아 음식이 다양하고, 군도에 넓게 분포된 각종 향신료에 의해 향이 강한 것이 특징이다.

① 인도, 중국, 아랍, 서구의 영향뿐만 아니라 이슬람교, 불교, 힌두교의 종교적 관습에 의해 다양한 음식문화가 형성되어 있다. 힌두교식 식생활은 현재 발리섬만 유지하고 있다.

② 중국의 영향으로 장류 및 떡이 발달하였고, 밥의 종류가 다양하고 코코넛 밀크, 신선한 향신료, 고추의 사용이 많다.

③ 서부와 중앙 인도네시아에서는 보통 늦은 아침에 식사를 준비해서 정오쯤에 아침 겸 점심으로 먹는다. 더운 날씨 탓에 뜨거운 음식은 즐기지 않으며 조리한 후에 식혀서 먹는다.

2. 요리거리

1) 코코넛 밀크coconut milk

코코넛 열매 안의 하얀 과육인 코프라copra를 길게 잘라 물을 넣어가며 우려 낸 것이다. 많은 요리에 우유 대신 사용하기도 한다.

2) 트라시terasi

말린 새우에 쌀가루 풀을 발라 다시 건조시켜 분말로 만든 것으로 향이 강한 향신료이다. 주로 자바와 수마트라 섬에서 생산된다.

3) 토란taro

인도네시아 등 열대 아시아 지역이 원산지이다. 스프링롤의 속재료로 사용하기도 한다.

토란

4) 카사바cassava

고구마와 비슷하게 생겼으며, 인도네시아에서는 신꽁singkong이라 부르고 가루를 내어 떡이나 튀김, 빵을 만들 때 사용한다. 감자칩과 같이 만들어서 간식으로 먹기도 하며, 삶았을 때 고구마보다 덜 달지만 담백한 맛이 있다.

5) 빵나무열매breadfruit

인도네시아, 말레이시가가 원산지로 열매에 녹말이 많이 들어 있으며 주로 굽거나 삶아 먹는다. 감자와 비슷한 맛이 나며 가루를 내어 과자로 만들어 먹기도 한다.

빵나무열매

똑! Knock!

인도네시아의 소스

- 이칸ikan : 작은 물고기와 새우를 소금에 절인 후 위로 올라오는 국물을 떠서 만든 것으로 소금 대신 사용함. 어장魚醬 또는 액젓과 유사
- 삼발 소스samble sauce : 케첩이나 고추장과 비슷한 형태로 다양한 붉은 고추와 후추 종류를 맷돌에 갈고 다진 양파, 민트, 마늘, 새우로 만든 젓갈. 식초를 넣어서 만들며 매운맛이 남. 볶음밥, 꼬치구이 등에 이용되고, 따로 소스 그릇에 담아 음식을 찍어 먹기도 함
- 께짭 마니스 소스kecap manis sauce : 단맛이 나는 콩소스로 검은색을 띠며, 한국 간장보다 걸쭉하고 달콤한 소스로 사떼(꼬치요리)에 사용됨

3. 주요 먹을거리

1) 나시고랭nasi goreng

인도네시아 전통 볶음밥으로 한국의 볶음밥과 비슷하다. '나시'는 밥, '고랭'은 볶는다는 뜻이다. 주로 닭고기를 넣어 만든다.

2) 미고랭mi goreng

면을 사용한 볶음면으로 나시고랭과 유사하나 밥 대신 면을 사용한다. 보통은 채소와 닭고기로 만들지만 해산물을 사용하기도 한다.

나시고랭

미고랭

렌당

3) 렌당rendang

코코넛 밀크와 터머릭, 고추, 마늘, 생강, 샬롯, 레몬그라스 등의 향신료로 만든 소스에 소고기를 넣고 장시간 조린 인도네시아의 전통음식이다.

4) 소또soto

커리향이 나는 수프로 닭을 재료로 한 소또아얌soto ayam, 소고기를 재료로 한 소또사삐soto sapi 등이 있다. 인도네시아의 어디에서나 볼 수 있다.

5) 템페tempeh

한국의 청국장, 일본의 낫또와 비슷하며 자바섬, 수마트라섬을 중심으로 만들어진 대두 발효식품이다. 볶음요리 등에 다양하게 이용되며 건강식에 응용할 수 있다.

6) 온쫌oncom

서쪽 자바의 전통식품으로 땅콩이나 콩깻묵을 발효시켜 만든다. 과일향이 나며 템페와 마찬가지로 밥 반찬으로 즐겨 먹으며 붉은색과 검은색이 있다.

7) 나시뚬뻥nasi tumpeng

2014년 인도네시아의 관광청에서 선정한 자바족의 대표적인 전통음식이다. 나시꾸닝

소또

나시 뚬뻥

가도가도

nasi kuning이라고도 하며 콘 모양으로 밥과 반찬을 제공하고 생일이나 결혼식에 케이크 대신 먹는다.

이외에도 다음과 같은 대표요리가 있다.

가도가도gado-gado는 삶은 감자, 삶은 양배추, 달걀, 오이, 두부, 숙주, 템페 등으로 만든 샐러드이다.

사떼satey는 닭이나 염소, 소고기 등을 이용한 꼬치요리로 한국의 꼬치요리에 비해 크기가 작다. 땅콩 소스나 달콤한 간장 소스인 께짭 마니스 소스kecap manis 중에서 선택해서 발라 먹을 수 있다.

4. 밥상머리 맵시

- 이슬람교를 믿는 사람이 많아 식사예절에 있어서도 이슬람문화가 지배적이다. 이슬람교에서는 돼지고기와 술을 금기로 여기고 오른손으로 식사한다.
- 여러 사람이 둘러 앉아 식사하며 큰 접시에서 담겨진 음식을 각자 덜어서 먹는다.
- 상류층은 스푼과 포크를 사용하나 대부분은 손으로 음식을 먹는다. 항상 손 씻는 그릇을 준비한다.

서남아시아

CHAPTER 4

터키 인도

Istanbul
Ankara
TURKEY
Halab
Delhi
New Delhi
Kanpur
Varanasi
INDIA
Mumbai
(Bombay)
Vijayawada
Panaji
(Goa)
Bengaluru
(Bangalore)
Lakshadweep
Island

터키

TURKEY
Türkiye Cumhuriyeti 土耳其

터키는 서남아시아의 아나톨리아와 유럽 남동부 발칸반도의 동부 트라키아에 걸친 나라이다. 동서양의 접점이라는 지리상의 이점과 넓은 지형 덕분에 허브와 향신료를 쉽게 구할 수 있었다. 특히 오스만투르크 왕조 때는 근처 나라들에게 조리법과 요리를 전할 만큼 음식문화가 발달했다.

만나다

1. 자연 둘러보기

터키는 유럽과 아시아에 걸쳐 있는 나라이다. 아시아 쪽은 아나톨리아로 구성되어 있고 국토의 97%를 차지하며, 유럽쪽 터키 영토는 국토의 3%에 불과하다. 면적은 약 78만 km^2로 세계 37위이며 한반도의 3.5배에 해당한다. 지중해와 접하고 있는 해안 지방은 온화한 지중해성 기후로 여름에는 고온 건조하고 겨울에는 한랭 습윤하다.

2. 사회 둘러보기

터키의 수도는 앙카라이다. 인구는 2016년 기준으로 약 8,027만 명으로 세계 18위이다. 민족 구성은 터키인이 국민 대다수를 이루며, 그 다음으로는 쿠르드인이다. 공용어는 터키어이며, 국교는 명시하지 않고 있으나 국민의 절대 다수가 이슬람교를 신봉한다. 유

똑! Knock!

터키의 특별 관습

터키인들은 전통적, 종교적인 행사를 통하여 친척과 주변의 이웃들이 함께 모여 식사를 하며 고락을 나누고 결속을 다지는 관습을 가지고 있다.

혼례식이 끝나면 신랑, 신부의 친척과 친지들이 모여 음식을 나누는 것이 터키의 관습이다. 공식적인 결혼 행사는 하객이 참석한 가운데 결혼 서약을 한다. 서약이 끝나면 축하연이 베풀어지는데, 이때 쌀밥과 고기를 볶은 일종의 고기 볶음밥과 수프, 그리고 단 과자나 케이크 등을 기본으로 먹는다.

할례식은 이슬람의 전통에 따라 보통 4~15세의 남자 아이들이 할례를 받게 되는 행사이다. 아이의 부모는 일정을 잡아 친척과 친지들을 초청한다. 할례받는 아이에게는 예복을 마련해 주며, 여유가 있는 가정에서는 직전에 양을 잡아 알라에게 희생 제물을 드린다. 바쳐졌던 양고기는 잔치음식으로 사용되며 형편이 어려운 주위 사람들에게 나누어 준다. 할례 시에 제공되는 음식은 결혼식의 음식과 유사하다.

상례 시에는 조객에게 음식을 후하게 대접한다. 음식들은 이웃집에서 마련해 주는데, 상주는 경황이 없어 음식을 마련하지 못할 것으로 여겼기 때문이다. 상주는 참석했던 조문객들을 대접하는데 형편에 따라 차이가 있으나 헬바 또는 피데가 제공된다. 고인의 영혼을 위로하기 위한 이슬람식 기도가 함께한다.

라마단의 이프타르

라마단Ramadan은 이슬람력으로 9번째 달에 해당한다. 거의 모든 무슬림 성년 남녀는 라마단 기간에는 금식을 하며, 술, 담배, 성관계 등을 삼간다.

럽과 아시아의 경계로 인식되어 지정학적으로 중요한 요지를 차지하고 있다. 터키인들은 조상들에게 물려받은 자연숭배 사상과 풍습을 현재까지도 유지하고 있다.

3. 문화 둘러보기

터키인들의 식생활 양식은 자신들이 처한 자연환경과 사회환경에 대응하며 발전해 왔다. 중앙아시아 지역에 거주했던 그들은 유목민으로서 이동하기에 적합한 형태로 음식을 만들었고 장기간 보관할 수 있는 동시에 영양가가 높은 식품을 개발했다. 때문에 터키인들은 이동과 전쟁을 수행하는 과정에서 뛰어난 기동력을 발휘할 수 있었다. 터키인들의 이러한 기동력은 비잔틴제국 정복과정에서 중요한 전략적 가치를 발휘했다.

이슬람을 받아들인 뒤에는 유목민의 전통적 식문화에 이슬람 규율이 요구하는 식문화가 영향력을 행사했다. 11세기에 터키 유목민들이 보편적으로 즐기던 말고기와 말의 젖으로 만든 술을 점차 먹지 않게 되었다. 터키인들은 이슬람의 종교적 관습을 지켜 나감으로써 사회구성원의 결속을 다질 수 있었고, 동시에 신앙심을 확인하거나 자극하는 기회를 마련하였다. 대신 종교적인 절차로 간단한 식습관이 까다롭고 복잡하게 변해 갔다. 이러한 변화는 터키인들의 의식구조에도 나타나게 되었다. 오스만제국의 근대화와 함께 서양과의 관계까지 증대되자 서양의 식문화도 받아들여 기존의 식문화에 혼합시켰다.

맛나다

1. 먹을거리 이야기

터키는 거대한 초원 국가이며 유럽과 중동의 큰 나라들 가운데 하나다. 밀과 쌀 같은 곡류는 물론 양고기와 유제품, 생선과 채소 등 메제meze라 불리는 상차림처럼 풍부하고 다채로운 음식 재료를 만날 수 있다.

① 터키인들은 밤에 손님을 집으로 초대해 음식을 나누어 먹는 것을 즐긴다. 보통 오후 9시쯤 만나 가벼운 음료에서 시작하여 여러 종류의 음식을 새벽까지 먹는다.

② 터키음식은 대부분 맵기 때문에 후식으로 단 음식을 즐긴다.

③ 터키인들은 쇠고기보다 양고기를 좋아하기 때문에 양고기가 비싸다.

④ 터키음식은 맵고 자극적인 향신료로 인해 한국음식과 비슷하다.

⑤ 일반적으로 쌀과 밀가루, 토마토, 호박, 고추, 양파 같은 채소를 많이 사용한다.

⑥ 요리할 때 채소에 버터나 올리브유를 넣어 약한 불로 오래 익히므로 깊은 맛을 낸다.

그 외에 수프, 볶음밥과 비슷한 필라프pilav를 즐겨 먹으며 유제품이 풍부하여 많이 이용한다. 또한 국토의 상당부분이 바다에 접해 있으므로 생선을 이용한 요리가 발달하였다.

2. 요리거리

가장 흔하게 사용되는 식재료는 양고기, 소고기, 닭고기, 가지, 고추, 양파, 마늘, 렌틸콩, 토마토 등이다. 피스타치오, 호두, 아몬드, 헤이즐넛, 밤과 같은 견과류는 주로 디저트를 만드는 데 사용된다. 많이 사용되는 향신료와 허브는 파슬리, 커민, 후추, 파프리카, 민트, 오레가노, 고추, 올스파이스, 타임 등이다. 올리브도 아침식사와 메제에 올리는 주요 식재료이다.

터키는 다양한 채소요리가 발달했다. 이용하는 채소의 종류도 많고 먹는 방법도 다양하다. 고기와 함께 곁들여 먹는 외에 올리브유에 통째로 절여서 전채요리로 차게 먹기도 한다. 또한 식초에 담가 부드럽게 한 채소요리는 겨울의 진미이다. 터키에서 절임음식에 쓰는 재료로는 당근, 피클용 오이, 셀러리, 피망, 토마토, 호박, 가지, 올리브 외에 마늘, 고추, 양파, 파, 파슬리와 같은 향신료도 즐겨 쓴다. 특히 많이 쓰는 작은 고추는 매운 맛이 강하다. 렌틸콩과 참깨나 올리브유와 함께 갈아 소스의 일종인 후머스를 만들거나 올리브유에 볶아 육수와 함께 끓여 수프에 사용한다. 양유나 낙타유인 유즙 이용으로 우유, 버터, 치즈나 요구르트를 요리에 활용한다.

올리브

유네스코 무형문화유산에 등재되어 있는 터키 커피

똑! Knock!

케밥과 크루아상의 발생지 터키

유목생활을 하며 전쟁의 긴장감 속에서 끼니를 이어야 했던 터키인들은 이동하면서 사육하기 용이한 양과 염소 같은 가축을 주식량으로 삼았고, 빠르게 익혀 먹어야 했기에 고기를 얇게 잘라 칼과 창에 꽂아서 불을 피워 구워 먹었다. 전투식량이라고도 할 수 있는 이 음식이 바로 케밥kebab이다. 전쟁 중에 병사들에게 필요한 단백질 공급원이기도 했던 케밥은 식사 도중에 적군의 공격을 받아도 쉽게 식사도구인 칼이나 창을 사용할 수 있다는 장점이 있다. 케밥은 오랜 세월 여러 나라에서 발전한 결과, 종류는 수십 가지에 이르게 되었고, 나라마다 명칭도 달라졌다. 그중 가장 잘 알려진 것은 됴네르케밥doner kebab과 쉬시케밥shish kebab이다.

터키의 전쟁 역사에서 고안된 또 하나의 대표음식은 크루아상이다. 크루아상은 버터를 많이 넣어 부드럽게 결결이 찢어 먹는 빵으로 현재는 우리에게도 인기 있는 프랑스 대표 빵 중 하나다. 크루아상의 뿌리는 16세기, 오스만투르크 군대가 오스트리아를 침공했을 당시로 거슬러 올라간다. 새벽 일찍부터 빵을 만들기 위해 깨어 있던 오스트리아인 제빵사는 몰래 땅굴을 파서 침공하려는 오스만투르크군의 계획을 군대에 알려 오스트리아 군대의 침략을 막을 수 있었다. 전쟁이 끝나고 오스트리아의 황제는 오스만투르크의 상징이자 아랍의 상징인 초승달 모양의 빵을 만들어 팔고 싶어 한 제빵사의 소원을 들어준다. 그 당시 오스트리아에서 먹던 크루아상은 지금의 것보다 투박하고 세련되지 못했다.

3. 주요 먹을거리

1) 메제meze

대부분 차가운 전채요리로 채소, 콩, 해산물, 버섯, 고기 등 다양한 재료를 이용한다. 큰 식당에서는 여러 가지를 미리 준비해 선택하여 먹을 수 있게 한다. 튀긴 미트볼, 굽거나 곱게 갈아 만든 가지요리, 피클, 라임주스에 재운 생선, 수죽sucuk이라 불리는 매콤한 터키식 소시지, 치즈와 파슬리를 채워 튀긴 패스트리, 다양한 채소와 콩류 샐러드 등 여러 종류가 있다.

메제

2) 고기요리

옛날에는 육류는 주로 결혼식이나 쿠르반 바이라므 같은 명절에만 먹는 음식이었다. 산업 생산이 도입된 이후 육류 섭취량이 크게 늘어 일상적인 음식이 됐다. 이전에는 꺼렸던 송아지고기도 이제는 많이 소비된다. 고기류는 주로 저민 고기와 채소를 섞어서 요리한다. 이것을 크이마르 파술리예(저민 고기와 콩) 또는 크이마르 으스파낙kıymalı ıspanak(저민 고기와 시금치)으로 부른다.

해안가에 위치한 마을에서는 정어리나 함시hamsi 같은 값싼 재료들과 계절 해산물이 많았다. 달걀, 닭고기를 제외한 오리 같은 가금류도 주로 사용되는 식재료이다. 한때 터키 요리에서 우유를 먹여 키운 양은 이제는 인기 있는 식재료는 아니다. 쿠주 체비르메kuzu çevirme라는 양고기로 만든 제사음식은 현재는 드물다. 터키는 이슬람교를 믿는 국민이 절대 다수이기 때문에 요리에 돼지고기는 허용되지 않는다.

(1) 케밥kebab

케밥은 세계적인 음식으로, 터키인들은 양고기 케밥을 가장 좋아하지만 다른 나라에서는 쇠고기나 닭고기로 만든다. 양고기는 다소 질기기 때문에 케밥을 만들 때는 갈거나 잘게 썰어 사용한다. 케밥 종류는 300가지가 넘는데, 그중 쉬시케밥shish kebab(꼬치구이), 도네르케밥doner kebab(숯불회전구이), 쿠우케밥kuyu(진흙통구이), 피르졸라(양갈비구이) 등이 유명하다.

(2) 쾨프테köftesi

고기를 갈아 단자를 만들어 화덕에 구운 것으로 빵, 구운 고추, 생토마토 등을 곁들여 먹는다.

3) 돌마dolma

돌마는 터키식의 채소요리이다. 시금치, 콜리플라워, 아티초크, 양배추, 셀러리, 가지, 피망, 껍질콩 등이 많이 사용된다. 전통적인 채소요리는 잘게 썬 양파, 올리브유에 살짝 튀긴 당근, 토마토, 토마토 페이스트 등을 뜨거운 물에 끓인 후, 한 숟가락 정도의 쌀과

쉬시케밥

도네르케밥

퀘프테

돌마

필라프

불구르 필라프와 닭요리

레몬주스가 첨가된다. 채소요리는 술루 예멕sulu yemek이라고 불리는 육수와 함께 제공된다. 채소요리에 다진 고기도 들어가지만, 올리브유에 볶은 요리는 고기 없이 식혀서 제공된다.

4) 필라프pilav

터키의 일상식에는 요리와 함께 쌀요리인 필라프가 제공된다. 필라프의 종류는 쌀과 함께 섞이는 재료에 따라 이름 지어진다. 사데 필라프sade pilav는 터키요리에 주로 곁들이는 필라프다. 한국요리의 밥처럼 물에 끓여서 만든 후 프라이팬에 버터를 둘러서 볶는다.

양고기, 소고기, 닭고기, 동물 간, 토마토, 가지, 양파, 당근, 고추, 병아리콩, 땅콩, 호두, 계피, 허브, 피스타치오, 앤초비 등을 이용한 다양한 필라프가 있으며 쌀 대신 밀을 이용하기도 한다.

아이란 초르바스

연어 초르바스

5) 초르바çorba

터키식 식사에서 가장 먼저 나오는 음식이 초르바라고 불리는 수프이다. 수프의 이름은 주로 주재료에서 따온다. 메르지멕 초르바스mercimek çorbası(렌틸콩 수프), 요구르트 또는 밀로 만든 타르하나tarhana 초르바스, 아이란 초르바스, 연어 초르바스 등이 있다. 터키식 전통 아침식사인 카흐발트가 대중화되기 전에는 수프인 초르바는 특정 사람들만 즐기던 음식이었다.

6) 유제품

(1) 요구르트yoğurt

요구르트는 터키 요리에서 빼놓을 수 없는 음식이다. 요구르트라는 영어 단어는 터키어 '요우르트'에서 유래했다. 요구르트는 어떤 종류의 음식과도 함께 나오는데, 고기구이인 케밥, 고기 단자인 쾨프테 같은 메인 요리에도 나오며, 채소로 만든 곁들인음식에도 같이 나온다. 특히 터키식 만두요리인 만트mantı에는 요구르트를 토마토 소스와 섞어서 곁들어 올린다. 시골에서는 요구르트를 빵이나 쌀과 함께 먹기도 한다. 아이란ayran은 요구르트에 소금과 물을 섞어 희석시킨 짠맛 나는 일상의 음료이다. 케이크나 수프, 패스트리를 만드는 데도 요구르트를 사용한다.

(2) 치즈

터키에서는 다양한 치즈가 생산된다. 대부분은 양젖을 이용한다. 일반적으로 이런 치

요구르트

아이란

즈는 오랫동안 숙성되지 않고 상대적으로 지방 함유가 적다. 치즈 생산은 지역마다 특색이 다양하다. 치즈는 오랜 유목생활에서 양의 위로 만든 주머니에 남은 양유를 넣고 다니면 위의 효소로 인해 굳어져 자연스레 만들어진 생활음식이다.

- 베야즈 페이니리beyaz peynir는 브라인드 치즈로 흰 치즈라는 의미이다. 베야즈 페이니리는 페타feta 치즈와 비슷하지만 좀 더 무르다.
- 최케렉çökelek은 훼이 치즈의 한 종류로 베야즈 페이니리를 만들 때 만들어지는 찌꺼기이다. 저지방 우유, 최케렉, 버터를 건조시켜 만든 요구르트 조각을 쿠르트kurt 혹은 케쉬keş라고 한다.
- 로르lor는 소금이 안 들어간 훼이 치즈로 카샤르를 만들 때 치즈 찌거기로 만든다. 옛날부터 디저트로 많이 먹었다.

이외에도 카샤르Kaşar, 카쉬카발Kaşkaval, 투룸Tulum, 오트루 페이니르Otlu peynir, 헬림Hellim, 그라베르Gravyer 등이 있다.

7) 빵

매끼 식탁에 등장하는 프랑스의 바게트와 비슷한 터키어로 빵이란 뜻의 에크맥ekmek과 밀가루만 사용해서 빈대떡처럼 구운 얇고 둥근 빵인 피데pide가 있다. 라마단 기간에 해가 지고나면 피데를 먹는다.

간식으로 먹는 빵으로는 고리 모양으로 짠맛이 나며 깨가 뿌려져 있는 시미트simit와 요

에크멕

피데

시미트

포아차

유프카

구르트나 치즈가 들어 있는 포아차pogača or poğaça가 있다. 전통 빵은 효모를 쓰지 않고 밀가루와 물, 소금만으로 반죽하여 둥글고 얇게 밀어 철판 위에 놓고 불 위에서 구운 것인데, 올리브유를 발라 여러 겹으로 접어 만드는데 유프카yufka라고 한다.

8) 후식

타틀르tatlı는 터키어로 '달다'라는 뜻이다. 후식으로 애용되는 타틀르는 설탕을 많이 사용하는데, 설탕과 당밀을 많이 사용했던 오스만 터키 시대의 궁중과자에서 유래한 것이다. 쉬틀라츠sütlaç는 라이스 밀크 푸딩으로 계피를 뿌려 먹으며, 바클라바baklava는 파이에 당밀을 입힌 터키의 전통후식이다. 로쿰lokum은 쌀가루로 만든 단 반죽에 견과류로 향을 낸 젤리류이다. 할바halva(halwa)는 세몰리나와 꿀 등을 섞어 오래 끓여 굳힌 달콤한 디저트이다. 파스타치오, 아몬드, 잣 등의 다양한 견과류를 넣어 굳히거나 초콜릿으로 코팅을 하는 등 변형된 할바도 있다. 오래 두어도 상하지 않기 때문에 중동 지역에서 많이 즐긴다. 터키에서는 세몰리나 대신 일반 밀가루를 사용하기도 하며, 장례식이나 추도식 때 손님 접대용으로 쓰인다.

타틀르

바클라바

로쿰

쉬틀라츠

할바

호샤프

9) 과일

터키의 아나톨리아 지방은 비옥한 땅이기 때문에 과일의 종류가 다양하고 생산량도 많으며 저렴하다. 전통 오스만제국 요리에서 과일은 고기요리에서 곁들임음식으로 나왔다. 터키요리에는 자두, 석류, 배, 사과, 포도, 무화과, 귤, 오렌지, 살구 등이 요리에 쓰이며, 생과일뿐만 아니라 말린 과일도 쓰인다. 콤포트compote의 일종인 포도, 자두, 살구, 무화과 등의 말린 과일과 함께 설탕, 계피나 정향을 물에 넣고 끓인 후 식힌 과일 디저트인 호샤프hoşaf 등이 고기요리와 필라프의 곁들임으로 나온다.

10) 음료

(1) 차이çay

차이는 터키의 전통 차이다. 터키뿐만 아니라 발칸반도나 북키프로스에도 여러 종류로 퍼져 있다. 터키식 차이는 홍차잎을 스트레이트로 진하게 내려서 뜨거운 물을 더 붓고 설탕을 넣어 마신다. 터키는 원래 커피로 유명한 나라지만, 정부가 앞장서 차이 산업을 육성했다. 커피를 생산하는 예멘 지역에 대한 실권을 잃은 뒤 비싼 값으로 커피를 수입해

터키 차이

튀르크 카베시

라키

야 하는 데 따른 부담을 줄이기 위해서였다.

터키인들의 홍차 섭취량은 1인당 6.87kg으로 세계 1위이다. 이는 차문화로 유명한 영국인의 소비량보다도 훨씬 많다. 터키식 찻잔은 허리가 잘록하고 크기도 작으며, 차이에 설탕을 많이 넣을수록 손님을 환대한다는 의미이다.

(2) 튀르크 카베시türk kahvesi

튀르크 카베시는 터키어로 터키의 커피이다. 커피콩을 오래 볶아서 가늘게 간 후에 구리나 놋쇠로 만든 찻잔 크기의 자루 달린 용기인 제즈베cezve에 직접 끓여 낸다. 커피가루, 설탕, 물을 한꺼번에 넣고 끓이는데, 일단 커피가 끓으면 반 정도만 찻잔에 담고 나머지는 졸여질 때까지 끓여서 찻잔에 마저 담는다. 아랫부분은 끈적끈적한 앙금으로 남고 위는 맑은 커피가 되는데 이것을 조금씩 마신다. 커피를 마신 후에 남은 앙금을 커피 받침에 쏟아 운세를 점치는 풍습도 있다. 터키 커피는 에스프레소보다 진하다. 시장에서는 담뱃가게나 땅콩류를 파는 곡물가게에서 직접 커피를 갈아 판다.

(3) 라키raki

라키는 터키의 대표적인 민속주로서 설탕을 넣지 않고 향류 아니스anise를 첨가한 알코올 도수가 45도 이상인 증류주이다. 대표적인 브랜드로 예니 라키Yeni Raki가 있다. 포도주를 담근 후에 나온 찌꺼기로 만든다.

라키는 터키 외에 오스만제국이었던 그리스, 발칸 반도 등에서도 만들어진다. 라키를 마시기 위해 얼음이나 물에 타면 칼피스와 유사한 백색으로 변한다. 해산물요리와 잘 어울리는 술이다.

4. 밥상머리 맵시

터키인들은 풍족한 저녁식사를 온 가족이 집에 돌아온 후 함께 먹는다. 저녁을 먹을 때는 가족 중 최고 연장자가 먼저 식사를 시작한 후 다른 식구들도 먹는다. 이러한 관습은 유목민의 전통적인 가부장적 관습을 반영하는 것이다. 터키인들은 음식을 가려먹거나 음식에 대해 불평하는 행위를 좋지 않게 여기고 소식의 미덕을 강조한다. 그러나 손님을 초대하였을 때는 음식을 충분히 마련한다.

- 음식 냄새를 맡지 않는다.
- 음식을 식히기 위해 입으로 불지 않는다.
- 숟가락이나 포크를 빵 위에 올려 놓지 않는다.
- 상대방의 빵을 먹지 않는다.
- 음식을 남기지 않는다.
- 음식을 주고받을 때는 반드시 오른손을 사용한다.
- 식사 전, 후에 감사 인사를 한다.

인도

REPUBLIC OF INDIA
印度

인도의 식문화 바탕에는 '정신을 풍요롭게 하는 종교를 통해 몸과 마음을 치유하고, 음식을 통해 영혼을 맑게 한다'의 아유르베다ayurveda 정신이 있어 몸과 마음을 편안하게 한다. 음식을 오른손 손가락으로 집어먹고, 커리가루로 대표되는 풍부한 향신료와 기름을 사용한다.

만나다

1. 자연 둘러보기

인도양에 돌출한 남아시아의 반도에 위치하고 있으며 지형적으로 크게 3개 지역으로 구분된다. 인도 북부는 국경을 따라 위치한 세계 최고봉 10여 개가 있는 히말라야 산맥 지역으로, 다즐링, 아쌈 등 최고 품질의 홍차가 나온다. 갠지스의 평원은 비옥한 토양으로 밀이 주로 생산되며, 인도의 남반부를 차지하는 데칸고원은 사바나 기후를 나타낸다.

면적은 약 330만 km^2로 세계에서 7번째로 넓으며, 한반도의 15배에 해당된다.

기후는 대체로 열대계절풍인 열대몬순성 기후로 1년은 크게 다음의 3계절로 구분된다. 거의 비가 내리지 않아 건조하고 온화하면서도 때로는 한랭한 11~2월의 건조한랭기, 기온은 매우 높으나 강수량이 적은 3~6월경의 건조혹서기, 남서계절풍이 불어와 비가 많이 내리고 기온도 높아서 매우 무더운 6~10월은 습윤고온기이다.

2. 사회 둘러보기

수도는 뉴델리New Delhi이며, 인구는 2016년을 기준으로 약 12억 6,688만 명으로 중국에 이어 세계 2위이다. 민족 구성은 인도아리안 72%, 드라비다인 25%, 기타의 순이다. 북부에는 주로 인도유럽어족의 인도아리아어군에 속하는 민족 집단이 거주하며, 남부에는 드라비다어족에 속하는 민족 집단이 거주한다.

기본적인 공용어로는 중앙 정부에서 정한 유일한 공통어인 힌두어Hindi와 실질적인 타지역 간의 소통을 위한 교류언어인 영어가 주요 언어이다.

중요한 종교인 힌두교, 불교, 자이나교, 시크교의 발상지이며, 기원후 천 년 동안 조로아스터교, 기독교, 이슬람교 등이 인도에 영향을 미쳤고, 종교 구성은 힌두교(80.5%), 이슬람교(13.4%), 기독교, 시크교, 불교, 자이나교로 나타난다.

아리아인들은 원주민인 드라비다인을 정복하고 동화시켜가는 과정에서 사회계급 제도인 카스트 제도를 확립하였고 자신들이 카스트의 상부를 형성하였다.

3. 문화 둘러보기

인더스 문명지는 서양의 이집트와 메소포타미아 문명, 동양의 황하 문명과 더불어 4대 문명 발상지로 과거의 찬란했던 영광과 문화적 가치는 지금까지도 인도인에게 영향을 미친다. 동양과 서양 그리고 중동을 모두 아우르는 지역적 위치, 그로써 형성된 다양한 생활습관과 음식문화는 개성 넘치는 인도만의 특색으로 남았다

인도 문명은 기원전 2500년경의 인더스강 유역에서 발생한 인더스 문명에서 기원한다. 이 당시에는 주요 곡물인 밀과 보리를 절구에 빻아 구워 먹었고, 쌀과 기장, 사탕수수, 다양한 채소와 콩을 먹었다. 소고기, 물소고기, 양 또는 염소고기, 거북이, 민물고기와 바다 생선, 조류 등 육식을 아주 즐겨 했다는 것을 폐허 속에 남아 있는 뼈를 통하여 알 수 있다.

그러나 기원전 1500~1200년경 아리아인들이 이란 고원을 넘어 인도로 침입하여 인더스 문명은 파괴되었고, 현재의 식습관을 만드는 토대가 되었다. 처음에는 주로 보리를 먹었으나 점차 쌀이 주요해졌으며 다양한 콩을 이용한 음식과 소, 물소, 양 등의 고기를 먹

었다. 이 시기에는 우유 기름인 기이ghee로 요리하기도 했으며 이것으로 튀긴 음식을 내놓았다.

무슬림이 인도에 들어와 채식주의를 발달시키고 소를 숭배하는 성우사상聖牛思想을 확립시키는 데 역설적으로 기여하면서 간접적으로 음식 규례들을 경직되고 복잡하게 만드는 등 변화를 가져오기도 했다.

맛나다

1. 먹을거리 이야기

힌두교의 식습관은 정신과 영혼의 순결함을 강조하며 다양한 향신료를 사용한다. 브라만교가 인도 남부로 세력을 확장하면서 소의 도축은 금지되었다. 이에 따라 식물의 씨, 뿌리, 열매 등을 이용한 각종 자극적인 향신료들을 채취하여 음식에 활용하게 되었고, 우유와 유제품을 귀하게 취급하였다.

인도는 세계 향신료 총생산량의 90%를 생산할 정도로 세계 최대의 향신료 강대국으로 인도의 음식은 다양한 향신료를 사용한다. 열대지방에 속하는 인도는 풍성한 나무로부터 인도 특유의 맛을 내는 향신료를 만들어 조리하는 데 사용했다. 인도인이 음식에 사용하는 향신료는 종류도 많고, 인도음식의 영혼이라 할 정도로 인도요리에서 빼놓을 수 없는 재료이다.

카스트 제도에 따른 음식 규율로 브라만은 보통 채식을 하며, 중간에 위치한 카스트들은 대부분 닭고기와 염소고기, 양고기는 먹고, 쇠고기와 돼지고기는 먹지 않는다. 수드라 계층 중 가장 천한 불가촉천민은 쇠고기를 포함한 모든 고기를 먹는다. 국민의 약 30%가 엄격한 채식을 한다. 단백질을 섭취하기 위해서 유제품이나 콩 종류를 선호한다.

음식문화 중 정·부정을 토대로 한 관념이 뚜렷하여 독특한 분류체계가 있다. 식재료, 요리법, 음식을 만들고 먹을 때 부정해지지 않도록 하는 규칙들이 있는데, 일회용 바나나 잎에 음식을 담아먹기도 한다. 음식재료의 의례적인 분류를 안느anna와 팔phala로 나눈다. 농사를 지어 생산되는 쌀, 보리, 밀, 콩류 등은 안느에 속하고, 양생곡류, 채소, 과일 등 경작하지 않고 스스로 자라는 것은 팔에 속한다.

인도의 음식은 만드는 방법에 따라 빡까와 깟차의 두 종류로 나뉘어 진다. 물을 사용해서 만드는 음식이 깟차에 속하고, 우유로 만든 기이ghee라는 기름을 사용하여 만드는 음식은 빡까에 속한다. 빡까음식은 기름이 갖는 정화력으로 인하여 여러 사람이 함께 먹을 수 있고, 빡까 음식을 파는 식당에서는 브라만이 요리사를 하는 경우가 많다.

지역별 특징

구분	특징
북부	•빵(난)이 주식이고, 채식주의자가 많음 •금속제 그릇을 사용함 •이슬람교의 영향을 받아 돼지고기를 이용하지 않고, 약하게 조미한 음식이 많음 •요구르트와 기이, 크림과 견과류를 많이 사용함 •탄두리와 같은 훈제요리가 유명함 •맛이 농후하고 부드러움
남부	•쌀이 주식 •튀긴 음식이 많음 •바나나 잎을 식기로 사용하고 일반적으로 방바닥에 앉아 먹음 •힌두교도들이 많기 때문에 쇠고기를 잘 이용하지 않고 음식이 매움 •코코넛 밀크와 크림을 많이 사용함

채식주의자와 유형에 따른 섭취식품

구분	종류	섭취 식품
베지테리안 vagetarian	비건 채식 vegan	고기는 물론 우유, 달걀도 먹지 않음
	락토 채식 lacto	유제품
	오보 채식 ovo	달걀
	락토 오보 채식 lacto-ovo	유제품, 달걀
세미 베지테리안 semi-vagetarian	폴로 채식 pollo	유제품, 달걀, 생선, 닭고기
	페스코 채식 pesco	유제품, 달걀, 생선
	플렉시테리안 채식 flexitarian	채식주의자를 말하지만 경우에 따라서는 육류나 생선도 먹음

2. 요리거리

서고츠 산맥 서쪽의 해안지역에는 열대 식생이 풍부하다. 저지대에서는 코코넛·빈랑·후추·생강·고무·바나나 등이, 고지대에서는 커피·차·소두구 등이 주로 재배된다. 인도에서 주로 재배되는 작물은 벼·밀·콩·옥수수이고, 과일은 망고·코코넛·빈랑·감귤류 등이다.

1) 바스마티 라이스basmati rice

인도에서 주식으로 쓰이는 곡물은 주로 쌀, 밀, 잡곡의 3종이다. 쌀은 히말라야 산기슭에 위치한 펀자브punjab 지방에서 많이 경작되고, 향긋함과 담백함 그리고 구수한 매력이 있는 쌀로 칼로리가 낮으며 한국 쌀보다 알갱이가 길고 홀쭉하며 찰기가 적다. 인도 사람들은 쌀이 어느 정도 익으면 밥물을 버려 밥알들이 서로 붙지 않도록 한다.

2) 마살라masala

여러 종류 식물의 열매, 씨앗, 잎, 뿌리 등을 섞어 갈아놓은 천연 조미료인 향신료다. 요리하는 사람이나 지역에 따라 배합이 다르며 조리법에 따라 다른 향신료를 섞기도 한다. 인도 음식에서는 기본적으로 마살라를 넣어 향기를 내고 맛을 낸다. 가람 마살라garam masalra는 '매운 혼합향신료'라는 뜻으로 계피, 카다몸, 커민cumin, zeera seeds, 후추를 베이스로 한다.

3) 커리가루curry powder

요리하기 편하도록 향신료들을 배합하여 갈아놓은 가루로, 여러 종류가 시판되고 있다. 기본 재료는 특유의 노란색을 띠는 강황과 커민, 고수열매, 고추, 후추 등이다.

4) 렌틸콩lentil bean

콩을 힌디어로 달dahl이라고 하며 마수르 달asoor dahl은 콩이 자란 지역을 말한다. 주로 수프, 커리, 마살라를 만드는 데 사용된다. 콩 색깔은 붉은 오렌지색이지만 요리를 하면 노란색으로 변한다. 빨강, 노랑, 초록, 주황, 검정 등 종류에 따라 색상이 다양하며 종류별

바스마티 라이스

마살라

커리가루

로 조리시간에 차이가 있다. '렌즈lens'의 어원이 된 콩이라 하여 렌즈콩이라고도 한다.

5) 다히dahi

플레인 요구르트라 할 수 있으며 우유나 버팔로 젖을 이용해서 만든다. 우유를 불 위에 올려 놓고 끓인 후 미지근해지면 불을 끄고 유산균을 넣거나 보관해 두었던 다히를 넣고 발효시켜 얻는다. 다히 자체로 먹기도 하지만 과일, 향신료, 채소 등을 섞어서 음료나 다른 음식으로 만들어 먹기도 한다.

6) 기이ghee

버터를 끓이면서 표면에 올라오는 불순물을 제거한 후 굳힌 정제버터이다. 캐러멜 맛과 향이 날 때까지 약한 불에서 천천히 끓여서 만들므로 각종 음식 만들기에 사용되며 독특한 맛을 낸다. 또는 생우유를 가열·살균하여 약간 따뜻할 때 오래된 다히를 조금 넣어 발효시키는데, 적당한 온도에서 몇 시간 두면 약간 신맛을 띠는 크림 상태가 되고, 이것을 막대기로 휘저으면 막칸makkhan이 되며, 막칸을 가열하면 기이가 만들어진다.

렌틸콩

다히

기이

7) 차tea

인도에서 생산되는 차는 99%가 홍차이고 세계 1위 홍차 생산국이면서 소비국이기도 하다. 따로 마시기도 하지만 대부분 우유와 카다몸, 계피 같은 향신료를 넣어 마신다. 다즐링, 아쌈, 닐기리가 3대 명차로 유명하며, 그 외에도 북부 벵골차와 오리사차가 잘 알려져 있다.

(1) 다즐링darjeeling

붉으면서 황금색이 감도는 매우 섬세하면서도 미묘하게 강렬한 차다. 특히 히말라야의 높은 기슭인 해발 2,300m에 위치한 다즐링 지역의 계단식 다원茶園에서 자라는 잎에서는 진한 사향과 함께 달콤한 포도향이 나며 '홍차의 샴페인'이라고 부르기도 한다. 다즐링 브로큰 오렌지 페코darjeeling broken orange pekoe는 세계에서 가장 비싸게 판매되는 차 중 하나이다.

다즐링차

(2) 아쌈assam

북동부 브라마푸트라 아쌈의 드넓은 평원에서 재배되는 차나무의 잎으로 만든다. 습기를 머금은 계절풍이 히말라야 산맥을 만나 대량의 비를 내리고, 수원이 풍부한 강의 수증기가 찻잎을 적신다. 이 습기가 아쌈차의 독특한 떫은맛을 만든다. 맥아향이 진하게 나며 탄닌이 많고 상쾌하지만 매우 강해서 우유를 넣어 부드럽게 마시는 잉글리시 블랙퍼스트 티English breakfast Tea로 사용된다.

(3) 닐기리nilgiris

블루마운틴blue mountain이라는 뜻을 지닌 인도 남부 닐기리의 고원지대에서 생산되는 차다. 한낮에도 안개가 자주 끼고 기온이 낮다. 지리적으로 스리랑카에 가까워 기후도 비슷하므로 스리랑카 홍차와 비슷한 찻잎이 난다. 색이 진하고 향이 그윽하며 맛이 깔끔해서 우유를 넣지 않고 즐기기에 좋다. 아이스 티나 보통 오후에 즐기는 애프터눈 티afternoon tea로 애용된다.

3. 주요 먹을거리

1) 탈리thali

탈리는 '큰 쟁반'을 뜻하는 힌디어로 칸이 있는 금속제 쟁반에 다양한 음식이 제공된다. 밥, 빵, 달, 커리 등 여러 가지 음식이 담겨져 나온다. 세트 메뉴처럼 나오는 다양한 음식은 한꺼번에 맛볼 수 있는 인도식 정식에 속한다. 특히 점심에 인기 있는 세트 메뉴다.

2) 탄두리tandoori 치킨

인도 북서부와 파키스탄의 대표음식으로, 탄두르tandoor라는 점토로 만든 화덕에서 굽는 요리를 일컫는다. 닭, 양, 생선과 채소 등을 향신료와 요구르트를 섞어 재운 다음 굽는다.

3) 차파티chapatti

가장 간단한 빵으로 밀기울이 든 밀가루에 물만 넣어 반죽해 발효시키지 않고 팬에서 구운 것을 말한다.

4) 로티roti

인도의 빵을 총칭하지만 특히 밀가루에 물을 넣고 반죽한 것을 강철로 만든 뜨거운 타바tawa 팬에서 구운 것을 말한다.

탈리

탄두리

5) 난naan

세계적으로 유명한 인도의 빵이다. 정제된 흰 밀가루를 반죽하여 발효시켜 탄두리 화덕에서 구운 것으로 맛이 담백하며, 인도의 것은 길게 꼬리 모양이 있고, 파키스탄의 것은 두껍고 소다 맛이 강하다.

6) 치킨 커리

인도에서는 채소, 고기 등에 향신료를 넣고 걸쭉하게 끓인 음식을 모두 커리하고 하며, 기본 향신료는 노란색을 띠는 강황과 매콤한 맛의 고추이다. 닭과 마늘, 생강, 양파, 토마토, 지라cumin, 할디(강황), 가람 마살라, 향초, 고추 등과 섞어서 만든 걸쭉한 스튜형태의 요리로, 밥, 차파티나 난, 로티와 함께 먹는다.

7) 달 마살라dal, daal, dhal masalra

여러 종류의 콩을 넣어 만든 음식으로 부드럽게 삶은 콩에 할디(강황tumeric)와 마살라를 가미한 수프 형태의 요리다. 녹두와 렌틸콩lentil bean을 주로 사용하며 부드럽고 풍부하면서 전혀 맵지 않아 쉽게 즐기는 채식 음식이다. 수프로 먹기도 하고 밥에 얹어 비벼 먹거나 난과 함께 먹기도 한다.

8) 쌀요리

브리야니biriyani는 사프란, 박하잎, 닭고기를 넣고 볶은 밥이며, 필라프pilaf는 버섯, 콩, 당

난

치킨 커리

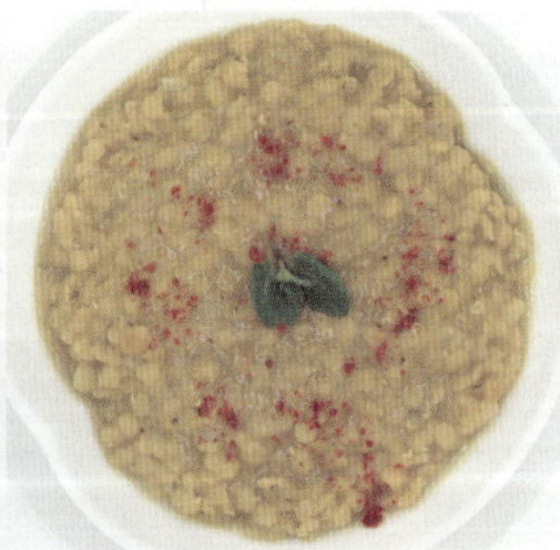

달 마살라

브리야니

사모사

마살라 차이

라씨

근, 코티지 치즈를 넣어 볶은 밥이다. 키르kheer는 우유와 말린 과일을 넣은 인도의 대표적인 쌀 푸딩이다.

9) 사모사samosa

커리에 감자, 완두 등의 채소로 속을 채워 반죽으로 싼 후 세모 모양으로 만들어 튀긴 페이스트리다. 매우 인기 있는 간식이자 전식 요리다.

10) 음료

마살라 차이masala chai는 카다몸, 정향 등의 향신료를 넣고 우유와 함께 끓인 대표적인 인도 차이이다. 하루에 여러 잔을 마신다.

라씨lassi는 시원하게 마시는 요구르트 음료로 요구르트에 설탕과 물을 넣어 섞어 만든다. 마살라를 넣은 라씨, 과일을 넣은 라씨, 달콤한 라씨, 소금을 넣어 만든 짠맛의 라씨 등이 있다.

4. 밥상머리 맵시

힌두교도는 식사할 때 낮은 의자를 사용하거나 바닥에 앉으며 오른쪽에 주인이 앉고 그 왼쪽부터 나이 순서대로 앉는다. 성인 여자는 남자와 함께 식사할 수 없고 남자의 시중을 든다.

• 음식을 먹을 때는 보통 손을 사용하기 때문에 식사 전에는 반드시 물로 양손을 씻는다. 왼손은 오염된 손으로 간주하기 때문에 식사를 할 때는 오른손만 사용한다.
• 식사 중 물을 마실 때는 컵을 입에 대지 않고 물을 입안에 부어 넣는다.
• 음식을 먹을 때는 개인 그릇을 사용하고, 큰 접시에 준비된 음식에는 공동 숟가락이 있어 그것을 사용하여 자기 그릇에 덜어 먹는다.
• 식사를 할 때는 원칙적으로 대화를 하지 않는 것이 예법이다.
• 음식을 남기거나 흘려서는 안 된다.
• 그릇 가운데 흙으로 만든 질그릇은 매우 쉽게 오염되는 것으로 간주되므로 질그릇은 자기보다 낮은 카스트가 만져서는 안 된다.

똑! Knock!

아유르베다

기원전 6세기 브라만 시대에 아유르베다는 인도 의학의 기본 바탕이자 그들의 식습관을 규정하는 하나의 문화로 생활 속에 뿌리 깊게 자리 잡고 있다.

오늘날 인도의학은 아유르베다ayurveda, 유나니unani, 싯다siddha, 요가yoga, 자연요법naturopathy 등 다섯 가지로 구분할 수 있으며, 그중 아유르베다가 절대 다수를 차지하고 있다. 아유르베다는 '생활의 과학'이라는 뜻의 산스크리트어이다.

아유르베다는 역사가 5,000년이나 된, 세계에서 가장 오래된 인도 의학으로, 지혜로운 생명을 의미하는데, 처음에는 질병을 완화하고 원기를 회복하며 정신과 영혼을 맑게 하기 위한 목적으로 등장했다.

인도인의 건강한 삶이 향신료의 조화로 이어진다면 그들의 행복한 정신은 음식을 나누는 마음에서 비롯된다. 종교의식도 많지만, 기념일과 축제가 유난히 잦은 인도인은 행복과 슬픔을 가족과 친지 그리고 친구들과 나누기를 좋아한다. 화려한 장식과 꽃으로 집 안팎을 꾸미고, 다양한 음식을 정성껏 많이 준비해 나눠 먹는 행동 하나하나가 관용과 자비를 베푸는 마음에서 시작되었으며, 이것이 바로 미덕이자 생활 자체라 여기기 때문이다. 인도의 아버지로 여기는 간디는 "행복은 생각과 말 그리고 행동이 조화를 이룰 때 얻는 것이다."라고 했다. 그의 말처럼 인도인은 대부분 음식 문화를 온몸과 마음으로 담아 내기에 조화를 이룰 수 있는 것 같다. 인도 사람들은 바느질을 한 옷이 더럽다고 생각해서 전통의상도 바느질을 안 한 사리를 입는다.

똑! Knock!

향신료spice 香辛料

음식에 풍미를 주거나 맵고 향기로운 맛을 더해 주어 식욕을 촉진시키는 역할을 하는 것으로 싱싱한 풀이나 꽃, 곡식, 마른 풀, 나무껍질, 열매, 뿌리줄기, 잎에는 강하고 다양하며 특수한 향유가 함유되어 있다. 어원이 되는 라틴어 스피시즈species는 약품이라는 뜻이다. 약용으로 쓰이거나 요리에 사용되는 향기 나는 식물을 가리킨다.

향신료의 역할은 첫째, 음식이 상하는 것을 막아 준다. 대부분의 향신료에는 살충, 살균효과와 방부효과가 있다. 둘째, 좋은 향기와 먹음직스러운 색으로 식욕을 자극한다. 즉, 육류나 생선의 좋지 못한 냄새를 완화시키고 맛있는 냄새로 바꿔 준다. 셋째, 약품으로 사용되기도 한다. 실제로 향신료에는 어느 정도 약리작용이 있고 소독효과도 있다.

향신료의 종류와 특징

명칭	설명	사진
올스파이스 allspise	모양은 후추알과 비슷하게 생겼지만 주름이 없고 크기가 조금 더 크며 정향, 육계피, 육두구의 향이 모두 난다고 함. 빵 만드는 데 널리 쓰이며 다진 고기 양념에도 사용됨	
아니스 anise	감초맛과 비슷한 아니시드aniseed라는 열매를 얻기 위해 재배. 과자 반죽의 맛을 내는 데 사용하거나 고기와 채소요리에 이용. 별 아니스는 별 모양으로 아니스의 맛과 용도가 비슷함	
바질 basil	인도에서 유래했고 힌두교에서 신성시하는 허브로, 소화제 같은 약용으로 사용. 차에 넣어 마시면 진정 효과가 있으며, 마늘과 토마토 같은 채소와 궁합이 잘 맞음	
카다몸 cardamom	'향신료의 여왕'이라고 불리며 생강과에 속하는 식물로, 씨나 마른 열매를 통째로 또는 가루를 만들어 사용. 씨는 독하고 약간 자극적이며 장뇌와 비슷한 향기가 남. 커리요리에 이용. 소두구라고도 함	

명칭	설명	사진
고추 chilies	중남미에서 유래한 매운 채소이자 허브. 향과 매운정도가 천차만별이어서 종류가 200여 가지임. 캡사이신capsaicin 성분이 들어있어 통각에 자극을 주어 식욕을 증진시킴	
계피 cinnamon	어린 나무의 연한 껍질을 벗겨 둥글게 말아 쓰거나 가루를 내서 사용. 얇고 부드러운 갈색이 골고루 퍼져 있는 것이 정품이며 색이 연할수록 양질임. 아열대 기후 지역, 특히 바다 근처에서 재배된 것이 상급	
정향 clove	모양은 못처럼 생겼으며, 후추, 육두구, 계피와 함께 식민지 전쟁을 일으킬 만큼 유럽에서 탐냈던 향신료. 고대 중국에서는 황제를 알현하기 전에 관료들이 정향을 입에 물어 입 냄새를 없애기도 했음. 달고 강하며 쏘는 향	
고수잎 coriander leaf	중국 파슬리Chinese Parsley라고도 하며 미국 대륙에서는 실란트로cilantro라고 함. 톡 쏘는 강한 향과 꿉꿉한 냄새가 있어 싫어하는 이들도 적지 않음	
고수씨 coriander seed	잎보다 강한 향은 덜하며 탄 듯한 오렌지향이 남. 씨앗은 아시아 요리, 특히 인도 커리에 아주 중요. 고기 누린내나 생선의 비린내 제거에도 이용. 흠 없이 고른 크기에 연한 갈색을 띤 것이 양질	
커민 cumin	캐러웨이와 유사한 식물로 향기 있는 씨앗임. 약간 씁쓸하고 달콤하면서도 다소 자극적. 약한 매운맛도 있음. 커리에 반드시 들어감. 커민 씨는 황갈색이며 두께가 얇고 길이가 6mm 정도인 길쭉한 타원형	
회향씨 fennel seed	달고 시원한 향을 지닌 향신료로 작은 타원형에 연녹색에서 갈색이 도는 노란색. 생선 요리나 커리가루의 주재료. 지금도 인도인들은 식사가 끝나면 소화제와 구강청결제로 씹어 먹음	
마늘 garlic	강한 냄새를 제외하고 100가지 이로움이 있다 하여 일해백리一害百利라 부름. 백합과의 일종으로 파와 양파 등도 같은 부류임. 향이 강하지만 힘을 돋워 주고 독성을 없애는 성분이 들어 있으며 불에 익히면 맛과 향이 순해짐	

명칭	설명	사진
생강 ginger	섬유질이 많고 따뜻하며 달콤하고 톡 쏘는 향이 있어 감기나 멀미, 소화불량에 도움이 됨. 유럽에서는 과자나 케이크, 음료에 주로 사용하고 동양에서는 다양한 요리에 사용	
민트 mint	스피어민트spearmint와 페퍼민트peppermint, 애플민트applemint가 대표적. 알싸하고 시원하면서도 달콤한 향내가 나므로 노린내를 없애는 데 사용. 양고기와 잘 맞음. 미백과 청정 효과로 치약과 껌의 재료로 사용됨	
겨자씨 mustard seed	흰색과 노란색, 갈색과 검은색으로 나뉨. 씨 자체는 향이 없지만 볶거나 으깨거나 더운 물에 넣으면 매운 향이 살아남. 18세기 초, 미국에서 머스터드 파우더가 개발되면서 유럽 전역과 미국에서 인기 있는 소스가 됨	
육두구 nutmeg	씨는 너트메그이고 씨를 감싸고 있는 레이스처럼 생긴 껍질이 메이스mace. 통째로 쓰거나 가루를 내서 사용하며 씨는 꽤 크고 선명한 빨간색인데 말리면 황금빛이 나는 갈색으로 변함	
후추 peppercorns	세계에서 가장 많이 쓰이는 향신료로 '향신료의 왕'. 검은 통후추는 덜 익은 열매를 따서 햇볕에 바짝 말릴 때 색이 변한 것이고, 하얀 통후추는 성숙한 열매의 겉껍질을 벗겨내서 햇볕에 말린 것. 초록색과 빨간색, 오렌지색 통후추도 생산됨	
양귀비씨 poppy seed	네덜란드와 캐나다가 주요 생산국. 검은색처럼 보이지만 사실은 남색이 도는 회색으로 고소한 견과류 맛. 유럽과 중동에서는 빵, 케이크, 쿠키 등에 뿌리며, 인도에서는 소스의 농도를 맞추는 데 주로 사용	
사프란 saffron	세계에서 가장 비싼 향신료로 특유의 꽃내음과 꿀향. 실고추 같은 모양으로 물에 타면 오렌지빛 진노란색으로 변함. 해산물과 쌀 요리에 잘 어울리며 은은한 향과 색을 낼 때 주로 사용	
강황 turmeric	생강과에 속하지만 매운맛은 없음. 짙은 오렌지색이 나며 모든 음식의 색을 내는 데 사용. 인도에서 결혼식을 할 때, 신부와 신랑의 팔과 얼굴에 물을 들여 황금을 상징하며, 화장품 역할도 함	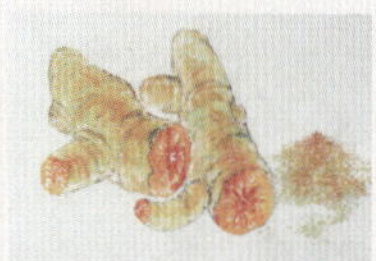

서유럽

CHAPTER 5

프랑스 독일 영국

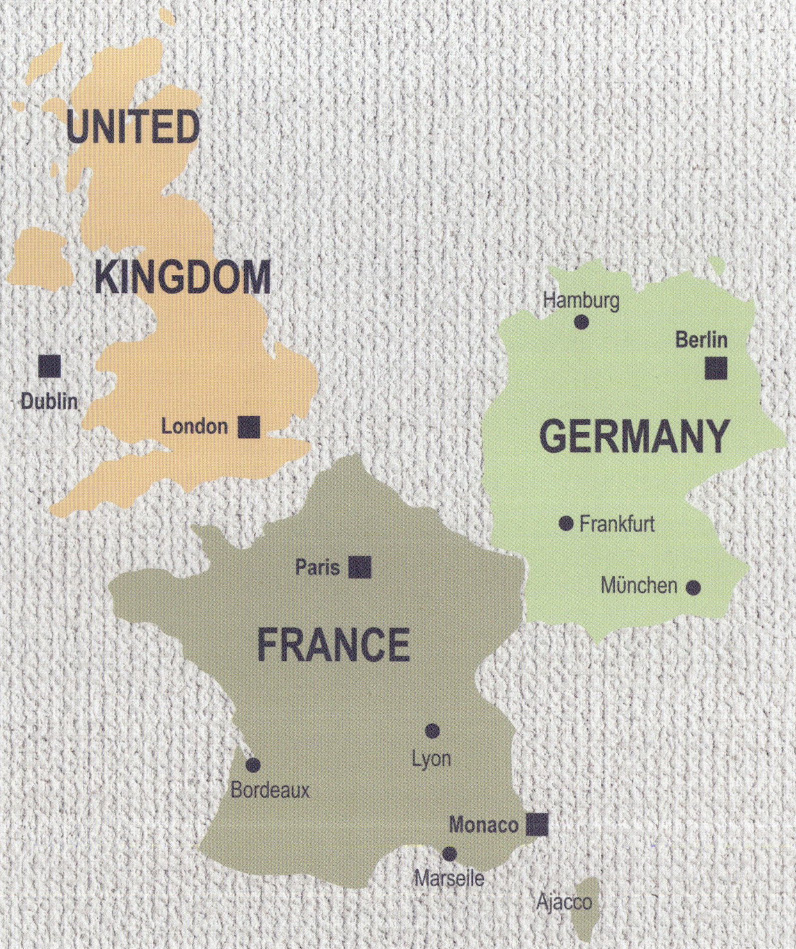
UNITED
KINGDOM
Dublin
London
Hamburg
Berlin
GERMANY
Frankfurt
München
Paris
FRANCE
Lyon
Bordeaux
Monaco
Marseille
Ajacco

프랑스

FRANCE

République française 佛蘭西

프랑스는 지중해에서 영국해협과 북해까지, 동서로는 라인강에서 대서양에 이르는 나라로 식문화사에서 큰 영향력을 발휘하였다. 16세기 이탈리아 메디치가 왕녀의 프랑스 출가로 진보된 이탈리아의 조리법이 전수되어 발전하였으며, 전 세계의 프렌치 레스토랑은 고급 레스토랑으로 인정받고 있다.

만나다

1. 자연 둘러보기

프랑스는 유럽의 중서부에 위치하고 있으며, 면적이 약 64만 km^2로 한반도의 2.5배이다. 유럽에서는 넓은 편이어서 기후도 다양하게 나타난다. 남부 일부 지역은 지중해의 영향을 받으나 고위도이기 때문에 춥고 서늘하다. 해안으로부터의 거리, 해발고도, 국지적 풍향에 따라 기후가 변화무쌍하다. 북부는 영국만큼이나 비가 자주 오나, 남부는 비가 자주 오지 않는다. 해발 1,000m 이상의 산이 국토 면적의 50%를 차지하는 유럽 제일의 삼림국가이자, 유럽 제1의 낙농국가이다. 피레네 산맥 일대와 알프스 산맥 일대는 겨울엔 매우 춥고 눈이 자주 오며, 여름엔 건조하고 선선한 날씨가 이어진다.

2. 사회 둘러보기

프랑스의 수도는 파리이다. 민족으로는 골족을 비롯하여 프랑크족, 부르군트족 등으로 구성되며, 북동쪽으로는 게르만족 등의 혼혈족이 모여 살고 있다. 인구는 2016년 기준으로 6,684만 명이다. 언어는 프랑스어를 사용하며, 종교로는 가톨릭교가 우세하고 이슬람교, 기독교, 유대교도들이 소수 있다.

3. 문화 둘러보기

프랑스 고대 골족의 식문화는 육류, 버터를 이용한 대식가로 알려져 있다. 로마에게 점령되면서 포도주가 유입·발달하였으며, 중세에는 육류, 과일, 향신료를 즐긴 귀족과 곡물과 채소를 섭취한 평민으로 식문화 구분이 엄격하였다. 13세기에는 다양한 염장 기법, 소스와 향신료의 정보가 담긴 요리책이 발간되었으며, 수식문화와 수프를 두꺼운 빵에 담아 먹은 기록이 있다. 16세기에는 이탈리아의 메디치가 왕녀가 프랑스로 출가하면서 진보된 이탈리아의 요리법이 전수되었다. 포크 사용이 시작되었으며, 타르트, 누가, 아이스크림의 제조 기술이 이탈리아로부터 유입되었다. 17세기에는 샬롯, 송로버섯 등의 식재료로 만든 고급요리인 오트 퀴진haute cuisine이 등장했고, 여러 음식을 한꺼번에 차려놓아 눈의 즐거움과 요리사의 창의성을 돋보이게 하는 '프랑스식 상차림'이 유행하였다. 그러나 여전히 서민들은 채소나 빵 위주의 식사로 고기류를 거의 먹을 수 없었다.

18세기에는 카페와 레스토랑의 등장으로 귀족뿐만 아니라 서민들도 식문화를 조금씩 즐길 수 있었고, 여성들도 거의 남성과 동등하게 식탁에서 대우를 받게 되었다. 프랑스 혁명을 계기로 19세기에는 부르주아 계급이 사회를 주도하면서 레스토랑 문화가 확산되어 서민들을 대상으로 한 '부르주아 요리'가 생겼으며 시간전개형인 러시아식 코스요리 상차림이 확립되었다.

20세기에는 프랑스의 대표적인 요리사인 오귀스트 에스코피에Auguste Escoffier에 의해 체계적인 주방 시스템이 발전하였고, 그의 요리책은 프랑스 요리를 세계적으로 알리는 데 일조하였다. 또한 프랑스 각지의 명소를 소개하는 미슐랭Michelin의 관광 가이드가 출간되었다. 20세기 말에는 전 세계적으로 '다이어트'식이 지나치게 무겁고 과다한 열량의 요리와 낭비적인 식도락에 대항하여 생겨났으나, 프랑스인들은 여전히 잘 입는 것보다 '잘 먹는 것'을 좋아한다.

맛나다

1. 먹을거리 이야기

1960년대부터 선보인 '새로운 요리'라는 뜻의 누벨 퀴진nouvelle cusine은 식재료의 고유한 맛을 살리기 위해 진한 소스나 육수의 사용을 줄이고, 푸드 스타일링을 강조하는 창의적인 기법의 요리이다.

누벨퀴진의 예

마리네이드는 가향 액체 소스로 식재료의 조리 전, 냄새 제거, 가향과 조직 연화를 목적으로 재어 놓는다. 프랑스 수프는 육류나 어류 등을 넣고 푹 고아서 만든 수프 스톡을 기본으로 하는데, 색이 흰 화이트 스톡은 생선, 닭고기, 송아지 고기를 주로 사용하며, 갈색의 브라운 스톡은 쇠고기나 송아지 고기를 주재료로 사용한다.

① 프랑스 국민들은 요리표현에서 창의성을 존중하며 맛뿐만 아니라 시각효과를 중시한다.
② 음식문화에서도 타문화를 수용하였다.
③ 프랑스인들은 식사시간을 중요하게 여긴다.
④ 프랑스 요리 맛은 마리네이드에 있다.
⑤ 정통 프랑스 식사 코스는 12코스였다.

똑! Knock!

커피를 주로 마시며 간단한 식사도 가능한 프랑스의 '카페'

프랑스어에서 차용한 영어의 카페café는 '커피'라는 뜻의 터키어 kahve에서 유래한다. 커피와 커피음료가 유럽에 도입되자 술을 마시지 않고도 사교생활이 가능하게 되었다.

1686년 파리에는 르 프로코프Le Procope라는 카페 하나밖에 없었으나, 1721년에는 300여 개 이상, 그리고 좀 더 후에는 700여 개, 18세기 말에는 무려 2,000개가 넘었다. 처음에는 커피만 팔았으나 차, 코코아, 찬 음료, 셔벗, 아이스크림, 과자류 등 점차 가벼운 식사도 팔기 시작했다. 카페가 그 당시에 유행한 이유는 신분적인 차별이 거의 없었기 때문이다. 귀족, 문인들, 예술가, 극단 배우, 부르주아, 상인들, 심지어 서민들까지도 잘 차려입고, 돈을 지불할 능력과 시대적인 예의를 지키면 누구나 카페에 출입할 수 있었다. 그때까지 집에만 갇혀 있던 여성들에게도 카페 출입이 허용되었다. 카페오레, 즉 밀크 커피는 1690년부터 프랑스에 퍼지기 시작했으나 아직은 새로운 음식이었다.

카페First public café in Paris Le Procope

정통 프랑스 코스요리

정통 프랑스요리의 코스는 12코스였다. 현대에는 4~5가지 정도로 간단히 먹는다. 오르되브르는 전채요리로서 짠맛이나 신맛으로 맛돋움 역할을 하며 계절성이 중요한 요소이다. '수프'는 맑은 콘소메와 건더기가 많은 포타주가 있다. '메인요리'를 생선요리와 고기요리인 '앙트레'와 '로스트'로 나누지만, 현재 일상적인 코스는 한 가지로 줄여졌다. 앙트레entrée는 주된 요리 전 또는 식사의 두 가지 주요 코스 사이에 제공되는 요리를 뜻하는 프랑스어다. 미국에서는 메인요리라는 의미로 쓰인다. 현재 만찬에서의 앙트레는 소스를 곁들인 더운 음식으로 제공되기도 하고, 차가운 음식으로 제공되기도 한다. 앙트레의 종류로는 생선·갑각류·철갑상어알(캐비어)·거위간(푸아그라)·테린·파스타·달지 않은 파이류·달걀요리·채소요리 등이 있다. 생선이나 고기에 채소나 곡류가 곁들여져 나온다. 메인요리 후 '샐러드'가 제공되어 입가심을 한 후 치즈와 빵이 제공된다. 달콤한 케이크나 무스·크레이프·푸딩·아이스크림이나 셔벗 등이 '디저트'로 제공된다. 디저트 후에 에스프레소 커피나 티잔이라 불리는 다양한 차를 주문할 수 있다. 마지막으로 '디제스티브digestive'라 부르며 소화제라는 의미를 갖는 도수가 강한 증류주로 마감하기도 한다.

2. 요리거리

유럽 여러 나라 중에서 넓은 국토와 다양한 기후, 농업에 적합한 토지로 인하여 유럽에서 드문 농업 생산국이며, 지역 특산품으로 포도주, 레몬, 올리브 등을 생산한다.

1) 트러플truffe, truffle

프랑스어로 트뤼프, 영어로 트러플은 한국에서는 송로버섯으로 부른다. 세계 3대 진미로 손꼽히며 고급 식재료이다. 보통은 향미를 증진시키기 위해 수프에 넣어 먹거나 뇨키의 재료로 사용되며 스테이크 위에 올리는데 가격이 매우 비싸다. 나무 뿌리 주변의 땅속에서 8~30cm가량 자라는데 개 또는 돼지를 수년간 훈련시켜 후각을 이용해 채취한다. 산지에 따라 맛은 조금씩 다르며, 프랑스산 검은색 트러플과 이탈리아산 흰색 트러플을 고급으로 여긴다.

2) 에스카르고escargot

에스카르고는 식용달팽이로 자연산을 이용하였지만 최근에는 키워서 판매한다. 식용달팽이는 크고 살이 많아 고소하고 육질의 쫄깃함을 즐길 수 있다. 끓는 물에 데쳐 마늘과 버터, 파슬리 등을 껍질 속에 넣고 오븐에 구워 낸다. 스튜로 만들거나 볶아 먹기도 한다.

3) 푸아그라foie gras

푸아그라는 거위나 오리의 간을 재료로 하여 만든 프랑스 요리로 '살찐 간'이라는 뜻

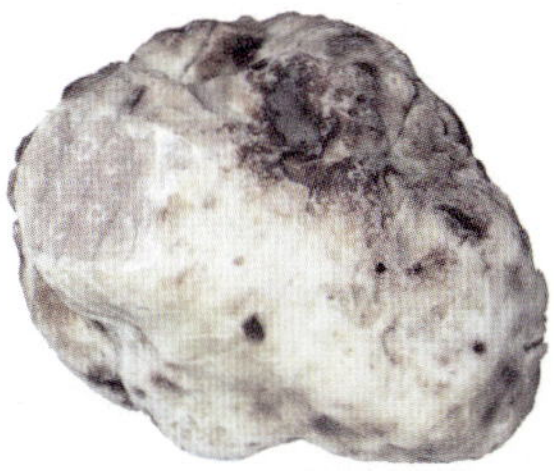

흰색 트러플

돼지를 이용해 트러플 채취하는 모습

에스카르고

푸아그라

부케가르니

을 가지고 있으며, 알자스 지방이 유명한 산지이다. 가격이 비싸기 때문에 전채요리에 사용하거나 명절에 먹는다. 푸아그라는 캐비어, 트러플과 함께 서양의 3대 진미 중 하나로 꼽힌다. 붉은색이나 옅은 노란색을 띠며 아주 부드럽다. 주로 구워 먹거나 와인에 재웠다가 요리해 먹는다.

4) 부케가르니bouquet garni

부케가르니는 프랑스 요리 맛의 기본이 되는 소스를 만들 때 여러 종류의 향신료를 꽃다발처럼 묶은 것이다. 일반적으로 파슬리, 타임, 월계수잎 등이 기본적인 향신료이며 지역과 레스토랑에 따라 다양한 허브를 첨가한다.

똑! Knock!

중세 프랑스의 향신료

중세 프랑스인들은 왜 그렇게 요리에 향신료를 많이 사용했을까? 그것은 첫째, 건강문제 때문이었다. 알로에, 생강, 사프란과 몰약 등의 향신료는 소화작용을 돕고 고기의 부패를 방지하는 역할을 했다. 둘째, 향신료 중 후추는 특히 거의 모든 시대를 망라하고 강장효과가 있다고 믿어왔기 때문이다. 세 번째 이유는 평소의 습관 때문이었다. 중세인들은 어렸을 때부터 양념이나 향료를 잔뜩 넣은 요리를 먹는 데 익숙했기 때문이다.

그러나 수세기 동안 유럽인들이 향신료에 대해 열정적이었던 진짜 이유는 동방에서 가져온 향료 그 자체의 이국적 풍미에 흠뻑 매료되었기 때문이다. 또한 향료는 가격이 비싸서 그것을 소비하는 사람은 물질적인 여유를 과시할 수 있을 뿐만 아니라 귀족과 서민 간의 거리감을 충분히 나타낼 수 있었다.

3. 주요 먹을거리

1) 치즈cheese

프랑스에는 치즈가 알려진 것만으로도 400여 종 이상이다. 지역마다 집집마다 치즈의 맛이 달라서 모두 합치면 약 800여 종의 치즈가 있다고 한다. 프랑스인들은 가공치즈보다 톡 쏘는 맛과 향이 강한 생치즈를 선호한다. 프랑스인들은 메인요리 후에 치즈를 먹는데, 많은 양을 먹는 것은 아니지만 몇 가지 종류의 치즈를 쟁반 위에 잘라놓고 한두 조각씩 먹는다. 또한 빵과 함께 먹거나 샌드위치나 샐러드에 넣거나 그라탱을 만드는 데 사용한다.

프랑스 치즈 마켓

프랑스 치즈의 종류

종류	사진	특징	먹는 방법
카망베르 camembert		•프랑스 노르망디 지방의 연질치즈 •카망베르 마을에서 처음 만들어져 그 이름을 땄음 •신선할 때에는 부서지기 쉬우나 오래될수록 더 물렁물렁해지며 맛이 강해짐	특유의 향을 즐기기 위해 조리하지 않고 빵 위에 얹거나 고기 또는 와인과 함께 먹음
로크포르 roquefort		•양젖으로 만드는 전형적인 프랑스 블루치즈 •'로크포르'란 이름은 프랑스법으로 보호 •자극적이고 강한 냄새가 나며 짠맛과 풍부하고 부드러운 질감으로 유명 •20세기에 들어서 일부 진품을 코르시카에서 만들고 있지만 아직도 로크포르 석회동굴에서 마지막 숙성을 시킴	가공 치즈와 샐러드 드레싱에 사용
그뤼예르 gruyère		•스위스 라그뤼예르역이나 프랑스의 알핀콩테·사부아 지방 •커다란 원반 형태로 겉껍질은 갈색을 띠고 주름이 져 있음 •치즈 속은 옅은 황금색으로 완두콩만 하거나 그보다 조금 큰 구멍이 있음 •맛이 진하고 풍부함 •에멘탈이나 다른 스위스 치즈들과 비슷하지만 조직이 더 단단하고 구멍이 작으며 더 강한 맛이 남	치즈 퐁듀와 라클렛에 자주 사용 에멘탈 치즈와 함께 그라탱과 퀴시, 무슈, 양파수프 등의 요리에 사용

종류	사진	특징	먹는 방법
브리 brie		•프랑스 브리 지방 •젖소의 우유로 만든 부드러운 치즈 •지방 함량이 많아 부드럽고 가장 순한 치즈 •큰 원반의 일부를 조각낸 형태로 유통	와인 안주나 샐러드에 넣음
에멘탈 emmental		•스위스의 베른주에 위치한 '에멘탈' 지명에서 따옴 •물레방아 바퀴 모양에 커다란 구멍이 나 있는 것이 가장 큰 특징 •스위스 치즈라고도 불림 •원반형으로 만들어지며 가스공이 형성되어 있음	스위스의 퐁듀요리에 많이 사용
고우다 gouda		•goudse kaas로 하우다산 치즈 •네덜란드의 남부 하우다(Gouda) 지방에서 유명해서, 그 이름을 따서 만들었지만, 지금은 어디서나 고우다라고 부름 •원통으로 만드는 것이 보통 •자몽 모양으로 둥글게 만들기도 함 •순한 맛을 갖고 내부조직은 약간 거칠고 단단함	와인 안주, 샐러드, 타르트 만들 때 사용

2) 빵류

바게트빵baguette de pain은 간단히 바게트baguette 또는 프랑스빵으로 불린다. 바게트는 프랑스에서 만들어진, 구울 때 물을 뿌려(스팀) 겉이 딱딱한 빵의 통칭이며, 막대기, 지팡이라는 뜻으로 밀가루, 소금, 물, 이스트만으로 만든다. 이러한 재료의 제한은 프랑스에서는 식품법으로 엄격히 규정한다. 이 기본재료가 아닌 다른 재료를 추가 사용해서 만든 빵은 바게트라는 이름으로 판매할 수 없다.

시골빵pain campagne은 프랑스인들이 요리와 함께 가장 많이 먹는 흑밀빵으로 색이 검지만 흰빵보다 고소하다.

바게트

시골빵

브리오슈

크루아상

브리오슈Brioche는 달걀과 버터가 함유되어 있으며, 크림도 소량 들어 있다. 주로 디저트로 제공되며, 모양은 다양하지만 둥근 편이다.

크루아상은 버터질의 파삭파삭한 페이스트리로, 이름은 그 특유의 초승달crescent 모양에서 유래되었다. 크레센트crescent, 크레센트 롤crescent roll이라고도 한다. 크루아상은 발효된 퍼프 페이스트리로 만들어진다. 효모 반죽을 버터와 함께 켜켜이 쌓아 여러 번 계속해서 굴리고 접은 다음 얇게 늘이는데, 이 기술을 '라미네이팅'이라고 한다.

3) 그라탱gratin

그라탱 또는 그라탕은 프랑스 도피네 지방의 지역 요리에서 발달하였다. 구이 접시에 닭고기, 육류, 해물류, 달걀, 채소와 마카로니 같은 면류 등을 섞고 소스와 함께 담아 치즈와 빵가루를 뿌려 겉면이 노릇해질 때까지 오븐에 구워 내는 프랑스 요리다.

4) 부야베스bouillabaisse

부야베스는 프랑스의 항구 도시인 마르세유에서 유래한 전통적인 지역 생선 스튜이다. 마르세유에서 팔리지 않거나 상태가 좋지 않은 생선을 처리하기 위한 음식으로 출발하였다. 오늘날에는 신선하고 값비싼 생선과 해산물들을 사용함으로써 지중해 연안 도시의 고급 레스토랑에서 판매하는 값비싼 고급 음식으로 발전하였다. 생선과 조개, 올리브유, 양파, 토마토, 마늘, 파슬리, 사프란, 회향 열매, 타임, 월계수 잎, 오렌지 껍질 등을 재료로 사용한다.

그라탱

부야베스

5) 샤토브리앙chateaubriand

샤토브리앙 스테이크 또는 샤토브리앙은 쇠고기의 안심살을 구워 만든 프랑스식 비프 스테이크로 소 1마리에 4인분밖에 나오지 않는 안심 부위이며 전통적으로 약 12온스(약 330g) 정도의 크기로 썰어 낸다. 토막 낸 고기를 그릴에 살짝 익힌 후 다진 양파와 버섯을 버터에 볶아서 화이트 와인을 붓고 졸이다가 샤토브리앙 소스 및 베어네이즈béarnaise sauce를 얹어 낸다. 이 소스는 데미글라스 소스를 넣고 끓인 것에 소금, 후추 등으로 간한 것이다.

6) 뵈프 부르기뇽bœuf bourguignon

뵈프 부르기뇽은 쇠고기 사태살에 부르고뉴산 적포도주를 듬뿍 붓고 양파, 마늘, 버섯 등을 넣어 오븐에서 오래 가열하여 만든 프랑스식 찜요리이다. 한국의 사태찜과 비슷하다.

7) 코코뱅coq au vin

코코뱅은 '와인 속 수탉'이라는 뜻으로 프랑스의 삶은 요리 중 하나이자 일종의 스튜로 닭고기를 와인, 돼지기름, 버섯, 그리고 기호에 따라서 마늘을 넣어 조리한 것이다. 보통 와인은 부르고뉴산을 사용하는데, 다른 프랑스 지방에서는 그 지역의 와인으로 코코뱅을 만든다.

샤토브리앙

뵈프 부르기뇽

코코뱅

영화 「라따뚜이」

라따뚜이

8) 라따뚜이ratatouille

라따뚜이는 프로방스 지방의 니스에서 유래된 채소 스튜 요리이다. 이 음식은 신선한 제철채소로 여름에 만들며, 니스풍 라따뚜이는 여름에 가지를 구할 수 없기 때문에 가지를 넣지 않고 대신 다른 호박과 토마토, 붉은 고추, 청고추, 양파, 마늘이 들어간다. 대부분 메인요리에 곁들인 반찬처럼 먹거나 쌀과 감자, 또는 간단한 프랑스빵에 곁들여 먹으며, 점심식사로도 많이 먹는다. 라따뚜이를 소재로 한 영화로 2007년 개봉한 「라따뚜이」가 유명하다.

9) 쁘띠푸르petits fours와 마롱글라세marrons glacés

쁘띠푸르는 프랑스과자뿐만 아니라 유럽 과자의 아름다움을 대표하는 것 중 하나이다. 쁘띠petits는 불어로 '작다' 혹은 '귀엽다'는 뜻이며, 푸르fours는 '솥'이라는 뜻으로 직역

쁘띠푸르

마롱글라세

하면 '솥(오븐)에 넣어서 구운 작은 것'이라는 의미이다. 한 입에 넣을 수 있는 조그마한 과자로 파이의 껍질 속에 짭짤하거나 단맛이 나는 속을 채워 넣는다.

마롱글라세는 밤을 설탕에 재웠다가 다시 설탕을 입혀 만든 후식으로, 초콜릿과 함께 프랑스인의 대표적인 간식거리이다.

10) 와인wine

프랑스 와인은 꾸준한 포도 품종 개량과 제조방법 연구로 품질이 우수하다. 또한 국가에서 마련한 제도적 장치가 한몫을 했다. 프랑스 와인 산지는 크게 보르도Bordeaux, 부르고뉴Bourgogne, 론느, 루아르, 알자스, 상파뉴 등으로 나눈다.

지역별 프랑스 와인의 특징을 살펴보면 보르도 지역의 레드와인은 붉은 빛이 진하고 불투명하며 단맛이 적고 탄닌 성분이 많으나 부드러워 '여성형 와인'이라고 한다. 부르고뉴와 론느 지역의 레드 와인은 일반적으로 선명한 붉은색을 띠며 상큼한 과일향이 풍부하다. 산도와 알코올 도수가 보르도 지역보다 높아 '남성적인 와인'이라고 한다. 로제와인은 프로방스 지역에서 주로 생산되며, 연한 붉은 빛을 띠고 투명하며 맛이 순하여 차게 해서 마시기도 한다. 루아르 강변 지역의 화이트와인은 과일향이 풍부하고 약간의 단맛이 있다. 알자스 지방의 화이트와인은 담백하고 깨끗한 맛과 과일 향이 느껴지나 단맛은

똑! **Knock!**

보졸레 누보

보졸레 누보beaujolais nouveau 와인은 그 해에 수확하여 4~5일의 빠른 발효와 숙성을 거쳐 만든 포도주이다. 원래 보졸레 누보는 보졸레 지방이나 대도시에서 와인 생산을 자축하며 일반인들이 주점에서 마시던 막포도주free-flowing wine였으나, 1951년 보졸레 지방의 한 생산업자가 출하시기를 일정하게 잡아서 마케팅의 힘을 빌려 세계적으로 유명해졌다. 1985년부터 보졸레 누보의 출하 시기는 '11월 셋째 목요일'로 정하고, 전 세계에 동시에 출하하고 축제 분위기를 조성시킨다.

보졸레 누보

똑! Knock!

AOC와 AOP

프랑스 와인의 명성을 유지하기 위한 품질관리 체계인 AOCAppellation d' Origin Controlee제도의 시초는 1737년까지 거슬러 올라가며, 현재의 AOC법은 1935년에 제정되었다. 원산지 명칭 통제법으로 1990년 7월 2일에는 와인뿐만 아니라 모든 농업 생산물에 적용하게 되었다. 이 법 아래에서의 와인은 포도 재배지역의 지리적 경계와 명칭, 사용하는 포도의 품종, 재배방법, 알코올 농도, 맛과 향에 대한 규정을 받고 있으며, 이 규정에 적합한 와인은 포도 재배지역의 명칭을 삽입하여 'Appellation ooo Controlee'라고 상표를 표시한다. 2009년 8월 1일부터 와인에 대한 유럽연합EU 법규를 받아들여 AOC가 AOP의 관리로 바뀌었다.

프랑스 크리스마스 요리

크리스마스에 프랑스인들은 흰 소시지와 푸아그라·석화·칠면조나 양고기 등을 먹는다. 프랑스의 크리스마스는 우리나라의 명절처럼 가족과 친지들이 모이는 날로 음식을 다양하게 준비한다. 대표적인 음식으로 푸아그라, 코코뱅 등이 있으며, 후식으로 '크리스마스의 장작'이라는 뜻의 부시 드 노엘buche de Noel을 먹는다.

부시 드 노엘

적다. 상파뉴 지역의 세계적인 스파클링 와인인 '샴페인'은 약간의 단맛이 나며 병을 딸 때 탄산가스로 인한 거품이 생성되어 상쾌한 맛을 낸다.

4. 밥상머리 맵시

공공장소에서의 행동양식을 뜻하는 에티켓etiquette은 프랑스어로 '예절을 익힌 사람이 왕실에 출입할 수 있는 티켓'에서 유래되었다. 프랑스는 유럽에서도 가장 식사예절을 중시하는 나라로 식탁은 단순히 식사예절을 넘어 사교의 공간으로 인식되기 때문이다.

- 초대 요청을 받으면 가능한 수락하여 참석하고, 한 번 수락 했으면 절대로 취소하지 않는다. 초대받지 않은 어린이는 동반하지 않는다.
- 모임의 성격에 맞는 복장을 하고, 정해진 시간보다 일찍 가지 않는다.
- 초대 시 감사의 표시로 꽃, 와인이나 화초 등의 가벼운 선물을 가져간다.
- 손님들이 모이면 주인은 식전주인 아페리티프 와인을 권하는데, 선택해 마신다.
- 식사시간이 매우 길다. 이야기를 많이 하며 음식을 먹고 와인을 마시기 때문에 이야기에 동참하여 분위기를 맞춘다.
- 입에 음식을 넣고 이야기하지 않는다.
- 참석인 전체가 대화에 참여하도록 자리 배치가 되어 있다. 사람이 많을 경우 좌석에 이름표가 미리 놓인다. 자리 배치는 상석인 남자 주인의 오른편에 주빈이나 최연장자가 앉고, 남녀가 번갈아 앉으며, 부부가 나란히 앉지 않는다. 자리 배치를 받으면 바로 앉지 말고, 주인과 주빈이 앉은 후에 앉는다. 앉을 때는 식탁을 향해서 섰을 때 의자의 왼쪽에서 앉고 식탁과 너무 멀리 앉지 말고 의자 등받이에 기대지 않는다.
- 의자에 앉아 식사 시작 전에 손은 자연스럽게 식탁 위에 놓거나 무릎 위에 올려놓는다.
- 냅킨은 요리가 나오기 시작할 때 펴는데, 이등분해서 접은 후 접힌 끝단이 밖을 향하게 놓고, 입을 닦을 때는 냅킨의 안쪽을 사용한다. 냅킨은 식사 후 커피를 마실 때까지 무릎에 두며, 다 사용한 후에는 식탁 위 접시 왼쪽에 가볍게 접어 둔다.
- 안주인이 식사를 시작하면 손님이 시작하고 모든 사람이 끝날 때까지 식사를 한다.
- 포크와 나이프는 요리가 나올 때마다 바깥쪽부터 좌우 한 개씩을 사용하는데, 한 번 사용한 것은 접시 위에 가지런히 올려 놓는다. 사용 중인 포크는 아래를 향하게 하고 나이프는 칼날 부분이 아래로 향하게 하여 팔八자로 걸쳐놓고, 식사가 끝나면 포크는 위를 향하게 하고 나이프의 칼날을 안쪽으로 향하게 해서 접시 중앙의 오른편 4~5시 방향에 나란히 놓는다.
- 샐러드는 기호에 따라 드레싱을 적당히 얹어 한 입에 들어갈 정도로 떠서 먹는데, 나이프로 잘라서 먹지 않는다.
- 수프는 왼손으로 수프 접시를 잡고 수프 숟가락을 앞쪽에서 뒤쪽으로 향하게 해서 소리 나지 않게 떠먹는다.

- 빵은 샐러드나 수프 등과 함께 먹기 시작하는데 손으로 알맞은 크기로 떼어서 먹는다. 고기요리나 생선요리를 먹는 사이사이에도 먹는다.
- 생선요리는 뒤집어 먹지 않는다. 윗면의 살을 먹은 다음 뼈를 발라내고 나머지 부분을 먹는다. 곁들인 레몬은 포크로 고정한 후 나이프의 넓은 면으로 살짝 눌러 즙을 낸다.
- 와인은 식사와 함께 마신다. 화이트 와인처럼 차갑게 마시는 경우에는 잔의 받침대 부분을 잡는다. 잔의 볼을 감싸듯이 잡으면 체온으로 인해 술의 온도가 변해서 와인의 제 맛을 잃게 된다.
- 후식이 제공되기 전에 핑거볼이 나오는 경우 손가락을 서너 개 물에 담갔다가 냅킨으로 닦은 후 제공되는 과일이나 케이크를 손으로 먹는다. 핑거볼에는 양손을 넣지 않는다.

똑! Knock!

영화 '마리 앙뚜와네트' 속의 테이블매너

마리 앙뚜와네트Marie Antoinette는 오스트리아 공주로 프랑스와 동맹을 위해 15세의 나이로 프랑스 황태자 루이 16세와 정략결혼을 하고 베르사이유로 입궁한다. 이 영화에서는 베르사이유 궁전의 사치스런 생활과 귀족들의 문화를 그대로 재현했다. 영화 속에서는 많은 연회와 식사 장면이 나온다.

서양요리에서 최고의 서비스는 '뜨거운 요리는 뜨겁게, 차가운 요리는 차갑게' 제공되는 것이다. 좌석 배치, 상석, 적당한 서비스 시간 등의 기본적인 요소가 포함되어 있다.

영화 속에서는 왕실의 황태자와 황태자비만을 위한 식사 장면이 많이 나온다. 황태자와 황태자비가 입장하면, 자리를 안내하는 리셉셔니스트receptionist가 맞이하여 테이블까지 안내한다. 테이블의 가장 좋은 최상석에 황태자와 황태자비를 앉힌다. 하인들은 모두 뒤에서 두 사람을 보필한다. 일거수일투족을 세밀하게 살피나, 식사에는 방해가 되지 않도록 작은 몸놀림 하나도 놓치지 않고 시중을 드는 장면에서 최고의 서비스를 엿볼 수 있다.

독일

GERMANY

Deutschland Bundesrepublik 独逸

독일연방공화국, 줄여서 독일은 중앙유럽에 있는 나라이다. 독일의 음식문화는 실용적인 독일의 국민성이 잘 드러나 조리과정이 대체로 단순하다. 예로부터 각 지방의 특색이 강한 나라로, 지방마다 즐기는 음식은 물론 먹는 법과 조리법이 각각 달라 독일의 대표적인 음식인 소시지와 맥주도 지방마다 맛의 차이가 뚜렷하다.

만나다

1. 자연 둘러보기

독일은 유럽 대륙의 중심부에 위치하며. 면적이 약 36만 km^2로 한반도의 1.6배이고 프랑스에 비하여 다소 추운 편이다. 북서부 지역은 해양성기후, 남동부는 대륙성기후를 나타낸다. 전반적으로 겨울은 한랭하며, 여름은 온화하나 변덕스러운 날씨를 보인다. 봄이 대체로 늦게 와서 여름이 짧은 편이다. 남쪽으로 갈수록 산맥에 가까워져 추워지며, 남북의 기온 차는 적은 편이다. 햇볕은 매우 적은 편으로 라인강 가의 한정된 지역에서만 포도가 재배된다. 북부는 평원, 중부는 고지대, 남부는 알프스 산맥을 끼고 있다.

2. 사회 둘러보기

독일의 수도는 베를린이다. 민족은 주로 게르만족이며, 독일어가 공용어이고, 인구는

2016년 기준으로 8,072만 명이다. 종교는 기독교 30.8%, 가톨릭교 31.5%, 이슬람교 4%로 알려져 있다.

3. 문화 둘러보기

역사적으로 독일은 프랑스, 오스트리아, 네덜란드, 영국 등과 같은 강대국과 인접해 있어 이들의 침입을 받았지만 문화적으로는 많은 영향을 받았다. 그러한 배경이 현재의 배타적이고 보수적이며 단결력이 강한 독일인들을 만들었고, 무엇이든 실용적으로 만드는 국민성이 확립되었다. 식문화에 있어서도 이탈리아, 프랑스, 오스트리아를 차례로 받아들여 자체적인 식문화로 발전시켰다. 16세기 이전에는 손으로 먹는 시기였으며, 15~16세기는 르네상스를 거치면서 식사법이 정립되고 요리가 개발된 이탈리아를 일부 독일 귀족층들이 모방하는 시기였다. 16~18세기에는 식사법에 근본적인 변화가 생긴 시기로 프랑스 절대 왕정기의 음식문화가 유럽을 선도하고 있어 독일 귀족들이 프랑스를 모방하던 시기

똑! Knock!

요리책을 통해 진정한 평등화를 이룬 호프 식사예절

산업혁명기에 일반 민중으로 확대된 귀족층과 부르주아의 호프 식사예절은 독일 평민층이 부르주아 요리와 식사예절을 모방하면서 시작되었다. 이 과정에서 부르주아들은 평민과의 차이를 두기 위해 돈이 더욱 많이 들어가는 새로운 요리와 식문화를 만들어 냈다. 이것은 귀족들의 식사예절이 부르주아로 옮겨갈 때와 같은 방법이었다. 그러나 결국 평민층의 전반적인 소득 수준 향상으로 부르주아의 노력에는 한계가 생긴다. 호프 귀족들에게서 부르주아에게 전수될 때와 같은 요리책들이 요리기술과 식사예절을 부르주아로부터 일반 민중에게 전하는 역할을 했다. 또한 농부나 노동자들 중 많은 젊은 여성이 부르주아 집에서 가정부로 일자리를 얻어 그 예절을 배워 실천했으며, 이 계층의 많은 소년들이 호텔이나 레스토랑에서 일자리를 얻어 요리와 식사예절을 체득하고, 자신들이 결혼할 때 그들의 문화로 정착시켰다.

산업혁명으로 계급을 초월한 평등화가 음식문화에서 시작되었다고 한다. 어느 정도의 차이가 남아 있었지만 요리책에서는 더 이상 신분별로 요리를 소개하거나 식사예절을 설명하지 않았다. 요리책을 통해서 진정한 의미의 신분 차별을 해소할 수 있는 계기를 만들었다.

였다. 절대 왕정기의 궁정생활에서 식사법의 기본 틀이 잡히고 오늘날 독일인들의 식습관의 전형이 성립되었다. 또 부르주아가 궁정양식을 모방하고 식습관이 상류층과 하층을 구별해 주는 결정적인 기준으로 작용하는 시기였다. 19~20세기는 식사법에 근본적인 변화는 없었으나 산업혁명으로 식사법이 더욱 정교해졌고, 소득 수준이 높아진 일반인들에게 절대군주 및 귀족들의 생활 규범인 호프hof의 식사법이 확대되었다. 이 시기는 식사법이 더 이상 상류층과 하층민을 구별하는 기준으로 작용하지 못했다.

맛나다

1. 먹을거리 이야기

독일의 음식문화는 실용적인 독일의 국민성이 잘 드러난다. 조리과정이 단순하지만 다양한 종류의 음식들은 풍부한 맛을 가지고 있다. 또한 예로부터 각 지방의 특색이 강한 나라로 이러한 특성은 음식에도 그대로 나타난다. 각 지방마다 즐기는 음식은 물론 먹는 법과 조리법이 각각 달라 독일의 대표음식인 소시지와 맥주도 지방마다 맛의 차이가 뚜렷하다.

① 동부 지역은 강한 향신료를 많이 사용한다.

② 바닷가를 접한 북부 지역은 스칸디나비아반도의 영향으로 청어와 같은 생선을 많이 먹는다.

③ 라인강 유역의 서부 지역은 양념이 강하지 않다.

④ 남부 지역은 소시지와 맥주, 감자를 이용한 요리가 다른 지역에 비해 많아 우리가 일상적으로 생각하는 독일요리에 가장 가깝다고 할 수 있다.

2. 요리거리

농·수산업이 GNP에서 차지하는 비율은 1.2%다. 농업용 토지 이용은 국토 면적의 1/2로 농업인구는 전 독일 경제활동인구의 3.1%를 차지한다. 농산물은 북부의 호밀·감자, 중부의 밀·사탕무, 서부의 낙농제품·포도, 남부의 호프 등이다. 농가에서는 가축을 사육하고 사료작물을 만들고 있다. 밀의 총생산량은 2011년 기준 세계 9위로 2,280만 톤이다. 축산물의 수요 증대에 따라 북부 독일의 저습지 등에서도 목축업이 성하다. 어업은 연안어업 외에 북해·북극해에서 조업하고 있으나, 북해의 해양오염으로 어획량은 계속 감소될 것으로 보인다. 주로 청어·대구 등이 잡힌다.

감자는 19세기에 인구수가 급격히 늘어나면서 식량 부족이 우려된 시기에 독일인들의 건강을 지켜준 작물이다. 재배기간이 짧고 영양가가 높아 감자의 도입은 독일 역사상 큰

똑! **Knock!**

감자라는 식재료가 역사 변동의 원동력

감자는 인간이 재배하고 있는 식물 중 재배 적응력이 가장 뛰어난 작물로 알려지고 있는데, 바닷가 근처에서 해발 4,880m 히말라야, 안데스 고산지역까지 재배되고 있다. 기후 지대별로는 아프리카의 사막에서부터 눈이 덮여있는 그린란드까지 다양하고 폭넓게 분포되고 있다. 감자의 원산지는 안데스 산맥 지역으로 스페인의 정복자이자 탐험가인 프란시스코 피사로Francisco Pizarro가 안데스 감자를 유럽에 소개하였다. 초기에는 땅 밑에서 자라는 감자가 불경하다고 하여 먹지 않았지만, 대기근과 전쟁 등으로 국민을 구제하기 위하여 식용으로 사용하였다.

독일의 감자요리 '아인토프(eintopf)'

1700년 무렵에 등장한 요리로 수프이다. 토마토 등으로 만든 국물에 소시지, 감자, 당근, 양파 등을 넣어 삶는다. 식당보다는 포장마차에서 볼 수 있다.

유럽 평민들에게 감자의 도입은 식량혁명을 의미했다. 감자를 통해 기존의 기근을 극복할 수 있었기 때문이다. 1770년 곡물 기근 이후 프로이센의 프리드리히 대왕은 직접 감자를 심으며 주식으로 권장했다. 현대 독일의 지성계를 대표하는 소설가 귄터 그라스Ginter Grass는 독일사의 변천과정에서 '식량으로서의 감자의 도입'을 독일사에서 프리드리히 대왕이 이룩한 위대한 군사 업적보다 더 큰 변화의 원동력이었다고 말한다.

사건으로 기억되고 있다. 이후로 고기 소비량이 급증하였으며 설탕, 밀가루의 소비가 늘어나면서 건강의 위협을 느끼게 되어 다시 채식주의자들이 늘어났다. 또한 독일인들의 철저한 환경의식 덕분에 감자와 빵, 소시지를 주로 한 식사이지만, 되도록 한 접시에 담아서 남기지 않고 먹는 습관을 강조하게 되었다.

3. 주요 먹을거리

1) 소시지와 햄wurst and ham

독일의 소시지는 겨울 저장음식으로 개발되었다. 독일어로 부르스트인 소시지는 중세의 요리법을 계승한 것으로 돼지고기에 허브를 넣은 것이 주를 이루며, 물에 삶아 먹거나 그릴에 구워 먹는데 가공방법이나 크기는 지방에 따라 다양하며 약 1,500여 종에 달한다. 뉘른베르크Nümberg의 브라트부르스트bratwurst, 레겐스부르크의 브라트부르스트, 뮌헨의 바이스부르스트weisswurst 등이 유명하다. 간으로 만든 레버부르스트leberwurst, 피와 비계로 만든 블루트부르스트blutwurst 등도 있다. 독일에는 햄의 종류도 수백 가지가 있다. 특히 락스 햄lachs ham은 돼지의 등심, 어깨, 넓적다리 등을 훈연과정만 거치고 가열하지

브라트부르스트

바이스부르스트

레버부르스트

블루트부르스트

슈바르츠발트 햄

않은 생햄이다. 락스lachs는 독일어의 '연어'라는 의미로 연어색과 닮아 붙여졌다. 슈바벤 지방 서부에 펼쳐지는 '검은 숲'이라는 뜻의 슈바르츠발트schwarzwalde에는 슈바르츠발트 햄schwarzwalde schinken이 유명하다.

2) 감자요리

감자는 독일의 기후와 잘 맞아 생산량이 많으며 주식과도 같은 음식이다. 대개 가루로 만들어 요리 재료로 쓰지만 감자를 으깨어 퓨레를 만들거나 으깬 감자에 버터를 듬뿍 넣어 굽거나 팬케이크, 크로켓croquette, 크네델knödel(또는 클뢰세klösse)을 만들어 먹는다. 크네델은 으깬 감자에 밀가루, 우유, 달걀, 햄 다진 것을 넣어 완자로 만든 것이다.

크로켓

크네델

3) 학세haxe와 아이스바인eisbein

독일에서는 닭고기, 돼지고기, 쇠고기 등의 표면을 구워 향료를 넣어 고은 요리를 감자나 빵과 함께 먹는다. 학세란 돼지나 소의 발목 윗부분을 가지고 만든 요리를 뜻한다. 슈바인스학세schweinshaxe는 뼈를 그대로 둔 돼지다릿살에 소금을 문질러 절인 후 팬에 담아 물을 넣어 오븐에서 두 시간 정도 쪄낸 요리이다. 바이에른 지방에서 즐겨먹는데 축제나 비어하우스에서 빠지지 않는 메뉴로 겉의 껍질은 바삭하고 속살은 부드러운 맛이 매력적인 요리로 맥주와 잘 어울린다. 흔히 으깨거나 얇게 썬 감자와 독일식 김치인 자우어크라우트를 곁들여 먹는다. 'schwein'은 돼지를, 'haxe'는 소나 돼지의 발목 윗부분을 뜻한다.

아이스바인은 돼지 뒷다리 고기를 소금에 절였다 통째로 삶아 얇게 썰은 것으로 양념을 곁들여 먹는다. 아이스바인 또한 자우어크라우트와 맥주와 함께 먹는다.

슈바인스학세

아이스바인

자우어크라우트

4) 자우어크라우트sauerkraut

자우어크라우트는 양배추를 발효시켜 만든 요리이다. 독일어로 '신맛이 나는 양배추'라는 뜻으로, 피클과 같은 형태로 발효를 하는데 불은 전혀 사용하지 않는다. 김치와 같이 양배추에 존재하는 다양한 유산균들에 의한 유당발효가 일어난다. 먹기 전에 화이트 와인이나 향이 있는 술을 넣어 조리하여 소시지나 햄 등과 함께 먹는다.

5) 빵

독일에서는 기원전부터 빵을 구워 먹었다. 당시 빵의 기본성분이었던 밀가루나 거칠게 빻은 밀, 물, 이스트 및 소금은 오늘날에도 크게 변함이 없다. 특히 독일 북부에서는 일찍이 밀가루를 호밀가루와 섞어서 사용했으며, 이것이 전형적인 독일 빵의 토대가 되었다. 오늘날 독일 빵의 2/3 이상이 호밀을 재료로 사용하고 있다.

독일 빵의 주재료에는 밀weizen, 호밀roggen, 오트hafer, 보리gerste, 옥수수mais, 쌀reis, 기장hirse 등이 있다. 사용하는 소맥분, 호밀가루의 배합 비율에 따라 독일 빵을 분류할 수 있다. 소맥빵weizenbrot은 소맥분 100%를 사용하거나 호밀가루 10% 이내를 첨가하여 만든 흰밀가루빵weiβbrot이다. 저배합빵은 소맥분과 물, 이스트, 소금 등만 사용하여 구운 빵이다. 유지와 설탕이 들어간 빵으로는 베를리너berliner(발효반죽을 기름에 튀긴 도넛), 헤페초프hefezopf(버터, 달걀, 설탕, 우유를 넣어 가닥 꼬기를 한 빵), 로지넨쿠켄rosinenkuchen(우유와 건포도가 들어간 서독의 과자빵), 브뢰켄brötchen(보통 아침식사용으로 즐겨먹는 빵), 카이제르젬멜kaisersemmel(남부 독일의 소형빵)이 있다.

베를리너

헤퍼초프

로지넨쿠켄

브뢰켄

카이제르젬멜

6) 맥주

1516년 빌헬름 4세의 "맥주를 만들 때 보리, 호프, 물 이외의 것을 쓰면 안 된다."는 '맥주순수령'을 500여 년간 준수해 오고 있는 '맥주의 나라' 독일은 세계 1위의 맥주 소비국이자 5,000여 종의 맥주를 생산하는 나라이다. 식수가 부족한 독일 국민들은 맥주가 술이기보다 일상적인 음료에 가까울 정도여서 맥주는 액체 빵이라고 부를 만큼 매우 소중히 여긴다. 통계에 의하면 독일인은 1년에 1인당 평균 127L, 하루 평균 350mL 정도를 마신다. 독일에는 거의 모든 지역에 맥주 양조장이 있어 각 지방마다 나름의 특색을 갖춘 독특한 맥주를 만날 수 있다. '비어 가르텐'이란 프랑스의 카페처럼 독일인들이 맥주를 마시며 인생을 논하는 곳이다. 일반적으로 맥주라고 하는 것을 독일에서는 필스너Pilsener, Pils라고 한다. 이 맥주는 독일에서 주로 소비되는 맥주로서 북부 지역에서 생산되는 제품이 유명하다.

독일에서는 옥토버페스트oktoberfes라는 세계적인 맥주 축제가 있다. 이 축제는 바이에른주 뮌헨Munchen에서 열리는데, 1810년에 시작한 독일의 전통 축제로 매년 9월 말에서 10월 첫째 주 일요일까지 약 16일 동안 열린다. 옥토버페스트에서는 평균 600~700만 L의 맥주

옥토버페스트

옥토버페스트 주출입구

필스너

여러 가지 독일맥주

가 소비되며 유럽 등 세계 각국에서 600만 명 이상의 사람들이 모인다.

7) 와인

독일은 유럽에서 포도주 생산의 북방한계 지역으로 화이트 와인이 많이 생산된다. 화이트와인의 대표적인 품종은 리슬링riesling으로 단맛은 적고 산도가 높아 향이 진한 것이 특징이다. 독일산 화이트와인은 알코올 도수가 8~10% 정도로 프랑스산 화이트 와인에 비하면 비교적 순하다. 대표적인 와인 생산지역은 라인강 주변으로 일조량을 늘리기 위해 강 양편의 산기슭에 만든 포도밭에서 9~10월에 수확한 포도로 담근다. 아르Ahr, 미테라인Mittel Rhein, 모젤-자르-루베르Mosel-Saar-ruwer, 라인가우Rheingau, 라인허센Rheinhessen, 나에Nahe, 라인팔츠Rheinpfalz, 프랑켄Franken, 뷔르템베르크Württemberg], 바덴Baden 등은 대표적인 생산지이며 이 중 라인가우는 최고급 와인을 생산하는 지역이다. 나무에 매달려 언 포도

리슬링

리슬링 화이트 와인

아이스바인

트로켄베렌아우스레제용 포도

를 수확 후 압착하여 담근 아이스바인eiswein과 부패하여 말라 오그라든 포도의 알만 수확하여 만든 트로켄베렌아우스레제trockenbeerenauslese는 품질 면에서 독일 와인의 대명사로 알려져 있다.

독일은 스파클링 와인도 유명하다. 독일에서 생산되는 스파클링 와인을 '젝트sect'라고 하는데, 프랑스 샴페인과는 다르게 병 속에서 생성되지 않고 탱크에서 가스를 만들어 내기 때문에 가격은 비교적 저렴한 편이다.

4. 밥상머리 맵시

과거 독일인들은 고기를 재료로 한 고급음식을 많이 먹는 것이 높은 사회적 지위를 나타내는 것으로 생각했다면 지금은 그러한 행동을 사회관계에 대한 무지와 자연환경에 대한 무책임성으로 일관하는 미성숙한 시민의 표징으로 생각한다. 자연환경을 보존해야 한다는 사회의식이 강하게 발현되고 있는 것은 현재 독일의 식습관을 잘 대변하고 있다.

- 뜨거운 커피나 홍차 등 음료도 소리를 내지 않고 마신다.
- 고기를 먹을 때 미리 잘라놓지 말고 그때그때 잘라서 먹는다.
- 식사 후 트림은 금물이다.
- 본인의 접시 위에 있는 음식은 남기지 않고 먹는다.

영국

UNITED KINGDOM
英國

영국의 식문화는 대영제국 시기에는 북아메리카, 중국, 인도로부터, 2차 세계대전 이후에는 이민자들에게 영향을 받았으며, 영국의 전통음식과 함께 상호작용을 하며 발달해 왔다. 프랑스나 이탈리아 요리의 영향도 크게 받았으며, 산업혁명으로 인해 상공업이 활성화되면서 도시의 인구가 많아졌다. 도시의 바쁜 일과로 인해 간단한 조리법의 요리를 선호하게 되었다.

만나다

1. 자연 둘러보기

영국의 면적은 약 24만 km^2으로 한반도의 1.1배이다. 위도가 비교적 높지만 기후는 편서풍과 걸프만류 덕분에 온난 다습하다. 겨울 날씨가 춥지는 않지만 비가 오는 날이 많고 바람이 적은 날에는 안개가 많이 낀다. 유럽의 중앙인 프랑스와 독일의 북서쪽에 대서양을 끼고 마주보고 있는 섬나라이다.

2. 사회 둘러보기

영국의 수도는 런던이다. 인구는 2016년 기준으로 약 6,443만 명이며, 켈트족, 이탈리아의 로만족, 독일의 앵글로색슨족과 프랑스의 노르만족들로 구성되어 있다. 5세기까지 로마에 의한 통치기간 중에 가톨릭교가 도입되어 국교로 숭배되었으나, 16세기에 성공회가 수립되어 잉글랜드를 중심으로 영국 각지에 보급되었다. 스코틀랜드 지방에는 기독교가 도입되어 스코틀랜드 국교로서 인정받고 있다.

3. 문화 둘러보기

영국은 '해가 지지 않는 나라'로 불리면서 100여 개의 식민지를 지배하였다. 대영제국 시기에는 북아메리카, 중국, 인도로부터, 2차 세계대전 이후에는 이민자들의 식문화와 영국의 전통음식이 어우러져 발달해 왔다. 프랑스요리나 이탈리아요리의 영향도 받았으며 1750년 발생한 산업혁명으로 인해 상공업이 활성화되면서 도시의 인구가 많아졌고, 도시의 바쁜 일과로 인해 간단한 조리법의 요리를 선호하게 되었다. 또한 1, 2차 세계대전을

똑! **Knock!**

커피보다 홍차를 즐기는 영국인

영국 음식문화의 특징 중 한 가지는 차문화이다. 17세기 중반에 네덜란드를 통해서 수입된 이후로 19세기 전반에 인도의 아쌈 지역에서 차가 발견된 후 영국의 중·상류층을 중심으로 차문화가 발달되기 시작하였다. 오후 4시에 하던 일을 그만두고 티 브레이크tea break를 지키는 관습은 영국인들의 음식문화에서 빼 놓을 수 없다. 영국의 차문화 번성요인 중 하나는 식민지였던 인도의 역할이 크다. 영국에서 주로 마시는 차는 인도산 차와 실론티이다. 상류계층에서는 고급의 중국산 차를 마시는 경우도 있지만 대개 아쌈, 다즐링, 닐기리 등의 인도산 차를 마신다. 일반적으로 쉽게 살 수 있는 차는 영국에서 여러 종의 차를 혼합하여 만든 '블랜디드 티'이며 순수한 종류의 차보다 이러한 혼합차를 더 좋아하는 사람들이 있는 것은 커피와 마찬가지이다.

애프터눈 티

영국인들은 하루에 6번의 티 타임을 갖는다. 아침 5시에 주로 남편이 끓여다 주는 early morning tea로 시작하여, 오전 11시경과 점심식사 후, 오후 3~4시에 afternoon tea를, 5시경에 high tea를 그리고 저녁시간, 이렇게 6번의 차를 마신다. 현재는 티백을 주로 쓰지만, 중년층 이상에서는 찻잎을 넣어 우려마시는 것을 선호하며, 차 마시는 것이 한 잔으로 끝나는 것이 아닌 만큼 영국의 '티 브레이크'는 오후의 사교모임 중 중요한 시간이다.

겪으며 빠르고 간소한 요리법이 발달하게 되었으며, 이는 영국의 특징적인 식문화 형성의 원인이 되었다. 현재는 미국의 즉석 식문화를 재빨리 수용하는 등 전 세계의 음식문화를 끊임없이 받아들이고 변화를 시도하고 있으나, 일반적으로 영국의 기후는 일조량이 적고 기온도 낮아 농작물을 재배하기 적합하지 않으며, 청교도의 영향으로 인해 음식에 대한 감각이 상대적으로 부족하다.

맛나다

1. 먹을거리 이야기

목축업이 성하여 낙농제품이 발달하였고 유제품과 달걀은 그들의 아침상에 빼놓을 수 없는 식품이었으며 크림의 종류도 다양하다. 차와 함께 베이킹파우더를 사용하여 만든 비스킷 종류인 스콘에 지방이 많은 크림이나 약간 발효된 크림 혹은 농후 크림 등을 발라먹는다.

① 영국은 하루에 아침과 오후의 티 타임을 매우 중시하는 나라이다.

② 영국식 아침식사는 과일주스, 시리얼, 베이컨과 달걀 혹은 소시지와 훈제 청어와 토마토 등 매우 푸짐하다. 그로부터 잉글리시 블랙퍼스트라는 말이 유래되었다.

③ 감자가 많이 생산되어 다양한 감자요리가 개발되었다. 감자는 스튜와 파이, 팬케이크, 튀김, 으깬 감자 등 다양하게 이용되었다. 풍부한 생선과 감자로 개발된 피시 앤 칩스는 세계적으로 유명하다.

④ 영국인들이 일반적으로 많이 마시는 음료는 차, 맥주, 위스키 등이다. 위스키는 세계적으로 유명하다. 그 외에 진과 포르투갈에서 만든 브래디를 섞은 주정강화 와인인 포트와인, 스페인으로부터 온 주정 강화 와인인 세리주도 즐겨 마신다.

⑤ 자연스러움을 강조하여 음식 자체의 맛과 향을 중요시하므로 유럽 여러 나라들에서와 같이 향신료를 많이 쓰지 않으며, 조리법이 간단하다.

2. 요리거리

영국요리英國料理, British cuisine는 지방에 따라 그 특색이 다양하다. 섬나라이기 때문에 자연환경의 영향을 받아 해산물을 이용한 피시 앤 칩스가 세계적으로 유명하다. 목축으로 쇠고기를 많이 소비하며, 자연히 생활환경에서 많이 접하는 동물의 골회를 도자기 개발에 응용하여 '본차이나'를 발명한 나라로도 알려져 있다. 또한 역사·문화적 환경의 영향인 유럽 대륙의 영향과 근대 이후 신세계의 발견과 국부의 성장으로 북아메리카, 중국, 인도의 영향도 많이 나타난다.

영국인들이 섭취해 온 빵이나 치즈, 구운 고기나 수프, 파이, 절인 대구, 청어 등은 감자나 토마토로 만든 소스, 칠리고추를 이용하여 조리한다. 또한 커리를 이용하기도 하며 센 불에 프라이팬을 돌려가면서 볶는 중국식 조리법도 사용한다.

19세기 중반까지는 농산물을 자급자족했으나, 신대륙에서 수입이 시작되면서 축산과 원예 작물에 중점을 두게 되어 식량의 절반은 수입에 의존하고 있다. 수확량으로는 감자, 사

똑! Knock!

베이컨의 탄생

돼지고기 삼겹살 부분을 가공하여 만드는 베이컨은 14세기경 영국에서 탄생 했다. 그 당시 영국에서는 각 지역마다 영주가 있고. 농민들은 겨울에 가축 사료를 생산할 수 없어 초겨울에 돼지를 도살하여 고기들을 훈연과 소금에 절이는 것이 연중행사였다. 이렇게 가공된 돼지고기가 바로 햄과 베이컨의 시작이다. 베이컨이라는 이름은 철학자 베이컨(1561~1626)에서 기원했다는 주장이 있다. 유명 가문이었던 베이컨가에서 만든 돼지고기 가공식품을 사람들이 베이컨이라 부르기 시작한데서 유래 되었다는 견이다. 영국의 속담에 "Bring home the bacon"이라는 말이 있는데 "갖고 싶은 물건을 손에 넣었다", "끝까지 완수하다."라는 의미를 가지고 있다. 또 "Save ones bacon"을 직역하면 베이컨을 저장하라는 뜻이지만 "위험에 처했을 때 도움을 받을 수 있다."는 의미로 사용 된다. 베이컨이 이익profit이란 의미로도 사용되며 이 정보들만으로도 영국인들 생활 속에 베이컨이 깊게 녹아 있음을 알 수 있다.

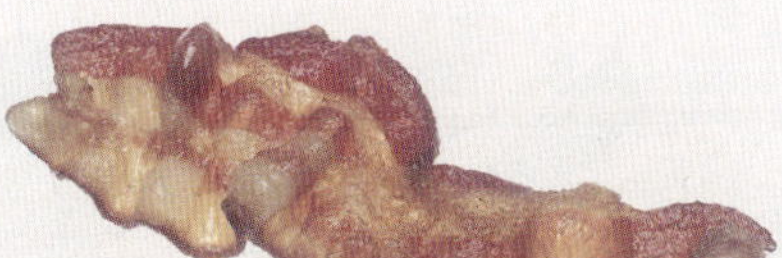

베이컨

탕무, 귀리 등이 많으나 금액으로는 축산물이 약 70%를 차지하고 있다.

전통적으로는 양고기가 육류의 주요 급원이었으며, 소시지나 베이컨의 형태인 돼지고기와 가금류의 섭취도 많다. 생선요리가 발달하여 생선의 가공저장기술도 발달하였다. 고기와 빵을 선호하였으나, 18세기 말 흉작으로 인한 식량난으로 감자를 다양하게 식재료로 이용한다.

3. 주요 먹을거리

1) 로스트 비프roast beef와 요크셔 푸딩yorkshire pudding

로스트 비프는 간단하고 꾸밈이 적은, 영국의 단순한 조리법이 잘 적용된 쇠고기 요리이다. 쇠고기 덩어리에 소금, 후추를 뿌려 통째로 모양을 잘 잡아 오븐에 굽는다. 구울 때 나오는 육즙에 레드 와인을 넣어 만든 그레이비 소스나 머스터드 등을 곁들여 먹는다. 로스트 비프에는 요크셔 푸딩을 함께 먹는다. 요크셔 푸딩은 밀가루, 달걀, 우유를 혼합하여 반죽하고 로스트 비프를 굽고 난 뒤 흘러내린 육즙의 기름을 부어 구운 푸딩이다. 바삭바삭하고 잘 부푼 것은 밤색 빛이 돈다.

2) 피시 앤 칩스fish and chips

피시 앤 칩스는 썰은 감자와 반죽한 생선을 튀겨서 만든 즉석식이다. 영국식 음식으로 외국에도 잘 알려져 있으며, 특히 해안가 마을에서 많이 팔린다. 전통적으로는 생선으로 대구를 사용한다. 해덕 대구haddock, 북대서양 대구pollock, 민대구whiting, 유럽산 가자미plaice 등, 살이 흰 종류의 생선들이 쓰이기 때문에 좋은 피시 앤 칩스 음식점은 항상 다양한 생

로스트 비프

요크셔 푸딩

피시 앤 칩스

선들 중에서 선택할 수 있게 한다.

3) 감자요리

오븐에 넣어 구운 통감자에 버터와 여러 가지 토핑을 얹은 재킷포테이토jacket potato는 가격이 저렴하고 길거리에서 쉽게 볼 수 있는 대중적인 음식이다. 영국 사람들도 산업혁명 이전에는 먹을 게 별로 없어서 추운 겨울 동안 감자를 주식으로 많이 먹었는데, 여러 가지 토핑에 따라 맛이 달라진다. 이외에도 영국 전통 소시지인 가빈 소시지와 메시드포테이토, 그레이비 소스가 곁들여지는 뱅거스 앤 매시bangers and mash, 포테이토 케이크 등이 있다.

4) 체더 치즈cheddar cheese

영국 서머싯 주의 체더 지방에서 유래한 치즈로, 영국에서 가장 많이 판매되고 있는 제품이다. 영국 낙농업의 중심지로 풍부한 목초지와 천연동굴이 잘 형성된 영국의 체더 지방에서는 오랫동안 숙성을 거쳐야 하는 치즈가 16세기부터 제조되고 있었으며, 현재 세계에서 가장 많은 생산량을 자랑한다. 일반적으로 강한 맛을 지니며 단단한 형태를 띤다. 영국 치즈 시장의 51%를 차지한다. 체더 치즈 이외에도 스틸턴Stilton, 체셔Cheshire, 웬슬리데일 치즈Wensleydale cheese가 유명하다.

5) 해기스haggis

해기스는 스코틀랜드의 향토음식으로, 18세기 시인인 로버트 번스Robert Burns에 의해 'Address to a Haggis'라는 시가 만들어지기도 했다. 해기스는 양 또는 송아지의 내장이

재킷포테이토(또는 베이크드 포테이토)

뱅거스 앤 매시

체더 치즈

포함된 푸딩의 일종으로, 내장을 다진 양파, 오트밀, 쇠기름, 향신료, 소금 등과 섞은 뒤 위장에 넣어 삶은 요리이다. 사냥 이후 쉽게 상하는 동물의 내장을 빨리 조리한 뒤 먹기 위해 개발되었다. 스코틀랜드에서는 번스의 생일인 1월 25일에 삶아 으깬 순무와 감자를 채워 완성한 해기스에 스카치 위스키를 곁들여 먹는 전통이 있다.

6) 파이pie

파이는 구운 과자의 일종이다. 본디 파이라는 이름은 쇼트 페이스트(쇼트 크러스트)로 만든 접시 모양의 받침에 여러 가지 과일, 견과류, 고기 등을 얹어 구운 음식을 칭하는 것이었다. 후식으로 먹는 파이는 보통 여러 가지 크림이나 과일을 섞거나 견과류를 얹지만, 주요리로 먹는 경우에는 고기를 채워서 굽는다. 접시 모양의 받침대는 깔개용 파이 반죽이라고 부르고, 이것을 구운 것이 파이 껍질이다.

7) 코니시 패스티Cornish Pastie 패이스티, 파스티

영국의 남서쪽 콘웰Cornwell 지방의 대표음식으로 팬케이크의 일종이다. 콘웰 지방 고유의 전통적 노동자인 광부들의 점심으로 오늘날에는 여러 지역에서 즐겨먹는 영국 대표음식이다. 콘웰에서 이름을 따왔으며 패이스티pasty는 익힌 갈은 고기와 향신료, 감자, 각종 채소를 페이스트리 반죽으로 싸서 구운 것을 말한다. 따끈할 때 먹는 것이 가장 맛있다.

8) 샌드위치sandwich

샌드위치는 빵 조각 사이로 햄, 채소, 치즈, 혹은 잼 등을 넣어 먹는 음식이다. 오늘날

해기스

파이

코니시 패스티

같은 샌드위치가 개발 된 것은 18세기 영국에서 비롯되었다. 도박에 취했던 영국 샌드위치 백작 존 몬테규John Montagu를 위해 하인이 빵에 채소, 고기를 끼워넣어 카드 게임을 아면서 식사 대용으로 먹을 수 있도록 개발하였다. 그러나 당시 격식을 차려 식사하는 문화 탓에 잘 받아들여지지 못하였으나, 기차 안에서 먹을 수 있는 등 그 간편함 때문에 먹는 사람들이 많아져 샌드위치 백작의 이름을 따 샌드위치가 되었다.

9) 스카치 에그scotch egg

런던의 포텀 앤 메이슨Fortum & Mason 백화점이 1738년에 처음으로 개발한 것으로 알려진 스카치 에그는 18세기에는 지금과 다르게 그레이비 소스와 함께 먹었다고 한다. 스카치 에그는 반숙으로 삶은 달걀에 고기반죽을 두툼하게 감싼 후 빵가루를 묻혀 바싹하게 튀겨 낸 것이다. 스코틀랜드에는 양고기로 만든 해기스 스카치 에그가 있다.

10) 스콘scone

동양과 교역이 시작되고 영국 전역에 걸쳐 차 마시는 습관이 유행하면서 스콘은 필수적인 것이 되었다. 지금까지도 영국 전역과 옛 영국 식민지의 많은 지역에서는 매일 뜨거운 스콘에 버터를 발라 먹는다. 스콘은 초기에는 발효된 보리가루나 귀리가루로 만들었으며 지금은 기본 재료인 밀가루·소다·설탕·소금 혼합물에 크림과 달걀을 첨가하여 맛을 돋운다. 베이킹 파우더 반죽으로 만들 경우에는 건포도를 넣기도 하며 둥근 모양, 쐐기 모양, 다이아몬드 모양으로 다양하게 잘라 오븐에 굽는다.

잉글리시 샌드위치

스카치 에그

스콘

다양한 위스키 브랜드(왼쪽)와 위스키 온 더 락스

11) 스카치 위스키Scotch whisky

스카치 위스키는 스코틀랜드 지방에서 4~5세기 무렵부터 제조되었으며, 세계에서 가장 많이 소비되는 위스키로 독하고 스모키한 맛이 난다. 품질관리를 위해 위스키의 전 제조과정을 책임지는 몰트 마스터를 두고 있다. 원료에 따라 몰트 위스키, 그레인 위스키, 블렌디드 위스키가 있으며, 대표 브랜드로는 발렌타인, 시바스리갈, 조니워커 등이 있다.

4. 밥상머리 맵시

영국인은 아침식사를 중요하게 여긴다. 점심식사는 보통 주요리와 후식으로 구성된다. 저녁식사를 간단히 먹을 것인지, 정식으로 먹을 것인지는 에프터눈 티로 먹는지, 하이 티로 먹는지에 따라 결정된다.

- 여성이 식사자리에 착석할 때는 남성이 도와주는 것이 기본예절이다.
- 식사에 초대된 경우 먹지 않는 음식에 대해 미리 알려줘야 하며, 주인이 먼저 식사를 시작하면 식사를 한다.
- 너무 많은 음식을 입에 넣거나 소리를 내며 먹는 것은 예의에 어긋난 행동이다.
- 차를 마실 때는 티백을 사용하지 않고 찻잎을 찻주전자에 넣어 우린 다음 찻잎을 걸러 내는 차 거르게를 사용하는 것이 전통적인 방식이다.
- 에프터눈 티 타임에는 3단 트레이에 다양한 디저트가 담겨 나온다.

똑! Knock!

영국의 명절음식

크리스마스에는 칠면조나 거위를 통째로 구워 브레드 소스나 크렌베리 소스와 함께 낸다. 크리스마스 푸딩Christmas pudding이 빠지지 않고 나오는데 쇠기름에 빵가루와 밀가루, 말린 다진 과일과 견과류를 넣고 끓여서 식탁에 낼 때 럼주나 코냑을 뿌리고 불을 붙여 낸다. 후식으로는 부푼 페이스트리 안에 과일과 향료를 넣어 조리한 다진 고기를 넣고 가장자리를 붙여 만든 민스파이mince pie를 먹는다.

부활절은 겨울을 지내고 봄을 맞아 신선한 채소와 과일 등을 맛보게 되는 즐겁고 신나는 명절이다. 부활절에는 크리스마스 음식 외에 계피향을 넣은 밀가루 반죽으로 십자가를 만들어 빵을 장식하여 구운 핫 크로스 번hot cross bun이나 예수의 열한 제자를 상징하는 열한 개의 장식 공과 마찌판으로 덮은 케이크인 슈류베리 심넬shrewbury simnel을 먹는다.

크리스마스 푸딩

민스파이

핫 크로스 번

심넬 케이크

영화 '오만과 편견'으로 보는 식사 매너

『센스 & 센서빌리티』, 『맨스필드 공원』, 『엠마』, 『오만과 편견』 등을 저술한 영국의 유명한 소설가 제인 오스틴의 원작 중 『오만과 편견』은 1940년대 영화화된 후 65년 만에 다시 대형 스크린에 옮겨진 영국 영화이다.

영국의 식사 매너가 완성된 것은 19세기 빅토리아 여왕 때였다. 빅토리아 여왕 시기에 영화 속에서 베넷 가의 딸들과 아버지가 양자로 삼은 청년과의 저녁 식사 장면이 나온다. 일반적인 식사 매너는 음식물을 소리 내지 않고 먹거나 냅킨 사용법 등의 기술적인 부분이 강조되는데, 이 영화에서는 식사예절의 기본은 무엇보다 식사하는 모든 사람들이 편안하고, 유쾌한 분위기에서 식사해야 한다는 것을 느낄 수 있다.

남유럽

CHAPTER 6

이탈리아 스페인 포르투갈

San Marion
Firenze
ITALY
Rome
Napoli
Cagliari
Andorra
Barcelona
Porto
Madrid
PORTUGAL
SPAIN
Valencia
Lisbon
Sevilla

이탈리아

ITALY

Repubbliza Italiana 伊太利

이탈리아의 가장 큰 경쟁력은 농업이다. 세계 최대의 와인 생산지면서 세계적으로 손꼽히는 자동차 생산국이며, 패션산업과 디자인, 기계, 그리고 음식으로도 유명하다.

만나다

1. 자연 둘러보기

이탈리아는 지중해에 면하고 있으며, 프랑스, 스위스, 오스트리아, 슬로베니아, 바티칸 시티 등과 국경을 마주하고 있다. 면적은 약 30만 km^2이다. 이탈리아의 기후는 다양한데, 내륙 북부와 중부 지역의 대부분이 습한 아열대에 속한다. 국토의 대부분은 혹독한 겨울과 더운 여름을 지내며 온대계절기후 또는 지중해성 기후이다.

2. 사회 둘러보기

이탈리아의 수도는 로마Rome이다. 라틴계인 이탈리아인이 주 민족을 이루고 있으며, 언어는 라틴어를 기본으로 하는 이탈리아어를 사용하고, 존댓말이 존재한다.

인구는 2016년 기준 약 6,200만 명으로, EU 회원국 가운데 네 번째로 많다.

종교는 기독교로 이탈리아의 역사 자체도 교회사와 거의 맥을 함께해 왔다고 볼 수 있다. 이탈리아 통일 후에도 1929년부터 1978년까지 로마 가톨릭교회가 공식적인 국교였을 정도이다.

이탈리아는 오랫동안 도시국가가 지배했다. 현재는 단일 의회 공화국으로 대통령은 7년 위임제이다.

3. 문화 둘러보기

이탈리아는 로마공화국 시절 서구 문명의 중심축 역할을 하였다.

르네상스는 이탈리아에서 시작되어 유럽으로 전파되었으며, 그 결과 휴머니즘, 과학, 탐사는 물론 예술에까지 영향을 미쳤다. 이탈리아 문화의 깊이는 유명한 학자, 예술가 등에서 살펴볼 수 있다. 예술가이며 과학자였던 레오나르도 다 빈치Leonardo da Vinci, 과학자이자 수학자였던 갈릴레오 갈릴레이Galileo Galilei, 조각가이자 화가인 미켈란젤로Michelangelo Buonarroti, 그리고 이탈리아의 통일과 번영을 꿈꾸던 마키아벨리Niccolò Machiavelli와 무역상으로 시작해 여행기를 남긴 마르코 폴로Marco Polo, 서인도 항로 발견에 성공한 탐험가 크리스토퍼 콜럼버스Christopher Columbus, 항해사이며 신대륙 발견에 성공한 아메리고 베스푸치Amerigo Vespucci 등은 새로운 세계를 유럽에 안내하였다. 그 결과 신세계 무역 및 무역경로가 유럽에서 더욱 영향력을 발휘할 수 있었다. 안토니오 루치오 비발디Antonio Lucio Vivaldi는 이탈리아 베네치아의 성직자이며, 작곡가로 활동하였다.

이탈리아는 문화·예술과 수많은 기념물로 잘 알려져 있다. 피사의 사탑과 로마의 콜로세움 등 역사적 건축물은 물론 오랜 역사를 자랑하는 음식문화와 디자인, 연극, 문학, 시, 미술, 음악, 관광 등은 이탈리아를 세계적 문화국가로 꼽기에 부족함이 없다.

맛나다

1. 먹을거리 이야기

이탈리아 요리cucina italiana는 기원전 4세기부터 다양한 사회·정치 변화를 겪으며 함께 발전해 왔다. 특히 유럽인들이 세계 각지로 진출한 이후 감자, 토마토, 후추, 옥수수 등 다양한 식재료가 유입되면서 이탈리아 음식문화는 큰 변화의 과정을 겪었다. 이런 재료는 18세기 이전까지는 보급되지 않았기 때문이다.

이탈리아 요리는 지역마다 고유한 특색이 있어 다양하지만, 크게 북부와 남부로 구분한다. 다른 나라와 국경을 맞닿고 있는 북부 지방은 산업화를 기반으로 경제적 호황을 누리며 발달한 농업 덕분에 쌀이나 유제품이 사용되는 요리가 많다. 상대적으로 경제가 낙후되어 있던 남부는 지역 산물인 올리브와 토마토, 모짜렐라 치즈나 해산물을 활용한 요리가 많다.

이탈리아 식당의 종류

명칭	특징
바르 bar	커피나 주스, 술 등을 취급하는 식당으로 대개 오전 6시부터 오후 10시까지 운영함
비레리아 birreria	바의 일종으로 맥주를 주로 파는 곳
로칸다 locanda	작은 요리점, 선술집의 개념으로 과일주를 취급함
젤라테리아 gelateria	아이스크림 가게. 커피, 주류 등도 함께 파는 곳이 있음. 바bar와 프로즌 디저트 숍frozen dessert shop을 겸하거나 바와 프로즌 디저트, 페이스트리 숍pastry shop을 겸함
오스테리아 hosteria	여인숙과 흡사하며, 식사 함께 제공. 레스토랑보다 저렴하고, 타볼라 칼다보다는 고급임
파니노테카 paninoteca	이탈리아의 샌드위치인 파니니를 주로 판매하는 가게
피제리아 pizzeria	피자를 전문적으로 판매하는 식당
리스토란떼 ristorante	메뉴판을 갖추고 정식 요리를 제공하는 고급식당
타볼라 칼다 tavola calda	작은 규모의 현지 식당
트라토리아 trattoria	지방의 특색 있는 음식을 메뉴로 소규모의 가족이 경영하는 형태의 대중식당

2. 요리거리

전통적인 이탈리아 요리에는 말고기를 제외한 대부분의 육류, 해산물, 토마토, 올리브유, 치즈가 사용된다. 올리브유는 소스의 기본으로 사용되는데, 특히 북부요리의 주를 이룬다. 이에 비하여 남부는 토마토 소스를 많이 쓴다. 후추와 마늘, 늙은 호박뿐만 아니라 참치나 앤초비anchovy, acciuga, 대구 등의 해산물과 케이퍼capers 등도 사용된다.

이탈리아는 비교적 지역별 식재료 사용의 특성이 뚜렷한 편이다. 북부 이탈리아에서는 청어를 비롯한 수산물과 감자, 쌀, 옥수수, 소시지, 돼지고기를 비롯해 다양한 치즈를 요리에 사용한다. 또한 남부에 비하여 토마토 소스와 마늘, 허브를 적게 사용한 화이트 소스가 일반적이다.

반면, 리구리아 지방의 요리는 해산물에 집중되어 있으며, 바질 페스토basil pesto, 견과류, 올리브유를 흔히 사용한다. 에밀리아 로마냐 주에서는 다양한 살라미는 물론, 타르투포와 그라나 파다노grana padano, 프로슈토, 라구 소스를 흔히 사용하며 햄과 비슷한 코테키노 모데나Cotechino Modena도 흔하다.

볼로냐에서는 고기를 기본으로 한 볼로네 소스에 토마토를 곁들이며, 페스토pesto라는 초록색 소스는 제노아에서 유래하였다.

중부 이탈리아는 토마토 소스, 아마트리치아나amatriciana, 아라비아따arrabbiata, 달걀로 만드는 까르보나라carbonara 같은 소스가 대표적이다.

토마토 소스는 남부 이탈리아 요리에 주로 쓰인다. 남부 이탈리아에서는 신선한 채소, 올리브, 케이퍼 또는 해산물과 좋은 궁합을 이루는 파스타가 등장한다.

이외에도 토마토, 가지 및 신선한 또는 구운 치즈가 곁들여진 알라 노르마alla norma와 신선한 정어리, 소나무 견과류, 회향 및 올리브유 베이스로 한 파스타 콘 사르데, 마늘, 올

올리브유

바질 페스토

타르투포

리브유 및 뜨거운 고추로 맛을 낸 올리브유 페페론치노aglio olio e peperoncino 등이 있다.
후식은 제철 과일을 기본으로 바닐라, 시나몬, 리코타 치즈, 꿀을 주로 먹는다.

1) 아체토 발사미코aceto balsamico

이탈리아 북부의 피에몬테 등지에서 포도를 이용하여 만드는 것이 아체토 발사미코(발사믹 식초)이다. 포도를 착즙한 뒤 나무통에 넣어서 숙성시켜 만드는데, 이 과정에서 암갈색으로 변하고, 맛은 진하고 깊어진다. 단맛과 신맛이 자연스럽게 어우러지는데, 샐러드는 물론 고기, 젤라또 등 다양한 이탈리아 요리에 활용된다.

2) 타르투포tartufo 송로버섯

이탈리아에서는 송로버섯을 찾아내는 돼지의 능력을 매우 중요하게 여겼다. 송로버섯은 나무 뿌리 주변의 땅 속에서만 자라나 찾기가 어렵기 때문이다. 타르투포는 독특한 향기를 지니고 있으며, 수프에 넣거나 파스타 위에 뿌리거나 스테이크 위에 올려 먹는 등 다양하게 활용되는 고급 식재료이다.
타르투포 비안코tartufo bianco는 흰 송로버섯이다.

3) 라구ragù

미트 소스의 일종으로 파스타에 주로 쓰인다. 볼로냐식 소스ragù alla bolognese와 나폴리식 소스ragù alla napoletana로 나눌 수 있다.
북부 지방의 라구는 다양한 종류의 고기를 잘게 썰어 채소와 함께 볶아서 소스로 만든다. 캄파니아 주 등지의 남부에서는 라구를 소시지로 많이 만들어 먹기 때문에 채소나 토마토와 함께 넣어 조리한다. 오랫동안 끓여서 파스타에 얹어서 먹기도 한다.
아란치노arancino는 라구 소스로 속을 채운 튀김으로 모양과 색이 오렌지를 닮았다고 하여 붙여진 이름이다.

4) 토마토pomodoro

토마토는 이탈리아 요리에서 가장 전통적으로 많이 쓰이는 식재료이다. 전채요리는 물론, 파스타 소스, 피자 토핑으로 두루 쓰인다.

3. 주요 먹을거리

파스타와 피자, 치즈, 포도주는 이탈리아 요리의 핵심이다.

1) 파스타pasta

파스타는 전통 이탈리아 요리이다. 파스타는 물과 달걀로 반죽한 시트 또는 다양한 형태의 듀럼밀가루에 이스트를 넣지 않고 반죽으로 만든다.

이탈리아의 파스타는 길이, 너비, 모양에 따라 그 종류가 매우 다양하다. 건조 파스타secca와 신선한 생면 파스타fresca의 두 종류로 나눌 수 있으며, 특별히 곡물뿐만 아니라 어떻게 밀가루를 빻는지 혹은 모양이나 형태에 따른 기준으로도 나눌 수 있다. 파스타는 여러 종류의 소스와 함께 어우러진다.

봉골레 스파게티spaghetti comle vongole는 조개를 넣어 만들며, 알리오 올리오aglio olio는 마늘과 올리브유로 만든 담백한 파스타이다.

이외에도 감자로 만드는 뇨끼gnocchi도 이탈리아의 전통요리이다.

2) 피자pizza

일반적으로 토마토 소스와 치즈를 얹고 오븐에서 구운 빵의 일종이다. 살라미나 햄, 모

뇨끼

깔조네

짜렐라 치즈 등으로 속을 채운 뒤 반을 접어 만드는 깔조네calzone도 유명한 피자의 일종이다.

피자알라 모짜렐라pozza alla mozzarella는 여왕의 이름을 따라 마르게리따 피자pizza margheritta로 이름이 바뀌었다. 이외에도 나폴리 피자Neapolitan pizza, 로마식 피자Roman-style pizza, 시칠리아 라자냐 피자Sicilian lasagne pizza, 콰트로 포르마지quattro fromaggi, 디아볼라diavola 등이 있다.

3) 젤라또gelato

젤라또는 '얼리다freeze'는 뜻의 이탈리아어 젤라레gelare에서 파생된 말로 '얼렸다frozen'라는 의미이다.

10~13세기에 시칠리아를 점령했던 아랍인들에 의해 처음으로 이탈리아에 전해졌으며, 16세기 이후에 오늘날의 젤라또 형태로 발전하였다.

과일, 견과류, 초콜릿, 커피 등 젤라또에 향미를 더하는 다양한 천연 재료를 첨가하여 색다른 맛을 낼 수 있다.

4) 치즈cheeze

고르곤졸라gorgonzola는 이탈리아 북부 피에몬테piemonte의 자랑으로 세계적으로 유명한 블루 치즈이다. 에밀리아 로마냐emilia romagna 지방에는 파르미지아노 레지아노parmigiano reggiano가 유명한데, 경성치즈에 속한다. 비슷한 치즈로는 그라나 파다노grana padano가 있

젤라또

고르곤졸라

다. 피자의 맛을 더하는 버팔로 모짜렐라mozzarella 치즈도 유명하며, 신선한 맛의 리코타ricotta 치즈, 크림치즈의 일종인 마스카르포네mascarpone 치즈도 유명하다. 페코리노pecorino는 양젖으로 만든 치즈이다.

5) 리조또risotto

이탈리아식 쌀을 이용한 요리로 북부 이탈리아가 특히 유명하다.기름에 쌀과 채소 등을 넣어 볶다가 육수를 붓고 익힌다.

6) 티라미수tiramisu

이탈리아어로 '기분을 좋게 만든다'는 뜻을 지니고 있다. 부드러운 마스카포네 치즈가 주재료로 쓰이며, 커피, 카카오 등으로 만든 촉촉한 시트와 달콤한 맛이 일품이다.

7) 와인

이탈리아는 가장 많은 와인을 생산하며, 소비와 수출에서도 단연 독보적이다. 이탈리아 정부는 포도주 산업을 관리 및 통제하는 법안 DOCDenominazione di Origine Controllata를 통과시켰다. 이 법은 1963년 정부 발의로 공표되어 생산지를 표시하는 것을 근간으로 하는데, 1980년에 DOCGDenominazione di origine controllata 원산지 명칭 통제 보증으로 바뀌었다. DOCG는 원산지와 질, 생산방법, 숙성기간 등을 명시하여 품질 관리를 국가가 하는 것을 뜻한다.

리조또

티라미수

에스프레소

8) 에스프레소espresso

이탈리아식 까페caffè는 에스프레소라고 한다.

대개 커피는 데미타스demitasse 잔에 제공되는데, 까페 마끼아또espresso macchiato는 위에 우유를 곁들인다. 리스트레토ristretto는 이탈리아의 전형적인 커피로 물이 덜 들어가 맛이 강하다. 카푸치노는 거품 낸 우유를 곁들여 만드는데, 주로 아침에 많이 먹으며 오후에는 에스프레소를 마시는 것이 일반적이다.

9) 리몬첼로limoncello

시칠리아 지방에서 유래한 리몬첼로는 레몬 증류주인데, 작은 잔에 담아 식후주로 마시는 전통주이다.

리몬첼로

10) 그라파grappa

그라파 베네토 주, 피에몬트 주, 트렌티노 등 북부 지방에서 주로 생산된다. 포도를 압착하고 남은 찌꺼기로 만든 증류주이다.

똑! **Knock!**

레오나르도 다 빈치의 레시피

1981년 러시아 에르미타즈 박물관에서 한 권의 노트가 발견됐다. 126장의 삽화와 글이 담긴 이 노트는 이탈리아어의 좌우를 바꿔 해석이 힘들게 쓰였다. 이는 19세기 로마노프가 사들인 레오나르도 다 빈치의 작품과 함께 있었으며 레오나르도 다 빈치가 즐겨 쓰던 거울문자를 사용한 그의 요리노트로 추정됐다. 이 노트에는 요리 레시피, 식사요법, 식사예절, 주방도구, 조리도구 등에 대한 상세한 설명이 담겨 있었다.

레오나르도 다 빈치는 1473년 21세의 나이에 피렌체 레스토랑 '세 마리 달팽이'의 요리사가 되었다. 1478년에는 보티첼리와 함께 레스토랑 '산드로와 레오나르도의 세 마리 개구리 깃발'이라는 술집을 개업했고, 그 후 다 빈치는 요리사로서 최고의 영예인 스포르차 가문 궁정 연회 담당자가 됐다. 하지만 그의 소박한 음식들은 당시 파격적이었다. 15세기 사람들은 기름진 음식을 풍성하게 즐기는 것이 일반적이었기 때문이다.

레오나르도 다 빈치의 대표작인 '최후의 만찬' 역시 만찬과 요리라는 주제에 솔깃한 그가 의뢰를 받아들였다는 주장도 있다.

조나단 라우쓰는 레오나르도 다 빈치가 '마지막 만찬에서 예수와 제자들이 무엇을 먹었을까' 생각하고 음식들을 직접 시식한 후 음식 배치를 하는 데 2년 6개월 고민했고, 음식 선정 후에는 3개월 만에 그림을 완성했다고 전했다. 작품 속 음식들은 모두 소박하고 담백한 건강에 좋은 음식들이다.

레오나르도는 수많은 코덱스(노트)를 남겼다. 그중 한 권인 '코덱스 로마노프codex Romanoff(19세기 러시아의 로마노프 왕가가 레오나르도의 그림과 함께 구입해서 '코덱스 로마노프'라고 불림)가 1981년 상트페테르부르크 에르미타즈 박물관에서 발견됐는데, 레오나르도가 생각한 요리방법과 조리기구, 그리고 식사요법 등이 적혀 있었다.

"건강하게 살려면 닥치는 대로 먹어서는 안 된다. 그리고 저녁은 항상 모자란 듯 먹어야 한다. 꼭꼭 씹어 먹어야 하고, 무엇을 먹든 간단한 것을 제대로 익혀 먹어야 한다."

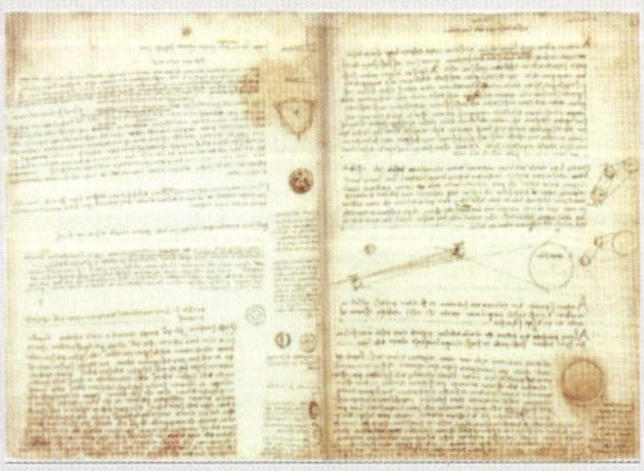

자료 : http://blog.hsad.co.kr/2198; 레오나르도 다 빈치 지음, 김현철 옮김, 2002; 레오나르도 다 빈치 지음, 김현철 옮김, 2011; 뉴스엔, 유경상 기자, 2010년 6월 20일자

이탈리아 식사 코스

명칭	설명
아페르티보 Aperitivo	식전 음식. 정찬 요리 전에 나오는 음식으로 식전주나 와인과 함께 식사
안티파스토 Antipasto	'식사 전'이라는 뜻으로 차갑거나 뜨거운 요리가 제공됨. 주로 연어나 참치로 요리한 음식이 등장함
프리모 Primo	첫 번째 순서로 파스타, 리조또, 뇨키, 폴렌타, 수프 등이 제공되며, 대개 곡류를 이용한 음식이 주를 이룸
세콘도 Secondo	두 번째 요리라는 뜻으로 생선이나 육류로 만든 정찬 요리 전통적으로는 돼지고기, 닭고기가 가장 많이 쓰이며, 이외에는 비둘기나 꿩고기 요리도 흔히 등장. 해안을 낀 지역에서는 생선도 이용함
콘토르노 Contorno	곁들여 먹는 음식으로 주로 채소나 샐러드 제공
포르마조 에 프루타 Formaggio e frutta	치즈와 과일이 제공되는 첫 번째 후식에 해당
돌체 Dolce	아이스크림이나 과일, 과자나 케이크, 티라미수를 포함함
디제스티보 Digestivo	식후에 술을 마시면서 소화가 잘 되도록 돕는다는 의미
까페 Caffè	커피

4. 밥상머리 맵시

- 테이블에서 멀리 있는 소금, 후추 등은 무리해서 집으려 하지 말고 옆에 앉은 사람에게 조용히 전달해 주기를 부탁한 뒤 기다리는 것이 좋다.
- 식사 중에는 테이블 위에 가볍게 양손을 올려 놓는다. 단, 팔꿈치를 테이블 위에 찍거나 턱을 괴는 행동은 삼가야 한다.
- 포크나 나이프가 그릇에 부딪쳐 시끄러운 소리가 나지 않도록 주의한다.
- 뜨거운 음식을 휘젓거나 입으로 부는 행동은 피해야 한다.
- 껍데기에 담긴 달팽이 요리는 함께 제공된 전용 도구를 사용한다.
- 길이가 긴 파스타를 먹을 때에도 치아로 파스타를 끊는 것은 피해야 한다. 포크를 이용하여 돌돌 말아서 먹는 것이 좋다.
- 올리브 씨 등 삼킬 수 없는 음식은 눈에 띄지 않도록 종이 냅킨을 이용하여 살짝 뱉어서 처리한다.

- 테이블에서는 화장을 고치지 않는다.
- 와인잔에 묻은 입술 자국은 보기 좋지 않을 뿐만 아니라 기름기가 와인의 맛을 해친다. 그러므로 와인을 마시기 전에 입가에 묻은 음식물이나 립스틱 자국을 냅킨으로 살짝 닦아 줄 필요가 있다.
- 식사하는 도중 커틀러리를 실수로 떨어뜨렸다면 직접 줍지 말고, 서비스를 부탁한다.
- 빵은 나이프로 가르지 않고, 손으로 떼어서 먹는다.
- 식사 중에는 포크와 나이프를 여덟 팔八자의 방향으로 놓고, 식사를 마친 뒤에는 포크와 나이프를 4~5시 방향으로 나란히 두되, 나이프의 날은 포크를 향하게 놓는다.

스페인

KINGDOM OF SPAIN

Reino de Espana

태양의 나라 스페인은 과거 로마, 아랍의 지배 등을 거치면서 다양한 문화를 융합, 발전하는 독특한 문화 전통을 가지고 있다. 수백 년간 아랍의 지배를 받은 까닭에 사회 내 이슬람 문화의 흔적이 많이 나타나며, 지중해에 면해 있어 우리나라의 식생활과 상당부분 닮아 있다.

만나다

1. 자연 둘러보기

유럽 남서부 이베리아 반도에 위치하고 있으며, 북으로는 프랑스, 서쪽으로는 포르투갈과 마주하고 있다. EU 국가 가운데 프랑스에 이어서 두 번째로 영토가 넓은 약 50만 5,000km^{2}로 한반도의 약 2.3배이다.

지중해 연안은 여름에 기온이 낮고 겨울에 높은 지중해성 기후인 반면, 내륙지방은 겨울에 기온이 낮고 여름에 높은 대륙성 기후를 보인다. 내륙은 여름 내내 고온 건조하나 북부 해안지방은 흐리고 비 오는 날이 많으며, 겨울은 우기로 태양일수가 많지 않고 강우량이 높아 체감온도가 낮은 편이다. 내륙은 연중 건조하다. 한겨울에는 우리나라의 겨울 같은 혹한은 아니지만, 날씨가 흐리고 체감온도가 상당히 낮게 느껴진다.

마드리드를 포함한 남부 이남 지역은 한여름에 섭씨 40~43도를 오르내리는 무더운 날씨를 기록하기도 한다. 스페인은 태양의 나라답게 일반적으로 햇볕이 따갑다. 그러나 습기가 없기 때문에 불쾌지수는 높지 않다.

2. 사회 둘러보기

수도는 마드리드Madrid이다. 이 지역에 살았던 민족은 이베리아족과 켈트족이며, 라틴족이 주류를 이루고 있다. 스페인어가 모국어이며, 인구는 2016년 기준으로 약 4,856만 명이고, 입헌 군주제 국가이다. 종교는 국민의 74% 이상이 가톨릭교 신자이다.

3. 문화 둘러보기

이탈리아 다음으로 유네스코 세계유산이 많은 나라이다. 플라멩고flamenco, 투우corrida de toros가 유명하며 자연적으로 지중해와 대서양에 가까워 문화 형성에 지대한 영향을 끼쳤다. 북부지방의 알타미라 동굴에는 선사시대 유적 중 가장 유명한 벽화가 남아 있다.

스페인의 미술과 문학 등은 17세기에 전성기를 맞는다. 17세기부터 파블로 피카소Pablo Ruiz Picasso를 비롯한 디에고 벨라스케스Diego Velazouez, 프란시스코 고야Francisco Goya, 살바도르 달리Salvador Dali 등 수많은 거장이 배출됐다. 피카소는 입체파의 주역으로 새로운 기법을 선보였으며, 달리는 초현실주의 작품으로 명성을 누렸다. 작품의 대부분은 프라도 미술관과 소피아 박물관에 전시되고 있다.

10월에 열리는 스페인 인간탑 쌓기 축제

스페인은 또한 축제의 나라이다. 대부분 종교적 모티브인 것들이나 역사적 사건들과 관련 있거나 지방 특유의 향토적인 것에서 유래한 크고 작은 축제들이 존재하는 흥이 가득한 나라이다. 스페인의 축제는 다양한 기원을 지니고 있으며, 누구에게 보여주기 위한 것이 아니라 참여하기 위한 것이다. 스페인 사람들은 축제에서 새로운 삶의 활력을 얻으며, 그들의 열정과 자연스러움이 묻어나는 전통의 하나로 볼 수 있을 것이다.

맛나다

1. 먹을거리 이야기

스페인 요리는 지리적 특성의 영향으로 지역적 차이가 두드러진다. 스페인 사람들은 주로 하몬이나 소시지의 일종인 쵸리또, 스테이크 종류인 필레테, 새끼 양고기인 레차또, 돼지 껍데기와 부속물 혹은 소의 내장으로 만드는 스튜의 일종인 까요스callos, 순대와 비슷한 엠부티 등의 육식도 발달하였다. 뿐만 아니라 바다에 면해 있어서 해산물 요리가 많이 발달했으며, 지중해 연안을 통한 활발한 교역을 통해 더욱 독특한 요리가 생겨났다.

스페인은 이탈리아 및 프랑스와 함께 유명한 포도주 산지이며, 라틴 아메리카를 비롯한 여러 스페인어 언어권에 많은 영향을 끼쳤다. 가장 대표적인 음식으로 빠에야와 스페인식 소시지인 하몬이 있다.

스페인인은 하루에 식사를 다섯 번 하는 것으로 잘 알려져 있다. 하지만 일반적으로 조식은 간편하게 먹고, 점심과 저녁사이 간편하게 바에 가서 음료를 곁들인 타파스 샌드

까요스

뽈뽀

위치 등의 메리엔다merienda를 먹는다.

2. 요리거리

스페인 요리는 세계적으로 유명하다. 일반적으로 올리브유를 사용하며, 마늘과 양파를 많이 사용하는 편이다. 특히 지방별로 대표음식이 발달하였다.

1) 올리브유aceite

올리브가 이베리아반도에 처음 들어온 것은 3천 년 전으로 추정하고 있다. 올리브는 스페인의 식생활 문화에 있어서 가장 중요한 식재료이다. 전 세계 총 생산량의 40%에 육박하며, 스페인은 세계 올리브유의 제1의 생산지이며 수출국이기도 하다. 스페인산 올리브유는 유럽연합에서도 최상품으로 인정받고 있다.

2) 하몬jamon

돼지의 뒷다리를 소금에 절여 건조하여 만든 햄의 일종으로 익히지 않고 얇게 썰어서 먹는다. 도토리만 먹여서 키운 것을 최상품으로 여기는데, 이것은 하몬 이베리코Jamón ibérico라고 한다. 하몬은 최근 캐비아, 푸아그라 등과 함께 전 세계 미식가들에게 인기를 얻고 있다.

특히 남부 안달루시아 지방의 하부고 하몬Jamon de Jabugo이 대표적이다. 하부고는 우엘

올리브

하몬

바의 아라세나 산맥 근처의 지명으로 '배요따'라는 도토리 열매를 먹고 자란 큰 이베리아종 돼지의 뒷다리를 바닷소금으로 염장 처리하여 건조시키고 숙성한 것이다. 빵과 함께 곁들여 먹으며, 상온에서 오랫동안 보존 가능하다.

3. 주요 먹을거리

1) 마리스꼬marisco

마리스꼬는 스페인어로 '해산물'이라는 뜻이다. 바다로 둘러싸여 있는 스페인은 해산물이 풍부한 나라이다. 새우, 오징어, 조개, 낙지, 문어, 생선 등을 올리브유에 살짝 볶거나 그릴에 굽는 등 그 조리법이 매우 다양하다.

2) 빠에야paella

발렌시아 지방의 전통요리로 해물을 기본재료로 한 팬 요리이다. 발렌시아 지방에서 생산되는 쌀을 이용하여 닭고기, 토끼 고기 등과 해물을 넣고 팬에서 조리한 것으로 사프란을 넣어 노란색을 띤 것이 일반적이다.

3) 타파tapas

'덮개'라는 뜻으로 작은 접시에 담겨져 나오는 요리의 총칭이다. 와인과 함께 먹는 또르디야, 치즈, 하몬, 초리소 등 스페인의 다양한 음식들을 조금씩 모아놓은 것을 타파스

빠에야

타파스

꼬치니요 아사도

가스파쵸

츄로

라고 한다. 타파스는 여러 가지를 맛볼 수 있어서 흥미롭다.

4) 꼬치니요 아사도cochinillo asado

세고비야를 비롯한 중부 가스띠야 에 레온지방의 대표요리이다. 구운 새끼돼지요리로, 우리나라의 애저와 비슷하다. 갓 태어난 어린 돼지의 뱃속에 마늘, 양파, 감자 등을 넣고 올리브유와 화이트 와인을 뿌려가며 돼지고기의 피부색이 황금빛이 될 때까지 통째로 굽는다. 바삭한 껍질의 부드러운 고기 육질이 일품이다.

5) 가스파쵸gazpacho

남쪽에 위치한 안달루시아 지방의 요리로 여름철에 즐겨 먹는 차가운 수프의 일종이다. 토마토, 피망, 오이, 양파, 올리브유 등을 넣고 갈아서 만들어 냉장 보관한다.

6) 츄로churro

밀가루에 베이킹 파우더를 넣어 반죽한 것을 막대기 모양으로 밀어서 튀겨낸 음식이다. 디저트의 일종이다.

7) 초리소chorizo

다진 돼지고기에 소금, 후추, 피망 등을 넣어 건조시키거나 훈연하여 저장해 먹는 소시

초리소

샹그리아

지이다. 짭조름하고 살짝 매운맛이 있어 빵과 함께 곁들여 먹거나 와인 안주로 먹는다.

8) 비노 데 헤레스vino de Jerez, sherry

안달루시아 지방의 헤레스 테 라 프론테라Jerez de la Frontera 인근 지역에서 자란 팔로미노 포도로 만든 주정 강화 와인이다.

포트와인은 모든 당이 알코올로 되는 발효과정 중에 강화하는 데 비하여, 셰리는 발효가 완료되면 브랜디를 넣어 강화하는 방법을 취한다.

가벼운 맛의 피노fino와 보다 무거운 맛의 올로로소oloroso 등으로 나눈다.

9) 샹그리아sangria

와인에 탄산수, 레몬즙, 오렌지 등의 과일을 넣고 반나절가량 숙성시킨 뒤 차갑게 마시는 음료이다.

4. 밥상머리 맵시

- 식사시간을 매우 중요하게 여기며, 2~3시간씩 길어지기도 한다. 식사시간에 대화하는 것을 중요하게 여기므로 음식에만 집중하지 않도록 유의하고, 대화 주제를 몇 가지 준비하는 것이 좋다.
- 식당에서는 반드시 안내를 받아 자리에 착석한다. 또한 메뉴판을 받으면 먼저 마실

것을 주문한다.

- 웨이터를 소리 내어 부르지 않는다. 웨이터와 눈이 마주쳤을 때 살짝 손을 들어 의사를 표시한 후 테이블까지 왔을 때 주문하도록 한다.
- 식사시간에는 가급적 양손을 테이블 위에 두되 팔꿈치로 기대지 않도록 하며, 상대방과 식사속도를 맞춘다.
- 음식을 입에 물고 말하는 것은 예의에 어긋나며, 소리 내면서 먹는 것 또한 피해야 한다. 또한 식사 중 대화 시 손을 이용한 제스처를 할 때에는 손에 들고 있던 포크나 나이프는 내려놓는다.
- 계산을 할 때에는 자리에 앉아서 웨이터에게 물어보고 그 자리에서 계산한다. 팁 문화가 일반적이지는 않다.
- 스페인 사람들은 술을 많이 마시지는 않으므로 과하게 술을 권하는 것은 무례한 행위로 보일 수 있어 주의해야 한다.

똑! Knock!

꿈의 레스토랑, 엘 불리El bulli

미슐랭 가이드 별 셋을 무려 14년이나 유지했던 세계 최고의 레스토랑인 스페인 카탈루냐 지방의 '엘 불리'. 그곳의 수석 셰프인 페란 아드리아Ferran Adria는 미각 혁명가로 불린다. 그는 음식의 질감 및 요리 과정 등을 과학적으로 분석하여 새롭게 변형시키거나 형태를 파괴함으로써 창조하는 분자요리의 선두주자이다.

엘 불리는 2011년 7월 30일을 마지막으로 휴업을 신언했다. 여러 추측이 난무하긴 하지만 페란 아드리아의 귀환을 기다리는 세계인들은 아직도 그를 그리워하고 있다.

'엘 불리: 요리는 진행중'이라는 영화는 다큐멘터리의 형식으로 페란 아드리아 본인이 출연하여 영화의 몰입도를 더해 주고 있다.

포르투갈

PORTUGAL

The Portuguese Republic

이베리아 반도의 남서쪽에 위치한 포르투갈은 다양한 문화와 문명이 함께 어우러져 건축, 예술, 고고학적 유산을 지닌 나라이다. 2면이 바다인 탓에 유럽의 유명한 해산물 생산국이어서 해물요리가 다양하게 발달하였다.

만나다

1. 자연 둘러보기

포르투갈의 면적은 한반도의 2/5에 달하는 약 9만 2,000km²로 대서양, 지중해 및 대륙성 혼합기후이며, 5~10월의 건기와 11~4월의 우기로 구분된다.

산림은 소나무, 밤나무, 코르크나무, 유칼립투스eucalyptus가 유명하다.

2. 사회 둘러보기

민족은 이베리아족, 켈트족, 라틴족, 게르만족, 무어족 등 혼혈로 구성되어 있으며, 인구는 2016년 기준으로 약 1,083만 명이다. 언어는 로망스어계의 포르투갈어를 사용하며, 가톨릭교가 90% 이상이나 국교는 아니다.

3. 문화 둘러보기

수도는 리스본Lisbon, Lisboa이다.

15세기의 포르투갈은 대항해시대로 알려진 해외 원정 및 확장을 시작한 황금기를 그로부터 100여 년간 구가하였다. 1498년 5월 20일 인도 캘리컷에 도착한 바스쿠 다 가마Vasco da Gama가 그 예이다. 한때 스페인과 양국의 영향권 범위를 규정한 토르데시아스 조약을 체결하고, 이 조약에 따라 포르투갈은 사하라 사막 이남 연안지역에 식민지를 건설하고, 브라질과 인도양, 극동 지역으로 진출하였다.

바스쿠 다 가마

특히 1550년에 포르투갈의 무역선이 일본에 상륙하였고, 카스텔라, 템뿌라 등이 일본의 귀족들에게 인기를 얻으며 일본의 식문화에 영향을 주기도 하였다.

맛나다

1. 먹을거리 이야기

포르투갈의 요리는 맛이 풍부하고 깊어 지중해 식단으로 유명하다. 그러나 음식은 다소 짠 편에 속하며, 단맛이 강한 디저트를 선호하는 경향이 있다.

담백한 맛의 쌀과 생선요리, 돼지고기가 유명하고, 아프리카 대륙 곳곳의 토착민들에게서 전수받은 다양한 향신료 덕분에 유럽에서는 만나기 힘든 매운 음식들도 맛볼 수 있다.

2. 요리거리

1) 사프란saffran crocus

백합목 붓꽃과로, 크로커스crocus라고 부르는 꽃 중에 향신료로 가공할 수 있는 것을 사프란이라고 부른다. 레몬이나 코르크와 함께 지중해 근처 남부 유럽에서 많이 자란다. 사프란은 크로커스 꽃의 암술을 말려 얻는데, 500개의 암술을 말려야 향신료 1g이 생산될 정도로 생산량이 적다.

2) 코리앤더coriander

잎은 나물 또는 잎 줄기 채소로 이용하거나 열매를 향신료로 사용한다. 포르투갈 요리에 널리 쓰인다. 코엔트로coentro라고 하며 해산물과 야채를 주 재료로 하는 냄비요리 등의 향토요리에 주로 사용된다.

3. 주요 먹을거리

포르투갈의 음식에는 토마토, 배추, 양파 등의 채소가 많이 쓰인다.

1) 바칼라우bacalhau

절인 대구 요리로 그 조리법은 수백 가지이다. 포르투갈은 유럽에서 생선 소비량이 1위 일 정도로 생선요리가 발달하였는데, 특히 대구 요리인 바칼라우는 국가대표 음식인 셈이다.

바칼라우

2) 새끼돼지구이leitão a bairrada

스페인과 마찬가지로 포르투갈도 새끼돼지구이를 즐겨 먹는다. 부드럽고 쫄깃쫄깃한 맛이 일품이다.

3) 페이조아다feijoada

콩과 쇠고기, 또는 돼지고기를 넣어 만든 스튜의 일종으로 포르투갈, 브라질, 앙골라, 그리고 포르투갈의 식민지였던 지역들에서 흔하게 마주칠 수 있다. 페이조아다는 포르투갈어의 콩을 뜻하는 '페이장feijão'에서 유래한다.

4) 파스텔 데 나타pasteis de nata

대표적인 디저트로 18세기 리스본 인근의 수도원에서 만들기 시작하였다. 당시 수도원에서는 옷에 풀을 먹일 때 달걀 흰자를 사용하였는데, 이때 남는 노른자를 이용하여 과자를 만들었다고 한다. 에그 베네딕트와 유사하다. 나타가 마카오로 넘어가 변형된 것이 에그 타르트이다.

5) 아로스 드 마리스쿠aroz de marisco

아로스aroz는 쌀이고, 마리스쿠masisco는 갑각류의 해산물을 의미한다. 조개, 갑오징어, 새우 등을 넣고 채소와 밥을 넣어 만드는 얼큰하고 잘박한 국물요리이다.

6) 케이자다queijada와 트라바세이루travesseiro

전 세계인이 사랑하는 포르투갈 신트라Sintra 지방의 전통 디저트이다. 케이자다는 치즈를 듬뿍 넣고, 달걀, 우유, 설탕으로 만든 달콤한 디저트로 13세기부터 있었다고 한다. 트라바세이루는 '베개'라는 뜻으로, 그 이름처럼 길쭉한 모양인데 고소한 아몬드 맛이 매력적이다.

페이조아다

파스텔 데 나타

케이자다와 트라바세이루

7) 포르또porto

포르또는 건조하고 무더운 여름과 차가운 겨울을 가지고 있는 포르투갈의 북부 알트 도루Alto Douro에서 생산되는 술로, 알코올 농도는 19~22% 정도이다. 와인을 걸러낸 찌꺼기인 아구아르젠치aguardente를 증류하여 알코올 농도가 65% 이상인 독주를 첨가하여 만든다. 17세기경 영국인들은 프랑스산 와인의 대체품으로 포르투갈 포르또의 도우루강 일대를 발견하게 되었다. 이 와인을 영국까지 운송하는 과정에서 맛의 변질을 방지하기 위해 영국산 브랜디를 섞어 강하면서도 달콤한 포르또가 탄생하였다.

마데이라 와인

섬 이름이기도 한 마데이라Madeira는 화산재 속에서 자란 포도를 원료로 브랜디를 첨가하기 전 섭씨 40~50도에서 6개월간 숙성시킨 뒤 만드는 와인으로 알코올 농도 18~20%이다. 대개 6년간 오크통에 보관하다가 병입한다. 맛에 따라 Sercial(dry), Verdelho(medium-dry), Bual(medium-sweet), Malmsey(sweet)의 4가지 타입이 있다. 마데이라 와인은 셰리주, 포트 와인과 함께 세계 3대 주정 강화 와인으로 꼽힌다.

칼두 베르도

이외에도 칼두 베르도caldo verde라는 전통 수프는 갈아서 으깬 감자와 가늘게 썬 베르데 케일 혹은 양배추를 넣어 만든다. 또한 리모나다limonada는 레몬즙과 설탕, 레몬 껍질을 넣고 찬물에 우려내서 마시는 대표 음료이다.

리모나다

4. 밥상머리 맵시

• 샐러드ensalada와 수프sopa, 메인 요리인 생선요리의 페이시peixe와 육류인 카르느carne,

음료, 디저트인 소브레메지sobremese로 구성된다.

• 음료 주문은 기호에 따라 탄산수, 물, 와인 등을 주문한다.

• 포르투갈의 아침식사는 커피와 함께 시작된다. 포르투갈의 거리에는 커피를 마시거나 가볍게 식사할 수 있는 노천카페가 많다. 커피는 카페cafe 혹은 비카bica라고 부르는데 에스프레소처럼 진한 커피를 뜻한다.

똑! **Knock!**

빵pang의 머나먼 여정

문명 발상지의 하나인 메소포타미아에서 처음 만들어지기 시작한 빵은 유럽으로 전해지면서 두 개의 이름으로 번져나갔다. 영어의 'bread'와 프랑스의 'pain'이 그것이다. bread는 독일어의 'brot', 네덜란드어의 'brood', 노르웨이와 덴마크어의 'brod'와 그 맥을 같이 한다. pain은 스페인어의 'apn', '이탈리아어의 'pane', 그리고 포르투갈로 번져간다.

빵은 포르투갈의 배를 타고 일본으로 전해진다.

500년 전 대항해시대의 선두주자였던 포르투갈은 최대 식민지인 브라질을 통하여 엄청난 양의 사탕수수를 약탈하여 확보하였고, 이때부터 달콤한 디저트 문화가 눈부시게 발달하였다.

포르투갈에서 가장 저렴하고 맛있는 음식은 빵이다. 16세기 포르투갈인들이 일본에 들어오면서 빵이 처음 소개되었고, 이후 한국도 빵이을 받아들이게 되었다.

동북유럽

CHAPTER 7

노르웨이 스웨덴 핀란드 러시아

NORWAY
FINLAND
RUSSIA
Oslo
Helsinki
St. Petersburg
Stockholm
Moscow
SWEDEN

노르웨이
KINGDOM OF NORWAY

수려한 경관과 다양한 기후로 자연과 싸우며 살아온 노르웨이 사람들은 자연 속의 신선한 먹거리를 이용한 전통요리를 발달시켰다. 바다에서는 자연산이나 양식 어류가 풍부하며, 특히 연어는 세계적으로 유명하다.

만나다

1. 자연 둘러보기

노르웨이는 총면적이 약 32만 km²로 북쪽으로는 바렌츠해, 서쪽으로는 노르웨이해 및 북해, 남쪽으로는 스카게라크 해협과 접하고 있으며, 동쪽으로는 스웨덴, 핀란드, 러시아와 접하고 있다. 국토는 남북으로 좁고 긴 형태를 하고 있으며, 2만 km의 해안선과 남단과 북단을 일직선으로 연결하는 1,750km의 피오르fiord가 유명하다. 노르웨이에는 15만 개의 섬이 있으며 국토의 30%가 북극권에 속한다.

피오르

북극권이 속한 고위도와 가깝지만 일반적으로 온화한 편이다. 육지의 대부분은 스칸디나비아 산맥이 차지하고 있다. 여름과 겨울의 낮과 밤의 길이차가 크며, 특히 북부 노르웨이에서는 여름에 백야白夜 현상이 나타난다.

2. 사회 둘러보기

수도는 오슬로Oslo이다. 노르웨이에는 켈트족, 게르만족이 거주하고 있으며, 총인구는 2016년 기준으로 약 526만 명이다. 넓은 국토에 비해 인구가 적어 유럽에서 아이슬란드 다음으로 인구밀도가 낮다.

민족성이 소박하고 온화하지만 역사를 거슬러 올라가면 선조들은 8세기 무렵부터 300년 동안 약탈과 교역을 일삼았던 노스인이라는 바이킹이었다.

언어는 덴마크어의 영향을 받은 북몰Bokmal어와 노르웨이 지방의 고유어인 니노르스크Nynorsk어가 공식어로 통용된다. 국민의 94%가 루터교이다.

3. 문화 둘러보기

1536년 이후 덴마크 귀족들의 이주로 노르웨이 문화는 덴마크의 영향을 많이 받았다. 관리들은 대개 덴마크인들이었고, 성직자들도 덴마크 출신이거나, 코펜하겐에서 교육을 받은 사람들이었다.

노르웨이는 피오르와 스칸디나비아 산맥 기슭의 메마른 토지에 살며 수십 년 전까지 영세 어업 중심의 가난한 나라였으나, 1969년 북해 유전의 발견으로 현재 세계 6위의 원유수출국이다. 덕분에 유럽에서 가장 풍요로운 복지국가이며 최고의 인권국가로 '인간개발지수HDI가 매년 세계 1위를 차지하고 있다. 또한 양성 평등이 가장 잘 되어 있는 나라로 '여성권한지수GEM'도 세계 1위다. 반면 세금이 높은 것으로 유명하며 실질적으로 소득의 26~54%를 내고 있으나 연 수입의 14%를 다음 해의 휴가수당으로 국가가 지원하는 제도가 있다. 노르웨이는 고립되기 쉬운 지형으로 지역주의의 전통이 뿌리 깊게 박혀 있다.

노르웨이는 베르겐 국제 페스티벌과 트론헤임의 성 울라프 문화축제가 유명하다.

맛나다

1. 먹을거리 이야기

자연산이나 양식어류가 풍부하며 기후의 영향으로 과일의 숙성기간이 길어 과일, 채소 등의 향이 풍부하다. 또한 신선한 풀을 먹고 자란 양질의 육류가 있다.

아침, 점심, 저녁, 야식 등 최소 하루 4회의 식사를 하며, 따뜻한 요리는 하루에 한 번만 먹는다. 일반적으로 저녁은 귀가 후에 5시 정도에 한다. 저녁식사가 끝나면 느긋하게 휴식을 취하기도 하고, 이른 저녁으로 야식을 즐긴다. 노르웨이 사람들의 점심은 거의 매일 변화가 없으며 보통 검은 빵에 치즈를 넣은 오픈 샌드위치를 먹는다. 석유로 인하여 생활이 윤택해졌지만 여전히 소박하고 검소한 식생활을 한다.

우리가 알고 있는 뷔페는 바다를 떠돌아다니던 바이킹들이 '스뫼르고스보르드Smörgåsbord'라는 방법으로 음식을 먹었는데 '스뫼르'는 빵과 버터, '고스'는 고기류, '보르드'는 식탁이라는 뜻으로 식사할 때 자신이 가지고 있는 음식을 가지고와서 큰 상에 올려놓고 먹고 싶은 만큼 덜어 먹는 방법으로 오늘날의 뷔페가 되었다. 일본에서는 뷔페를 '바이킹'이라고 부른다.

스뫼르고스보르드

2. 요리거리

1) 연어salmon

연어는 현재 많은 나라에 수출되고 있으며 이전에는 주로 냉동대구를 수출하였다. 연어의 등급은 슈퍼리어superior, 오디너리ordinary, 프로덕션production으로 나뉘며 각 등급에 따라 사용목적이 다르다. 슈퍼리어는 구이, 훈제, 회 등 모든 조리법에 적합한 최상 등급이다.

똑! Knock!

연어 종류 알아보기

- 왕연어(킹살몬king salmon) : 전 세계에 분포하는 연어 중 가장 큼. 맛과 품질은 최고이며, 미국, 유럽, 일본에서 대부분의 물량을 수입하며 국내에서는 유통되지 않음.
- 홍연어(사카이sockeye salmon) : 왕연어 다음으로 맛과 품질이 뛰어나며 대부분 자연산으로 유통됨
- 은연어(코호silver salmon) : 국내에서는 칠레산 훈제 연어로 유통되며, 양식으로 비교적 가격이 저렴함
- 대서양연어(아클란틱Atlantic salmon) : 전량 양식. 최근 전문점이 생길 정도로 붐을 일으킨 연어. 주요 생산국은 노르웨이임
- 시마연어(체리cherry salmon) : 국내에는 바다송어, 체리연어로 알려져 있음. 연어의 회유 형태에 따라 바다로 나가는 강하형은 바다송어가 되고, 강이나 하천에서 잡히는 것은 산천어가 됨

그 밖에 백연어(첨연어chum salmon)와 곱사연어(핑크연어humpback salmon) 등이 있음

또한 노르웨이의 연어는 트래킹tracking 시스템으로 연어의 가공 상태의 정보에서 그 과정을 추적할 수 있는 생산번호가 있어 치어에서 양식, 최종 이동을 통해 어떻게 생산, 가공되었는지를 알 수 있다.

2) 퇴르피스크tørrfisk

퇴르피스크는 노르웨이의 말린 대구이다. 최북단에서 잡히는 대구를 자연 그대로의 찬

대구

퇴르피스크(말린 대구)

바람을 맞으며 건조시킨 것이다. 이 대구는 유럽 각국에 수출되었고 와인, 밀가루, 벌꿀 같이 얻기 힘든 식재료들과 교환되었다.

3. 주요 먹을거리

노르웨이는 굽거나 훈제한 연어, 새우, 대구 요리 등 해산물 요리가 유명하다.

1) 포리콜fårikålens

뼈째로 자른 양고기와 양배추를 층층히 쌓고 통후추를 넣어 약한 불에 뭉근하게 끓인 스튜이다. 19세기 초 노르웨이에 처음 등장했다. 춥고 긴 겨울날에 유용한 음식으로 재료와 조리법이 간단하다. 포리콜은 전통적으로 삶은 감자, 코우베리cowberry 소스 또는 크랜베리cranberry 소스, 플랫 브래드flat bread를 곁들여 먹는다. 매년 9월 마지막 목요일은 포리콜의 축제일Fårikålens Festdag로 지정되어 있으며, 5월 17일 제헌절을 포함한 각종 기념일에 포리콜을 먹는다.

2) 스뫼레브뢰smørrebrød

스뫼레브뢰는 버터를 바른 호밀빵 위에 절인 청어, 얇게 썬 고기 등의 식재료를 올린 노르웨이만의 특별한 음식이다.

'버터를 바른 빵'이라는 의미로 버터를 뜻하는 '스뫼르smør'에 빵을 뜻하는 '브뢰brød'

포리콜

스뫼레브뢰

로스티드 라인디어

가이토스트

가 합쳐진 이름이다. 흔히 오픈 샌드위치open-faced sandwich라고도 한다.

가정에서는 감자, 새우, 살라메salame, 정어리sardines 등의 소박한 재료를 사용하는데, 대체로 새우에 레몬과 마요네즈, 삶은 달걀에 오이와 토마토, 소고기에 루콜라arugula, 블루치즈에 사과와 베이컨을 조합한다.

3) 로스티드 라인디어roasted reindeer

라인디어는 순록의 영어 표현으로 스테이크식으로 먹는 경우가 대부분이다. 순록보다 훨씬 큰 종인 엘크elk도 스테이크로 구워 먹는다.

4) 가이토스트geitost

가이토스트는 100% 산양의 젖으로 만든 갈색 덩어리 치즈이다. 우리나라의 고추장, 된장처럼 노르웨이의 식탁에서 빠지지 않는다. 연어처럼 모든 아침식사에서 볼 수 있다.

4. 밥상머리 맵시

대체로 유럽인들은 식사예절이 바른 편이나 노르웨이의 경우 같은 유럽권인 다른 나라에 비해서 식사예절이 엄격한 편은 아니다. 식사 중 식탁을 가로질러 소금이나 후추를 집는 등 유럽의 다른 나라의 식사예절과 비교해도 이해하기 어려운 부분이 있다.

스웨덴

KINGDOM OF SWEDEN

Konungariket Sverige

북구 지역의 계절적 영향으로 여름에는 신선한 해산물을 이용한 생 요리와 그릴요리가 발달하였고, 겨울에는 저장음식을 선호한다.

만나다

1. 자연 둘러보기

스웨덴은 스칸디나비아 반도Scandinavia Peninsula에 있다. 면적은 약 45만 km^2로 유럽에서 네 번째로 큰 나라이며, 한반도의 약 2배 크기이다.

멕시코 만류의 영향으로 같은 위도상에 있는 다른 나라보다 기후는 온난하다. 겨울은 길고 일조시간이 짧으며 춥고, 여름은 짧고 일조시간이 길며 시원하다. 수도인 스톡홀름Stockholm 이북 지역은 삼림이 무성한 반면에, 남부 지역은 빙하의 이동으로 만들어진 비옥하지 못한 평야로 일부 지역에서만 곡물 생산과 낙농업이 가능하다.

2. 사회 둘러보기

수도는 스톡홀름이며, 인구는 2016년도 기준으로 988만 명이다. 북부 원주민인 1만

7,000명의 사미인들을 포함하고 있다.

2차 세계대전 후 이민 정책으로 스웨덴은 이민자들에게 관대했으나 최근 사회 이슈가 되고 있다.

오늘날의 스웨덴인은 고대 게르만족의 한 분파였던 스베아Svear족과 고트Goth족에서 유래되었다. 금발에 파란 눈, 새하얀 피부에 키가 크고 품행이 바르다.

스웨덴어는 북게르만어군인 노르웨이어와 덴마크어와 유사하다. 북유럽 국가들과 마찬가지로 영어에 집중적인 교육을 통해 제2 언어에 가까운 구사 능력을 보여준다.

3. 문화 둘러보기

스웨덴 문학사에서 많은 외국어로 번역된 작품으로는 라게를뢰프 여사의 『닐스의 이상한 여행』과 한국 대중매체에도 널리 알려질 정도로 전 세계적으로 수천만 부가 팔리고 영화, 드라마로도 제작된 아스트리드 린드그렌Astrid Lindgren의 『삐삐 롱스타킹(말괄량이 삐삐)』이 있고, 20세기 프롤레타리아 문학을 대표하는 빌헬름 모베르그가 있다.

17~18세기의 대표적 건축은 스톡홀름 왕궁이며, 근대 건축은 20세기 초에 지은 스톡홀름 시청사를 들 수 있다. 공예 디자인도 20세기에 눈부신 발전을 이룩하였으며, 유리그릇·은그릇·직물·가구 등이 유명하다.

맛나다

1. 먹을거리 이야기

주변의 스칸디나비아 국가와 비슷하게 간단한 형태로 데치거나 튀긴 생선을 즐겨먹는다. 감자는 스웨덴 사람들에게 없어서는 안 될 주식이다. 북구 지역의 계절적 영향으로 여름에는 신선한 해산물을 이용한 생 요리와 그릴요리가 발달했고, 겨울에는 저장음식을 선호한다. 간단한 아침으로 마키베리, 샌드위치, 시리얼 등을 우유나 유제품인 필미열크, 주스, 커피 등과 함께 먹는다. 점심도 간단하게 먹는데 겨울에 해가 빨리지기 때문이다. 그 대신 저녁을 여유롭게 먹는 편이다.

2. 요리거리

스웨덴은 청어를 식초나 소금에 절이거나 프라이, 스튜 등으로 다양하게 조리해 먹는다. 특히 뷔페식의 푸짐한 저녁식사인 스뫼르고스보르드를 즐기는데 친구나 가족들을 위해 10~15가지 정도의 다양한 메뉴를 내놓는다. 청어, 장어, 연어 등의 생선요리와 햄, 냉동 고기, 샐러드, 그리고 오믈렛과 미트볼, 감자로 만든 그라탱 등이 주메뉴이다. 이외에 스칸디나비아산의 투명한 식전 증류주인 보드카 '아쿠아비트'를 즐겨 마시는데, 보드카에 한여름에 나는 쑥을 넣어 색다른 아쿠아비트를 만들기도 한다.

스웨덴에서는 건강에 좋은 고품질의 유제품이 많이 생산된다.

스뫼르고스보르드

아쿠아비트

3. 주요 먹을거리

1) 수르스트뢰밍surströmming

수르스트뢰밍은 청어를 발효시킨 것으로 최근까지만 해도 스웨덴 일부에서는 일종의 필수 식량이었다. 스웨덴 북부에서는 전통적으로 8월의 세 번째 목요일이면 야외 파티를 열고 수르스트뢰밍을 먹으며 그 해의 수르스트뢰밍절 첫날을 축하한다.

오늘날 가장 인기가 높은 곳은 북부로, 생산량도 이 지역의 울뷘 섬이 가장 많다. 수르스트뢰밍은 아몬드 감자, 곱게 다진 양파, 그리고 툰브뢰트tunnbröd라는 일종의 플랫브레드와 함께 먹는다. 맥주나 슈납스schnaps와 함께 먹지만, 우유를 선호하는 사람들도 있다.

2) 콜돌마르kåldolmar

양배추 잎에 다진 돼지고기나 쇠고기와 양파, 밥을 싸서 찐 요리다. 1709년 스웨덴의 카를 12세Karl XII는 러시아와의 폴타바Poltava 전투에서 패배한 후 몰도바 국경의 벤더Bender에 머물면서 오스만제국 사람들을 설득해 전쟁에 필요한 자금을 빌리고 있었다. 이때 일부 채권자들이 스웨덴으로 따라오면서 스웨덴에 돌마가 전해졌고, 이후 스웨덴 사람들의 입맛에 맞게 변형되었다. 삶은 감자, 브라운 소스, 링고베리 잼과 같이 먹는다.

3) 필미열크filmijolk

소화가 잘되는 유제품으로 요구르트와 비슷하나 좋은 유산균이 많이 포함되어 있다.

4) 발렌베리 버거Wallenberg burger

스웨덴을 대표하는 음식 중 하나인 발렌베리 버거는 스웨덴의 명문가인 발렌베리 가문 사람들이 조상 대대로 즐겨 먹은 전통음식이다. 많은 사람이 먹고 싶어 하자 식당에

수르스트뢰밍

콜돌마르

서 만들어 판매할 수 있도록 조리법을 공개했다. 지금은 스웨덴의 국민음식이 되었을 뿐만 아니라 스웨덴을 방문하는 사람들이 한 번씩은 먹어 보는 관광상품까지 되었다. 발렌베리 버거는 빵 사이에 삶은 감자를 버무린 것과 다진 소고기를 빈대떡처럼 납작하게 구운 것을 넣어서 만든다.

4. 밥상머리 맵시

먼저 초대를 받았을 때는 늦지 않게 도착하며, 초대하는 쪽에서는 초대의 성격을 일주일 전 쯤 미리 공지한다. 초대받은 쪽은 와인이나 꽃 정도의 선물을 가지고 가도록 한다. 식사 중에는 먹는 소리나 식기가 부딪치는 소리가 나지 않도록 한다. 식사는 먹을 만큼만 덜어서 먹고 식후에는 잘 먹었다는 고마움을 표시하는 것도 잊지 말아야 한다.

핀란드

REPUBLIC OF FINLAND

Suomen Tasavalta, Suomi

핀란드 음식은 스웨덴과 러시아의 영향을 받았으나 조리법에서 스웨덴 요리에 비해 덜 달고, 러시아인들과 비교했을 때 스메타나 크림을 적게 쓰거나 전혀 쓰지 않는다.

만나다

1. 자연 둘러보기

국토 면적은 약 34만 km^{2}이며, 핀란드어로 '호수의 나라'라는 뜻의 수오미Suomi가 된다. 핀란드는 수만 개의 호수가 국토 전반에 있어 수자원이 풍부하다. 자작나무가 전 국토를 차지하는 덕분에 목재를 활용한 가구나 생활용품 등을 많이 만들고 있다.

연중 내내 강수가 분포되어 있고 여름이 선선한 냉대기후에 해당한다.

핀란드는 북유럽 극지로서 겨울엔 해가 뜨지 않는 날들이 이어진다. 특히 핀란드에서도 중남부 지역인 탐페레만 해도 12월엔 해가 오전 10시에 떠서 낮 2시에 진다. 그러나 여름에는 정반대로 몇 달씩 해가 지지 않으며, 남부지역 또한 해가 새벽 2시 반에 떠서 밤 10시가 되어서야 지는 백야가 있다.

북유럽의 노르딕Nordic 5개 나라 중 아이슬란드와 공화국 형태를 띠며, 나머지 3개국인 스웨덴, 노르웨이, 덴마크는 입헌군주제다. 수도는 헬싱키이다. 단, 스칸디나비아에 포함되지는 않는다.

2. 사회 둘러보기

인구는 2016년 기준 약 550만 명으로 면적 대비 우리나라에 비해 상당히 적은 편이다.

민족은 핀란드인, 스웨덴인, 러시아인, 사미인으로 이루어져 있다. 원래 핀란드인은 시베리아 북서부에서 이주해 온 사람들로 까만 머리에 까만 눈을 가지고 있다. 이주해 온 우랄어족 언어를 쓰는 민족들 중 북쪽으로 올라가 정착한 이들이 핀란드인, 에스토니아인, 사미인의 선조, 남쪽으로 내려가 정착한 이들이 헝가리인들의 선조다.

공용어는 핀어(통칭 핀란드어)와 스웨덴어다. 전통적으로 루터교의 전통이 강한 핀란드는 루터교 연맹회원국 가운데 세계에서 3번째로 교인수가 많다.

3. 문화 둘러보기

핀란드인의 특성은 주변 스칸디나비아 반도와 다르다. 핀란드인은 다른 사람에게 자기 속내를 보이지 않는 성격으로 옆나라 스웨덴과는 다른 모습이다. 그래서 핀란드인들은 '고독한 늑대Lone Wolf'라는 별명을 가지고 있다.

유럽의 유명 도자기 리스트에 빠지지 않는 것 중 하나인 '아라비아'는 처음 회사가 설립된 헬싱키 교외 지역 이름이다. 기능성을 강조한 심플한 디자인이 최고 매력이다.

영화 「카모메 식당」으로 알려진 아라비아 핀란드의 '24h 아베크' 플레이트는 19세기 일본 에도시대의 접시와 매우 닮아 있다. 19세기는 일본의 이마리 자기가 대대적으로 유럽 시장에 수출되던 시기라서 그 영향을 많이 받았을 것으로 여겨진다.

아리비아 핀란드의 로고

맛나다

1. 먹을거리 이야기

시장에서는 신선한 연어와 청어 등의 해산물을 볼 수 있다. 핀란드 사람들은 다양한 생선 요리와 감자, 진한 수프, 호밀빵과 커피를 즐겨 먹고 마신다. 과거에는 핀란드의 음식은 지역마다 차이가 있었으며, 동쪽과 서쪽 지역의 음식의 차이가 컸다. 해안가나 강변가의 마을에서 생선은 요리에서 주요한 재료였지만, 동쪽과 북쪽 지역은 채소와 순록고기가 더 일반적이었다. 다양한 순무가 전통적인 요리법에 사용되었으나, 18세기에 감자가 소개된 이후에는 감자로 대체되었다.

현재의 새로운 핀란드식 요리는 가벼워지고, 양이 줄고, 다양한 채소를 포함하게 되었다. 유럽과 미국 음식에서 영향을 받았다. 예전에는 역사적으로 향신료의 접근성이 낮았기 때문에 거의 사용하지 않았으나 오늘날에는 핀란드 조리법에서 중요한 재료로 받아들여졌다.

2. 요리거리

1) 뿌로puuro

주로 아침에 먹는 죽 형태의 요리로 귀리, 보리, 밀, 쌀 등으로 만든다.

2) 순록고기

순록은 산타클로스의 썰매를 끄는 동물로 사람과 친숙하다는 이유로 식용한다는 것에 대해 논란이 있었으나, 핀란드에서는 흔히 볼 수 있는 식재료이다. 순록고기 스튜는 으깬 감자와 링곤베리가 같이 나온다. 간이 비교적 센 순록고기에 감자 퓨레, 새콤한 베리가 잘 어울린다. 순록은 지방이 적어 조금 뻣뻣한 질감을 가지고 있다.

뿌로

순록고기

링곤베리

3) 링곤베리lingonberry

'북유럽의 빨간 금'이라고 부르며 100% 자연산으로 기후 변화에 민감한 종이다. 낮은 기온에서는 견딜 수 있으나 기온이 높은 곳에서는 자라지 않는다. 수평으로 땅속 뿌리를 통해 번식하며 4~5년이 지나야 열매를 맺는다. 장수의 나라로 불리는 북유럽인의 건강 관리는 강력한 항산화 기능을 가지고 있는 링곤베리의 꾸준한 섭취가 있어서 가능하다.

딸기의 천국인 핀란드는 산딸기, 블루베리부터 링고베리, 클라우드베리 등 생소한 종류

똑! **Knock!**

자일리톨

자일리톨은 식물에서 추출한 천연감미료로서 설탕과 비슷한 단맛과 당도를 가지고 있다. 자일리톨은 핀란드에서 설탕을 대체할 물질로 개발되었고, 자작나무에서 추출한 자일란, 헤미셀룰로스 등이 주원료이다. 핀란드는 자작나무가 대표적인 산림을 이루고 있어 자일리톨을 개발하고 적극적으로 활용하게 되었다.

자일리톨은 당을 발효시켜 산을 생성함으로써 발생하는 충치균을 약화시키고 당의 발효를 막아서 충치의 원인을 제거하기 때문에 자일리톨을 껌으로 씹으면 타액이 증가하여 충치 예방에 더욱 효과적이라고 한다.

자작나무(왼쪽)와 자일리톨 껌

까지 계절별로 다양한 종류의 딸기를 맛볼 수 있다. 주로 잼을 만들거나 요리에 곁들여 먹으며, 그중에서도 블루베리로 만든 수프와 파이는 핀란드 전통 디저트로 꼽힌다.

3. 주요 먹을거리

1) 카랼란피락카karjalanpiirakka

대표적인 카리알 지방의 특산물로 고기와 감자를 빵으로 싼 것이다.

2) 칼라쿠코kalakukko

호밀 반죽 안에 소금으로 절인 생선과 돼지고기를 넣어 구운 전통요리로 오븐에 구워 내면 반죽이 크게 부풀어 재미있는 모양이 된다. 나이프로 빵 위를 열어 버터를 발라 먹다가 구멍이 어느 정도 커지면 속을 얹어 빵과 함께 먹는다. 생선살이 흐물흐물해지면서 생긴 육즙이 바삭한 빵에 스며들어 담백하면서도 고소하다.

3) 살미아키salmiakki

대중적인 간식으로 핀란드 캐러멜인 살미아키(감초사탕)는 특유의 쓴맛을 가지고 있어 처음 접하는 외국인들은 거부감을 가지지만 핀란드인들은 매우 좋아하는 음식 중 하나다. 염화암모늄 성분으로 짜고 떫은맛이 난다. 혀가 얼얼해지고 찌르는 듯한 느낌이 든다.

카랼란피락카

칼라쿠코

살미아키

4. 밥상머리 맵시

아침식사는 비교적 간단하며 대신 점심식사 시간은 시에스타까지 있어 충분히 즐긴다. 점심식사는 가장 중요시 하며, 12~2시의 식사시간은 교제의 장이기도 하다. 늦은 점심으로 저녁 식사시간은 8~9시에 먹고 떠들고 마신다.

먹는 일을 무엇보다도 소중하게 여기며 항상 대화와 함께 음악과 춤이 있다. 레스토랑에서 혼자 식사하는 모습은 거의 찾아볼 수 없고, 여러 명이 단체로 식사를 주문하여 나누어 먹는 모습을 자주 볼 수 있다. 이처럼 사람 간의 관계를 식사시간을 통해서 충분히 즐기는 식문화를 가지고 있다.

똑! **Knock!**

영화 「카모메 식당」

일본 영화 「카모메 식당」에서 오니기리를 담은 핀란드 접시는 아라비아 핀란드의 '24h 아베크' 시리즈 중 하나로 하늘을 닮은 옅은 코발트색 그릇과 흑백의 오니기리가 최상의 조화를 자아낸다.

영화 브로셔

아라비아 핀란드의 '24h 아베크'

러시아

RUSSIAN FEDERATION

러시아 음식은 향신료와 양념의 사용이 많지 않으며, 재료의 맛을 그대로 살린다. 방목을 통한 목축업이 발달해 쇠고기, 치즈, 버터 등 유제품은 종류도 다양하며 저렴하고 풍부하다.

만나다

1. 자연 둘러보기

국가별 국토 면적 순위 1위를 차지하는 러시아는 면적이 약 1,710만 km^2이다. 한반도의 77.6배, 중국의 2배, 유럽, 오세아니아, 남극 대륙 전체보다 넓은 면적을 보유한 나라이다. 국토 최서단인 칼리닌그라드에서부터 최동단인 추코트카까지 총 10개의 시간대를 사용한다.

사계절 중 겨울이 가장 길지만 1년 내내 추운 것도 아니고 여름에는 상당히 더운 날씨를 보이기도 한다. 소련 이전 러시아제국 시절 그리고 현재 러시아는 세계적인 곡물 수출국이다.

2. 사회 둘러보기

인구는 세계에서 10번째로 2016년 기준 약 1억 4,236만 명이나, 넓은 국토에 비하면 적은 편이다. 면적과 인구를 대비해 보면 인구밀도는 한국의 1/60 정도이다.

공용어는 러시아어로 인구의 약 92%인 1억 3천만 명이 모어로 삼는다. 다민족 국가 특성상 러시아인을 제외하고도 소수민족이 많기 때문에 언어도 인도유럽어족, 북서캅카스어족, 우랄어족, 고아시아어족 등으로 매우 다양하다.

러시아인들은 러시아정교, 이슬람교 등을 믿는다.

3. 문화 둘러보기

세계적인 예술가를 배출한 러시아 문화계에 대표적인 인물인 쇼스타코비치는 러시아의 자존심, 나아가 인류의 자존심이라 할 수 있다. 2차 세계대전에서 최대 피해자는 러시아인데, 그중에서도 가장 큰 상처를 남긴 곳은 당시 레닌그라드, 지금의 상트페테르부르크이다. 히틀러는 이곳을 굶주림과 폭격으로 지도상에서 흔적을 없애버리라는 명령으로 '레닌그라드 900일 봉쇄' 작전을 펼쳤다. 이런 상황에 레닌그라드 시민들의 영웅적 저항은 바로 음악이었다. 명곡의 반열에 올라 있는 쇼스타코비치의 7번 교향곡「레닌그라드」는 전쟁에 지쳐 있던 세계인 모두의 영혼에 깊은 감동을 주었으며 굶주림과 공포, 심지어 죽음까지도 극복할 수 있는 음악이었다.

맛나다

1. 먹을거리 이야기

지역마다 다양한 민족요리를 맛볼 수 있다. 모스크바와 주변 지역은 서양의 영향을 받은 음식문화가 발달했으며 동양과 서양이 만나는 곳, 특히 이르크츠크나 중앙아시아에 속하는 지역들은 동양 음식문화의 영향을 받았다. 양고기를 석쇠에 굽는 요리인 샤슬릭shashlýk, 양배추 소금절임, 요구르트 만드는 방법 등이 대표적이다.

채소, 어패류는 적고 육류 사용이 많고 소박하다. 남쪽 지방은 과일이나 채소가 풍부하지만 전국적으로 생채소가 적기 때문에 양배추, 토마토, 감자, 양파, 당근, 사탕무(비트), 오이 등의 저장채소나 염장채소가 들어가는 요리가 많다. 러시아의 주식은 감자이며, 육류를 이용한 음식들이 많다.

혹독한 자연환경으로 지방질이 풍부한 돼지고기가 쇠고기에 비해 훨씬 비싸고 양고기를 많이 쓰는 편이다. 어류는 청어·연어·대구가 있으며, 특히 캐비어는 카스피해에서 나는 것이 세계적으로 유명하다.

재료의 맛을 살린 담백한 러시아 음식은 향신료와 양념의 사용이 많지 않다. 방목을 통한 목축업이 발달해 쇠고기, 치즈, 버터 등 유제품은 종류도 다양하며 저렴하고 풍부하다.

빵은 호밀로 만든 흑빵이 유명하고, 흰빵으로는 브로치카라는 둥근 빵을 주로 아침식사로 먹는다. 유제품이 풍부하여 스메타나(사워크림), 트바로크(코티지 치즈), 버터 등을 사용한 요리도 러시아 음식의 특색이라고 할 수 있다.

귀족들의 음식문화로부터 이어온 러시아의 일반 식단은 전채, 수프, 메인 요리, 후식, 음료수 등의 코스 요리이다. 전채로는 각종 차가운 육류, 캐비어(철갑상어 알), 청어 절임 등이 대표적이며, 수프로는 양배추를 넣어서 끓이거나 배추, 생선, 향신료를 넣어 요리한 쏠랸카solanka, 생선, 양파, 양배추 등을 넣어 삶은 우하ukha(러시아식 생선 수프) 등이 있다. 메인 요리는 따뜻한 요리로 세계적으로 유명한 비프스트로게노프beef stroganoff 등이 있다. 후식으로는 아이스크림이나 각종 파이, 케이크와 홍차가 나온다. 현재 러시아의 고유음식문화를 지켜온 것은 이러한 귀족들의 음식문화가 아니라 평민들의 식생활 문화가 전해져 내려오고 있다.

2. 요리거리

1) 보드카

보드카는 러시아 전역에 걸쳐 가장 대중적인 술이며 러시아인이 가장 사랑하는 술이

보드카

사모바르

다. 원래 보드카는 알코올 도수가 정해져 있지는 않았지만 세수의 편리를 위해 40%로 통일하였다. 최근 세계보건기구WHO에 따르면 러시아의 연간 알코올 섭취량은 15.7L로 세계 4위에 해당되며, 음주로 인한 사망률이 세계 1위를 차지했다. 러시아의 고유한 문화로 알려진 높은 도수 중심의 술 소비는 건강이라는 사회적 문제로 여겨지고 있다. 이에 러시아 정부는 2012년부터 주류세를 인상하고 보드카 산업은 사양화되면서 대신 비교적 도수가 낮은 맥주 선호도를 높이고 있다.

2) 차

1638년 몽골 사절단이 차르 미하일 로마노프에게 보낸 선물로 차 200봉지를 가져온 것이 러시아인이 차를 알게 된 계기였다. 러시아는 1689년 중국과 네르친스크 조약 체결 이후 중국으로부터 차를 수입하기 시작하였고, 당시 차는 주로 병을 고치는 데 사용되었다. 차 마시는 습관의 확대와 함께 '스스로sam 끓는다varit'에서 그 이름이 유래한 차 도구인 사모바르samovar의 사용도 한층 보편화되었다. 19세기를 통해 점차 하층 계급에게도 일상적인 일이 되었다.

러시아인들은 찻잔에 설탕을 넣지 않고 먼저 설탕 덩어리를 입에 넣고 찻물을 목으로 흘려 보내는 방식vprikusku으로 차를 마신다. 설탕이 귀한 식품이었기 때문이다.

3) 유제품

목축업과 함께 우유를 가공한 버터, 치즈, 요구르트가 발달했다. 종류로는 케피르(발효

우유), 뜨바록(응고우유), 스메타나сметана(사워크림)가 있으며, 각종 요리에 만능 소스처럼 활용된다. 빵에 발라 먹거나 수프를 끓이거나 블린, 만두, 감자를 먹을 때 곁들여 먹거나 넣어 먹는다.

4) 샐러드

신선한 샐러드용 식재료가 부족한 러시아에서는 날씨가 춥고 채소값이 비싸 대부분 염장식품으로 섭취한다. 토마토절임, 무절임, 양배추절임 등이 있다. 가장 흔한 샐러드는 스뵤클라라고 부르는 사탕무 샐러드와 감자 샐러드가 있다. 한국 샐러드라 불리는 당근 샐러드는 원래 러시아에 거주하는 고려인들이 주로 먹었는데 인기 샐러드가 되었다.

당근 샐러드

5) 감자

러시아에서 흔하게 먹는 식품으로 우리의 밥과 같은 역할이다. 종류에 따라 가격이 천차만별이지만 주로 보통 kg당 25루블(1,000원)로 저렴하며 어떤 요리에도 곁들일 수 있다.

6) 캐비어

철갑상어의 알 캐비어는 세계 3대 진미 중 하나로 러시아 차르와 유럽 황실, 교황청 공식 메뉴였다. 전통적으로 캐비어란 카스피해에서 잡힌 자연산 철갑상어의 알을 말한다. 캐비어에 관한 첫 기록은 1240년대 몽고 바투칸(징기스칸의 손자)에서 시작되며, 캐비어의 어원 또한 터키말로 하비어haviar로 알이라는 뜻에서 유래

캐비어

한다는 것이 가장 유력한 설이다.

알이 크고 투명하며 색은 은흑색에서 연회갈색의 독특한 향을 가지고 있으며 서로 붙어 있지 않아야 상품이다. 주 영양성분은 단백질과 지방으로 구성되어 있으며 실제로 추운지역에서는 원주민의 생존을 유지시키는 역할도 한다. 고가의 캐비어는 보관시 -2~4℃에 냉장 보관하며, 일단 개봉한 것은 2~3일 이내에 먹어야 한다. 최근 러시아에서는 철갑상어의 개체수가 심각한 수준으로 떨어져 조업금지령을 선포하였고, 카스피해의 다른 연안 국가들도 이에 동의하였으나 중국에서는 오히려 가짜 러시아산 캐비어가 판매되어 적발한 일도 있었다. 또한 캐비어의 수요를 채우지 못해 꼬치고기 알이 그 자리를 대신하고 있으나 그 맛은 현저히 떨어진다.

3. 주요 먹을거리

1) 홀렙khleb

구운 빵만이 아니라 빵을 만드는 곡물 자체를 '홀렙khleb'이라고 한다. 밀로 만든 빵은 종종 진미로 활용되었으며, 주식으로 먹었던 빵은 호밀로 만들었다. 빵은 소금과 함께 모든 길흉사에 동반되었다. 묵직하게 무게가 나가는 빵으로 스메타나(사워크림)를 곁들여 먹거나 생굴, 캐비어 등 염기가 강한 음식을 먹을 때도 버터를 바른 흑빵으로 입가심한다. 빵과 소금은 러시아인들의 삶 속에서 손님에 대한 환대를 상징한다.

홀렙

2) 피로시키piroschki

채소나 다진 고기 등을 속에 채워 튀긴 러시아 빵이다. 오늘날에는 대부분 달걀과 파, 감자, 양배추, 다진 고기 등을 소로 사용하지만, 원래는 월귤나무 열매와 버섯을 넣어 만들었다. 그러나 요즘은 빵 속에 넣는 재료나 빵의 모양은 지역이나 취향에 따라 다르며

피로시키

블리니

쏠랸까

주로 명절이나 주말에 집에서 만들어 먹는다. 작게 만들면 피로시키, 크게 만들면 피로기라고 부른다.

3) 블리니blini

블리니는 슬라브인들이 이교도 시절에 종교의식에 사용하던 음식으로서 '태양, 좋은 날, 풍작, 행복한 결혼, 건강한 아이들'의 상징으로 보았고, 러시아판 사육제인 마슬레니차 동안에 반드시 대접해야 했던 음식이다. 오늘날 이 팬케이크는 너무나 인기가 높아서 상트페테르부르크에서는 시민들이 패스트푸드 블리니를 파는 레스토랑에 '블린도날드'라는 애칭까지 붙여 주었다.

4) 쏠랸까solyanka

러시아의 대표적 가정요리의 하나로 고기, 감자, 양배추, 생선, 향신료를 넣어 만든 음식이다. 육개장과 비슷하며 얼큰한 맛이 난다.

5) 우하ukha

생선을 주재료로 끓인 수프로 양파, 파슬리, 양배추 등의 채소를 첨가해 만들며 쌀, 콩을 곁들여 먹기도 한다.

보르시치

샤슬릭

뺄메니

6) 보르시치borscht

육수에 비트(사탕무), 고기, 토마토, 양파, 감자, 당근 등을 넣고 끓인 수프이다. 이 수프는 중세 초기에 우크라이나에서 호그위드hogweed라는 식물의 뿌리로 만들어 먹던 것이 오늘날과 같은 형태로 발전한 것으로 추정된다. 지금은 비트로 대체되어 붉은색이 특징이다. 여기에 스메타나를 넣으면 분홍색 크림수프가 된다. 어느 가정에서나 자주 이 수프를 만들어 먹는다. 토마토의 신맛과 고기의 기름기가 합쳐져 걸쭉하면서 독특한 맛을 내며, 채소가 고기의 냄새를 없애주어 향미를 증가시킨다.

7) 샤슬릭shashlik

러시아어로 '꼬치구이'라는 뜻으로 쇠고기, 양고기 등 고기뿐만 아니라 채소나 해산물 등을 먹기 좋게 잘라 양념에 재어 놓은 뒤 꼬치에 꽂아 숯불에서 고루 익혀내는 요리를 말한다. 주로 축제 요리로 보드카와 곁들여 먹는다.

8) 뺄메니pelmeni

시베리아에서 기원한 러시아식 물만두로 만두피가 두껍고 속은 고기로 채워져 있다. 끓는 물에 넣어 삶은 후에 건져 내어 스메타나 또는 향신료를 뿌려 먹는다.

9) 자쿠스카zakuska

러시아어로 애피타이저appetizer란 뜻으로 소금에 절인 채소와 햄에 캐비어를 곁들인 요리이다.

4. 밥상머리 맵시

러시아 음식들은 크게 3가지로 나뉘는데 모두 빵을 곁들여 먹는다. 첫 번째는 샐러드와 수프, 두 번째는 고기나 커틀릿 등을 밥이나 감자, 메밀과 곁들여 먹는다. 세 번째는 단 음식인 디저트로 초콜릿이나 빵에 잼을 발라 따뜻한 물 또는 차와 함께 먹는다.

단 음식을 먹을 때에는 반드시 짠 음식을 먹은 후에 단 음식을 먹는다.

중동, 아프리카

CHAPTER 8

이스라엘 이란 이라크 사우디아라비아
아랍에미리트 이집트 남아프리카공화국 케냐

Tehran
IRAQ
IRAN
ISRAEL
Baghdad
Jerusalem
Cairo
SAUDI
EGYPT
Ar-Riyad
ARABIA
KENYA
Nairobi
Mombasa
Tshwane/Pretoria
Johannesburg
SOUTH AFRICA
Cape Town

중동

MIDDLE EAST

中東

이라크, 시리아, 레바논, 요르단 등은 농산물 생산국가이다. 밀과 콩이 주요 경작물이고, 다양한 과일의 천국이다. 목축이 발달하여 양고기를 선호하는 지역으로 유목시절부터 함께 이동해 온 양이나 낙타를 이용한 요리가 일찍이 발달하였다.

만나다

1. 자연 둘러보기

중동은 동지중해부터 페르시아만까지의 영역을 포함하는 지역이다. 서아시아로 볼 수도 있으나, 중동은 북아프리카의 국가들까지도 포함한다. 중동의 정확한 경계선은 없지만 근동近東이라는 말과 동의어로 쓰이며, 극동極東의 반대 의미를 가진다.

일반적으로 이 지역은 건조하고 기온이 높다. 페르시아만 주변에 위치한 국가들은 대부분이 산유국이며, 현대의 중동은 전략, 경제, 정치, 문화, 종교적으로 민감한 지역이다.

본 장에서의 중동은 이스라엘Israel, 이란Iran, 이라크Iraq, 사우디아라비아SaudiArabia, 아랍에미리트UAE 등을 위주로 살펴보겠다.

중동 주요 국가의 자연환경

	이스라엘	이란	이라크	사우디아라비아	아랍에미리트
면적	20,770km² (한반도의 1/10배)	165만 km² (한반도의 7.5배)	438,317km² (한반도의 2배)	215만 km² (한반도의 10배)	83,600km² (한반도의 1/3배)
기후	지중해성 기후	대륙성 기후 (4계절)	건조한 사막성 기후	•리야드 등 내륙 지역 : 일반적으로 고온 건조 •젯다 등 홍해 연안과 담맘 등 걸프 연안 : 고온 다습	•해안 지역 : 여름(5~10월) 최고 기온 46℃, 습도 100%/겨 울(12~3월) 평균기온 14~23℃ •내륙 지역 : 서늘한 겨울과 덥고 건조한 여름

2. 사회 둘러보기

중동 지역의 역사는 고대로 거슬러 올라간다. 중동은 유대교, 기독교, 이슬람교의 역사적인 발원지이기도 하다. 무하마드가 창시한 이슬람교는 경전인 '코란'에서 정직, 자선, 친절, 선행 등을 강조하고 있으며, 대부분의 이슬람교도들은 평화를 추구하는 가르침을 따르고 있다.

중동 주요 국가의 사회적 환경

	이스라엘	이란	이라크	사우디아라비아	아랍에미리트
수도	예루살렘 (Jerusalem)	테헤란 (Teheran)	바그다드 (Baghdad)	리야드 (Riyadh)	아부다비 (Abu Dhabi)
민족	유대인	페르시아, 아제르바이잔	아랍계	아랍족	아랍계
언어	히브리어, 아랍어	이란어	아랍어	아랍어	아랍어
인구	약 817만 명 (2016년)	약 8,280만 명 (2016년)	약 3,815만 명 (2016년)	약 2,816만 명 (2016년)	약 593만 명 (2016년)
종교	유대교	이슬람교 (시아파, Shia)	이슬람교 (수니파, Sunni)	이슬람교	이슬람교
정치	내각책임제	정교 일치	내각책임제	정교 일치	연방대통령제

3. 문화 둘러보기

예루살렘은 기독교와 이슬람교의 성지로 순례객이 끊이지 않는다. 베들레헴, 나사렛, 갈릴리 지역들도 예루살렘과 함께 종교 관광지로서 전 세계인이 찾고 있다.

라마단Ramaḍān(아랍어 : رمضان)은 이슬람력(태음력)으로 아홉 번째 달이다. 이슬람교에서 '코란'이 계시된 달이라 여겨, 이 기간에는 해가 뜰 때부터 질 때까지 모든 음식과 흡연, 불경한 일 등을 금한다.

코셔kosher란, 히브리어로는 카슈룻이라고 하는데, 유대인들이 따르는 음식 규례이다. 코셔를 지키는 유대인들에게는 무엇을 먹고 마셔야 하는지에 대한 기준점이 되는 매우 중요한 먹거리 지표이다.

코셔 마크는 유대 율법에 따라 도살, 처리, 가공했다라는 인증이다. 코셔에 따르면 육류는 발굽이 갈라지고, 되새김질을 하는 가축인 소, 염소, 양 그리고 닭, 칠면조, 거위 등의 가금류만 먹을 수 있다. 물론 이것도 전문 도살자shochet에게 도살된 후 소금에 절여

코셔 마크

피를 제거한 육류만 가능하다. 유제품은 허용된 육류의 우유 및 유제품만 가능한데, 육류와 유제품은 동시에 섭취할 수 없다. 어류는 비늘과 지느러미가 달린 것만 허용되고, 어패류와 포유동물은 불가하며, 채소는 씨를 맺는 것만 가능하다.

이외에도 제한된 수백 가지의 규율뿐만 아니라 주방의 위생상태 및 용기 사용에 있어서도 엄격하다. 때문에 코셔 식품은 높은 품질과 건강에 좋고 안전하다는 이유로 최근 들어 전 세계의 주목을 받고 있다.

코란에 따르면 책의 민족The people of the book, 즉 유대민족에 허용되는 것은 무슬림에도 허락된다고 써 있어서 무슬림들은 할랄 음식이 없을 경우 코셔 음식으로 대체할 수 있다. 하지만, 유대인들이 믿는 구약성경(타나흐)에는 유사한 내용들이 언급되지 않아 유대인들은 할랄 식품으로 코셔 식품을 대체할 수 없다.

이란에서 차도르chador는 무슬림 여성들이 외출 시 사용하는 의류의 일종으로 온몸을 두를 수 있을 만큼의 큰 외투이다. 차도르와 달리 히잡hijab은 무슬림 여성들이 착용하는 베일의 일종이다. 얼굴은 가리지 않는 것이 특징이다.

똑! Knock!

Here is Iran (Injar Iran)

'인저 이란'이라는 말은 이란을 상대로 장사를 해본 사람들은 누구나 듣게 되는 말이다.

이란에 있는 만큼 논리가 맞든 틀리든 자신들의 방식에 따르라는 뜻이다. 이란에서 사업하려면 '되는 것도 없고 안 되는 것도 없는 나라'라는 푸념섞인 말을 하는데, 해법은 '절대 서두르지 말라'는 것뿐이다. 이런 일은 생활에서도 수도 없이 부딪히게 된다. 이는 이란뿐만 아니라 중동지역 곳곳에서 마주하게 되는 첫 번째 장벽이 될 것이다.

맛나다

1. 먹을거리 이야기

더운 기후의 유목민들에게 유용했던 육포 종류가 발달하였으며, 양고기를 가장 선호한다. 또한 치즈와 요구르트가 발달하여 시큼한 양젖으로 만든 요구르트와 대추야자를 즐겨먹는다. 술을 금기시하는 이슬람교의 교리 때문에 차와 커피류가 상대적으로 발달하였다.

이라크 음식은 레바논 음식과 더불어 레반트 지역(이라크를 포함한 레바논, 시리아, 요르단, 팔레스타인)에서 가장 유명하다. 압바스 왕조의 수도였던 바그다드로 페르시아와 터키의 인재들이 모여들면서 자연스럽게 이들 지역의 음식 문화도 함께 유입된 까닭이다. 이라크 음식은 다른 아랍 음식과 비교하여 향신료를 많이 사용하는데, 이라크 남부의 항구도시

똑! Knock!

이스라엘(유대교)의 하누카

'봉헌'이라는 뜻의 하누카Hanukkah는 안티오쿠스 4세에 의해 더렵혀진 예루살렘 성전을 기원전 164년 마카베오 혁명으로 이스라엘의 하나님 여호와께 다시 봉헌한 데에서 유래하였다. 유대력 키슬레브월(기슬월) 25일부터 8일간 지키는 유대 절기로 봉헌절, 수전절(성전을 고친 날)이라고도 한다.

수프가니아

하누카에는 기름진 음식으로 감자전latkes과 도넛의 일종인 수프가니아sufganiyot 등을 먹는다. 여기서 기름의 의미는 성전 청결을 위해 사용했던 하루 분량의 적은 기름이 8일 동안 타고 있었던 기적을 상징한다. 때문에 하누카의 상징인 촛대는 하누키아Hanukkiyah라고 해서 8일간 하나씩 붙일 수 있는 8개의 촛대와 불을 붙이기 위한 보조 촛대를 합해 총 9개로 이루어져있다. 그래서 하누카를 '빛의 축제'라고도 한다.

인 바스라가 바그다드로 운송되는 향신료 무역의 창구 역할을 했기 때문이다.

이라크인들은 레몬, 소금, 후추로 간을 한 샐러드, 오븐에 구운 쇠고기, 닭고기, 양고기와 치즈 등을 곁들인 밥 또는 빵을 일상식으로 먹는다. 아랍 요리는 무더운 기후 특성상 음식의 간이 강하며, 특히 아랍 디저트는 매우 단 것으로 유명하다.

2. 요리거리

이슬람교의 할랄halal은 이슬람어로 '허용된 것'이라는 뜻으로 이슬람 율법에 의해 무슬림이 먹고 쓸 수 있는 제품 및 서비스를 총칭한다.

식품의 경우 이슬람식 알라의 이름으로 도살된 고기(주로 염소, 닭, 소 등)는 허용되나, 술이나 돼지, 개 등은 금지되는데 이렇게 금지된 음식은 하람haram이라고 한다.

할랄 마크

1) 호르머tamr, dates

메소포타미아 시대부터 내려오는 대추야자는 현재까지도 친숙한 과일이다.

대추야자 열매는 과일의 일종으로 비타민이 풍부하고 당분이 높아 중세에는 빵이 등장하기 이전까지 중요한 영양 공급원이었다. 고대부터 건조시켜서 보존식으로 먹었으며, 가루 내어 납작한 빵처럼 구워 먹기도 하였는데, 신에게 바치는 공물이기도 하였다. 이외에도 생식은 물론 술의 원료로, 혹은 시럽으로 가공해서 빵에 바르거나 물에 타 음료로 만들거나 따뜻한 물에 담가 가축의 사료로 쓰기도 했다.

7000년 전부터 재배된 대추야자는 더위나 염분에 강하고 나무껍질부터 잎까지 이용할 수 있는 부분이 많고, 무려 25미터나 되는 거목으로 자라 나무그늘에서 채소가 재배될 수 있는 환경을 조성하기도 한다. 대추야자 과수원은 함무라비 법전 등에서 법률로 보호되었으며, 구약성서에 나오는 '생명의 나무'는 원래 대추야자의 이야기이다.

세상에서 가장 단 과일로 사막에서만 자라는 특성 때문에 원산지는 이라크, 이집트 혹은 북아프리카 일대로 추정된다.

2) 석류pomergranate

이란 과일의 대명사는 석류이다. 과일의 왕국으로 불리는 이란에서도 재배면적 중 가장 많은 부분을 차지하는 석류는 생산량이 연간 100만 톤에 달한다. 이 가운데 절반 정도는 수출한다. 석류는 이집트 피라미드 벽화에도 그려졌으며, 성서에도 수차례 등장한다. 페르시아에서는 '생명의 과일', '지혜의 과일'로 알려져 왔는데, 클레오파트라와 양귀비도 즐겨 먹었다고 한다.

아리아인은 자긍심이 높은 페르시아인의 조상이다. 아리아인으로 구성된 현재의 이란 고대 문명을 가지고 있는 가장 오래된 나라 중의 하나이다. 기원전 3천 년 전부터 석류나무의 한자 이름이 사용되었는데 바로 '안석류'이다. '안석'은 곧 안식국, 페르시아를 뜻한

호르머(대추야자)

석류

똑! **Knock!**

유대인의 축제일 식사

14~15세기의 유대인 가정의 일상적인 식사는 빵, 양배추, 샐러드, 기름, 와인 등이었다. 대부분 대식가였고, 양고기를 좋아했으며 물고기가 금기시되지는 않았지만 경시되었다.

식사는 아침에 일어나 먹고, 하루의 일이 끝난 뒤에 먹는 1일 2식이고, 중간에 경식을 한 번 먹었다. 식전에는 손씻기와 기도를 한다. 일요일은 안식일로 요리가 금지되어 전날 미리 장만했다.

경사 음식 가운데 결혼식에는 악마를 쫓는 효과가 있는 '코르판(깨가 들어간 작은 빵)'을 먹었고, 여유가 있으면 '타라레스(소맥분과 설탕, 기름으로 만든 팔찌 모양의 과자)'를 먹었다. '하다스' 의식은 신생아를 위한 축하로 손님은 엄마의 방에 모여 가레트, 도라레 등의 과자, 벌꿀을 바른 얇은 빵 등을 먹는다. 또한 남자아이라면 수탉요리, 벌꿀과 기름으로 조리한 쌀, 튀김과자인 '페뇨'가 나왔는데, 아이와 관련된 축하연에는 단것이 많았다. 장례식에는 단단하게 삶은 달걀과 녹색채소를 먹고, 음료로는 물만 마셨다.

다. 즉, 석류의 원산국이 바로 이란이라는 뜻이다. 석류는 유명한 페르시안 카페트의 염색용으로도 사용되고 있다.

3. 주요 먹을거리

1) 팔라펠falafel

아랍 음식에서 온 이스라엘의 대표 음식으로 거리의 가판대에서 흔히 만날 수 있다. 팔라펠은 간 이집트 콩을 양념하여 둥글게 빚어 튀긴 음식이다. 신선한 채소, 테히나, 후무스, 혹은 감자칩과 함께 동글고 평평한 주머니 빵인 피타빵에 넣는다. 절인 채소와 핫소스를 피타와 팔라펠에 곁들이기도 한다.

2) 슈와르마shawarma

아랍인, 터키인, 그리스인들이 즐겨 먹는 길거리 음식이다. 슈와르마는 양이나 칠면조를 겹겹이 쌓아 회전하는 꼬챙이에서 서서히 굽는 고기요리이다. 적당히 익은 고기 바깥 면

팔라펠

피타 팔라펠

슈와르마

부터 썰어서 신선한 채소, 후무스, 감자칩과 피타 또는 음식을 싸거나 말아서 먹는 이라크식 피타인 라파에 넣어 먹는다. 각종 절인 채소와 함께 먹는 것이 일반적이다.

3) 후무스hummus

후무스

후무스는 병아리콩, 칙피로 만든 아랍 음식이다. 후무스는 주로 병아리콩과 올리브유, 타히니 소스tahini sauce(참깨 페이스트), 레몬주스 등으로 만든다. 중동 지방의 식탁에서는 반드시 올리는 것 중 하나로 '후무스가 없는 식탁은 이야기가 없는 아라비안 나이트와 같다'는 격언이 있을 정도이다.

4) 무교병matzah, 無酵餠

유대인들이 이집트에서 가나안으로 탈출할 때인 유월절을 기념하여 먹는 빵 또는 크래커이다. 밀가루 반죽을 누룩없이 발효시키지 않고 그대로 구워 먹었던 것인데, 맛초트matzot라고도 한다.

5) 피타pita

중동 지역 대표적인 빵의 일종으로 둥글고 납작한 밀전병 형태와 반을 가르면 주머니 모양으로 벌어지는 형태가 있다. 피타의 속에는 다양한 속재료를 첨가하여 샌드위치처럼

맛초트

피타

쿠쿠

먹는다.

6) 양고기

양고기는 중동지역에서 가장 중요한 음식이다. 꼬치에 꿰거나 통으로 구워 먹는데, 2~3시간 동안 천천히 익힌다. 이때 배를 갈라 속에 빵을 채우면 육질이 담백하고 껍질은 바삭한 양고기 바비큐가 완성된다.

7) 오믈렛omelet

최초의 오믈렛은 고대 이란에서 만들어 먹었을 것으로 추측된다. 달걀을 푼 물에 잘게 썬 허브를 섞어 납작한 원반 모양으로 부쳐서 부채꼴 모양으로 잘라 먹는다. 이것은 오늘날 페르시아 사람들이 새해에 먹는 쿠쿠 사브지kookoosabzi와 비슷하다. 파슬리, 파, 고수, 딜 등 허브에 달걀, 호두 등을 넣고 팬에 구워 내는 일종의 오믈렛 요리이다. 페르시아 쿠쿠에서 시작된 이 음식은 중동과 북아프리카를 거쳐 유럽까지 건너가 스페인과 이탈리아의 전통 요리인 토르티야와 프리타타frittata로 만들어졌다.

이란에서는 채소를 사브지sabzi라고 한다.

이외에도 이스라엘에는 병 단위로 파는 다양한 과일 음료와 함께, 코카콜라와 같은 친숙한 탄산음료도 있다. 길거리에서 즉석 생과일 주스를 판매하는 모습을 쉽게 찾을 수 있다.

4. 밥상머리 맵시

- 사우디아라비아에서는 저녁식사에 앞서 과자를 먹는다. 저녁식사는 바닥에 비닐을 깔고 하는 것이 전통적인 방식이다. 무릎을 꿇고 쪼그리고 앉아 오른손으로 밥을 굴리거나 채소를 둥글게 말아서 먹는 수식문화권이 대부분이나 최근 젊은이들은 포크와 스푼을 이용하고 있다.
- 이슬람교에서는 예언자인 마호메트의 행동을 교도의 관습이라고 정하여 '하디스'라는 교전으로 담았다. 이슬람교의 풍습에 따르면 많은 사람이 음식을 나누어 먹는다. 따라서 참석자가 갑자기 늘어나면 환영을 받았다.
- 큰 접시에 담긴 요리는 반드시 뚜껑을 덮어 서비스한다. 이슬람교에서는 악마를 의식한 행동이 많은데, 악마가 요리에 나쁜 짓을 하는 것을 방지하기 위함이다. 식사에 오른손을 사용하는 것도 악마가 왼손잡이라고 여겼기 때문이다.
- 식사 시 원형의 카페트에 큰 쟁반을 놓고, 주변에 모여 앉는다. 이때 기대지 않고 한쪽 무릎을 세우는데 이러한 자세는 위를 압박하여 과식을 막아주는 효과도 있다. 과식은 엄격하게 금지되어 있어, 벨트로 허리를 힘껏 조이곤 한다.
- 손으로 먹기 때문에 한 입에 들어갈 정도로 잘라 입에 넣는다. 대화를 나누며 천천히 식사를 즐긴다.
- 여러가지 요리를 한꺼번에 입에 넣지 않는다.
- 소리를 내지 않고, 가까이 있는 음식을 중심으로 먹는다.
- 싫어하는 음식에 대하여 불평하지 않는다.
- 음식을 더 권해도 손님은 사양한다. 남은 음식들로 가족들이 식사를 하기 때문이다.
- 오른손의 엄지, 검지, 중지를 사용하는데, 한 입 크기로 입에 넣는다.
- 모든 행위는 오른손으로 한다. 순번은 오른쪽으로 돌고, 걸을 때는 오른발부터, 오른쪽이 상석, 문자도 오른쪽에서 왼쪽으로 쓴다.
- '할랄'이라고 하는 이슬람법에 허가된 식재료만을 먹어야 한다.
- 이란에서 식사모임에 초대를 받으면 쉬리니shirini를 주로 사간다. 식사 후 후식으로 차와 함께 곁들이는 단맛이 강한 디저트이다.

똑! Knock!

빈센트 반 고흐VincentvanGogh의 영혼을 닮은 커피, 예멘 모카 마타리Yemen Mocha Mattari 아라비카 커피Arabica의 기원지, 예멘Yemen.

네덜란드 후기 인상주의 작가인 빈센트 반 고흐는 선명한 색채와 인간 내면에 대한 적극적인 해석과 표현으로 뛰어난 미술사의 거장이다. 그는 포룸 광장의 카페 테라스에서 예멘 모카 마타리를 즐겨 마셨으며, 작품으로도 남겼다. 이것이 그 유명한 「아를르의 포룸 광장의 카페 테라스cafe terrace, palace du fourm, Arles」이다. 자신이 즐겨찾던 카페 드 라 가르cafe de la gare의 실내 정경을 표현한 것인데 현재 파리 오르세 미술관에 소장되어 있다.

초콜릿 향이 풍부하고, 신맛·쓴맛·단맛의 밸런스가 훌륭하며, 입안을 가득 채우는 바디감이 매력적인 예멘의 커피는 세계 3대 프리미엄 커피에 속한다.

아프리카

AFRICA

미지의 땅 아프리카의 음식문화에 대해서는 아직은 낯선 것이 사실이다. 광활한 대륙만큼이나 다양하기 때문에 몇 단어로 단정하기는 매우 어렵지만, 공통적으로는 다양한 육류와 생선류, 풍부한 과일을 바탕으로 와인과 차가 발달하였으며, 향신료의 천국이기도 하다.

만나다

1. 자연 둘러보기

아프리카는 동서 최장거리가 7,400km, 남북 최장거리가 8,500km이며, 총 면적은 약 3,025만 km^2이다. 이는 지구 육지 면적의 1/5을 차지하는 광활한 대륙이다.

아프리카 대륙에 위치한 여러 국가 가운데 남아프리카공화국, 이집트, 알제리, 나이지리아, 모로코, 리비아가 6대 경제 강국으로 꼽힌다. 지하자원 측면에서는 남아프리카공화국, 리비아, 알제리, 나이지리아, 콩고, 앙골라 등이 풍부한 자원을 보유하고 있다.

사하라 사막과 칼라하리 사막 주위의 고온건조한 기후부터 지중해 연안 및 남아프리카의 온대기후, 중부 아프리카 열대우림 지대의 고온다습 기후, 그리고 광대한 초원지대의 스텝 기후 등 다양한 형태를 보인다. 이에 따라 각 기후대별로 서로 다른 형태의 생태계가 분포되어 있다.

아프리카 주요 국가의 자연환경

	이집트	남아프리카공화국	케냐
면적	100.1만 km^2 (한반도의 약 5배)	122만 km^2 (한반도의 5.5배)	58만 km^2 (한반도의 2.6배)
기후	아열대성 사막기후	요하네스버그 지역은 해발 1,750m에 위치하고 있어 건조한 기후이며 겨울에는 기온이 내려감. 여름철 평균 기온은 아침 섭씨 15도, 낮 섭씨 30도 정도이고, 겨울은 아침 섭씨 5도, 낮 섭씨 15도 정도. 케이프타운 지역은 지중해성 기후로 겨울철에 바람이 불고 비가 내리는 기후로 여름철에도 평균기온 20도 정도의 매우 쾌적한 기후를 보이고 있어 세계적으로 유명한 피서지임	고원지방 및 서부는 강우량 풍부. 북부는 건조, 2~3월 기온최고, 7~8월 기온 최저

2. 사회 둘러보기

54개 독립국으로 구성되어 있는 아프리카는 세계 대륙 면적의 20.4%를 차지한다. 2013년 기준 약 11억의 인구를 보유한 아프리카는 세계 인구의 14.5%를 차지하며, 권역 또는 국가별로 다양한 특성과 복잡성을 가지고 있다.

아프리카 주요 국가의 사회 환경

	이집트	남아프리카공화국	케냐
수도	카이로(Cairo)	행정수도 : 프리토리아(Pretoria) 사법수도 : 블룸폰테인(Bloemfontein) 입법수도 : 케이프타운(Cape Town)	나이로비(Nairobi)
민족	아랍족	흑인(코이코이족 등)	키쿠유족(22%), 루히아족(14%)
언어	아랍어	영어, 아프리칸스어	영어, 스와힐리어
인구	약 9,500만 명(2016년)	약 5,430만 명(2016년)	약 4,679만 명(2016년)
종교	이슬람교	기독교	기독교
정치	대통령 중심제	공화제, 대동령제	1963년 12월 영국으로부터 독립

3. 문화 둘러보기

고대 문명의 발상지인 이집트는 세계에서 두 번째로 긴 나일강을 중심으로 나일강 유역의 파라오 유물, 카이로의 문화, 홍해, 오아시스와 사막 등이 있으며, 아시아와 아프리카, 지중해를 잇는 역사와 문화를 체험할 수 있다.

이집트는 개방된 이슬람 국가에 속하나 지방에서는 아직도 많은 여성이 차도르chadori를 착용하여 얼굴을 감추고 노출을 꺼리는 문화가 남아 있다.

맛나다

1. 먹을거리 이야기

아프리카는 길거리 음식의 천국이다. 곡류를 조리한 음식뿐만 아니라 중동식의 케밥, 유럽식의 샌드위치까지 다양한 종류를 만날 수 있다.

이집트의 주식은 빵이며, 양고기와 닭고기를 주로 먹는다.

2. 요리거리

1) 칙피chickpea

이집트콩 또는 병아리콩이라고도 한다. 단백질이 풍부한 이 콩은 주로 중동지역에서 자라며 건조한 기후에서도 잘 자란다. 인류 역사상 가장 오래 재배된 콩 중의 하나로 여겨진다.

2) 커피coffee

케냐의 가장 큰 소득원은 커피이다. 케냐의 커피는 국가 차원의 커피산업 지원책으로 세계적인 신뢰를 받고 있으며 경매 시스템을 갖춘 아프리카의 대표 커피 생산국에 속한다. 19세기 후반에 에티오피아Ethiopia를 통해 처음 커피를 들여왔는데, 합리적인 재배와 가공, 판매 시스템과 국가 차원의 품질 개발, 기술교육을 통해 아프리카를 대표하는 커피 생산국으로 인정받고 있다. 묵직한 바디감과 매력적인 과실향, 적당한 신맛으로 무장한

병아리콩

케냐 AA 생두

코코넛 열매 농장

케냐의 대표적인 커피는 케냐AA이다.

3) 무화과fig

평화와 번영의 상징이기도 하였다. 작은 씨가 속에 꽉 차 있고, 과육은 부드럽다. 남부 유럽, 아시아, 아프리카가 원산지로 추측된다.

이외에도 남아프리카의 남부 고원지대에서 옥수수가 주로 생산되며, 남아프리카의 지중해성 기후에서는 밀이 많이 생산된다.

3. 주요 먹을거리

1) 에이시aysh

부드럽고 담백한 빵의 하나로 밀가루 반죽을 화덕에서 굽는 점이 인도의 난과 비슷하다. 이집트의 주식으로 이집트빵Egyptian bread으로 불린다.

2) 쿠스쿠스couscous

북아프리카에서는 쿠스쿠스로 알려진 파스타와 비슷한 음식을 오래 전부터 먹었다. 쿠스쿠스는 밀가루 반죽과 비슷한데, 아랍 침투 이전부터 베르베르족의 전통요리로 내려온 것으로 추측된다. 경질의 밀가루를 소금물로 반죽한 다음 널판 위에 올리거나 큰 나무사발에 넣고 손으로 굴리면 입자가 된다. 이것을 체에 내려 만든 것이 쿠스쿠스이다.

쿠스쿠스는 이슬람교의 안식일인 금요일에 만드는 음식이며, 결혼식 등의 행사에 꼭 등장하는 성찬이다.

3) 필라프pilaf

중동에서 유래한 음식으로 팬이나 오븐을 이용해 짓는 쌀밥의 일종이다. 가열한 팬에 으깬 밀이나 쌀 같은 곡식을 기름으로 볶다가 향이 들어간 육수를 넣어 뚜껑을 덮고 오랜 시간 조리하는데, '폴로polow'라는 쌀을 사용하여 밥알이 흩어지는 것이 특징이다.

에이시

쿠스쿠스

폴로

루이보스 티

4) 와인wine

아프리카 최남단 남아프리카공화국의 식단에서는 와인이 빠질 수 없다. 포도 재배와 와인 양조의 역사는 약 350년 전부터 이루어졌다. 17세기 중반에 유럽 상인들이 포도나무를 심었는데, 기후적인 조건이 프랑스, 스페인과 매우 비슷하여 유럽산 와인들만큼 훌륭한 품질의 와인이 탄생하였다.

남아프리카공화국의 유일무이한 포도 품종은 피노타쥬pinotage가 있으며, 화이트 와인 품종으로는 슈냉 블랑chenin blanc의 품질이 뛰어나다.

5) 루이보스 티rooibos tea

루이보스는 고원지대에서 자생하는 콩과 식물의 침엽수다. 남아프리카 공화국의 케이프타운 북쪽 일대에서만 자생한다. '루이보스'란 '붉은 관목'이란 뜻인데, 그 잎을 햇볕에 말려 건조한 뒤 차로 이용한다. 약한 단맛이 나며, 카페인이 없어 아이들이 마시기에도 부담 없는 차이다.

4. 밥상머리 맵시

- 음식을 신이 주신 선물이라 여겨 매우 소중하게 여긴다. 따라서 음식을 남기지 않는다.
- 식사시간에 초대받았을 때 느긋하게 기다릴 줄 알아야 한다. 대부분 초대된 시간이 지나서야 식사가 시작되기 때문이다.

- 식사 전에 손을 깨끗하게 닦는 것이 기본 예의이다.
- 악수를 청할 때 왼손을 사용하는 것은 금기이다.
- 국가에 따라서는 커틀러리를 사용하여 식사하기도 한다.

똑! **Knock!**

세계 8대 불가사의, 피라미드pyramid를 쌓은 양파

이집트의 피라미드 건설에는 약 1억 명이 동원되었다고 한다.

헤로도토스의 저서나 기원전 2500년경 현지의 자료에 의하면 이집트의 피라미드 건설에 동원된 노동자들에게는 보수로 빵, 맥주, 양파, 마늘, 부추와 래디시radish 등이 지급되었다고 한다. 피라미드 건설은 국가사업이었던 것이다.

양파나 부추는 이집트에서 널리 먹었던 채소이다. 특히 양파는 마력이 있는 특별한 채소로 여겨져 때와 장소에 따라 신성시되기도 하고 금기시되기도 하였다.

대량의 양파가 파라오에 의해 신전에 바쳐지거나 왕의 미라와 함께 매장되는 일도 흔하였다. 시민들도 축제에는 목에 양파를 걸고 냄새를 맡았으며, 맹세를 할 때에는 양파를 먹지 않았다고 한다. 약효가 있는 것으로 여겨져 안약이나 수면제를 비롯해 여러 가지 처방전으로 중세에 이용되기도 하였었다.

또한 신앙과 관련해서는 양상추가 신성한 채소로 여겨졌다. 싱싱한 모습이 신들이 먹기에 손색이 없어 보였기 때문이다.

이집트의 피라미드

북아메리카

CHAPTER 9

미국 캐나다

Alaska(US)
Anchorage
CANADA
Vancouver
Seattle
Montréal
Ottawa
Toronto
Chicago
Boston
New York
Philadelphia
Washington
UNITED STATES
Kansas City
Honolulu
Hawaii(US)
Hilo
San Francisco
Las Vegas
Los Angeles
Dallas
Houston

미국

THE UNITED STATES OF AMERICA

美國

미국의 음식문화는 스페인, 프랑스, 영국 등 많은 유럽인이 아메리카 대륙에 정착하면서 식재료와 요리를 전파하였고, 원주민인 인디언의 음식문화와 조화시키면서 발전되었다. 현재는 다민족 음식문화가 공존하고 있다.

만나다

1. 자연 둘러보기

미국은 아메리카 대륙 북부에 위치하고, 면적은 983만 km^2이며 한반도의 45배에 달한다. 북위 40°선을 중심으로 온대溫帶에 위치하고 있어 전반적으로 따뜻하지만, 남북의 위도 차이가 24°나 되는 대륙으로 기후 차이가 심한 편이다. 면적이 넓어 다양한 기후가 나타나는데, 남부 플로리다는 아열대 기후, 하와이는 열대, 북부 알래스카는 한대 기후에 속한다.

2. 사회 둘러보기

미국의 수도는 워싱턴 D.C.Washington, District of Columbia이고 뉴욕New York, 로스앤젤레스Los Angeles, 시카고Chicago, 휴스톤Houston, 필라델피아Philadelphia 등의 주요 도시가 있다. 인구는

2016년 기준으로 약 3억 2,400만 명이며, 민족은 백인(77.7%), 흑인(13.2%), 아시아계, 원주민, 기타로 구성된다. 영어를 공용어로 사용하나 일부 지역에서는 스페인어가 통용되고 있다. 종교는 기독교(51.3%), 가톨릭교(23.9%), 몰몬교, 유대교, 불교, 이슬람교 등을 믿는다.

3. 문화 둘러보기

콜롬버스Christopher Columbus가 신대륙에 도착(1492년)하기 이전 아메리카 원주민은 인디언 옥수수, 콩, 호박, 인디언 호박 등을 재배하고 있었다. 가축은 개, 칠면조, 오리 정도만 기르고 있었다. 콜롬버스가 신대륙을 발견하면서 유럽과 신대륙 간의 식물 및 동물의 전파와 이동이 시작되었다. 구대륙에서 이동해 온 사람은 신대륙의 옥수수, 감자, 고구마를 접하게 되었고, 카사바와 닭, 소, 돼지 등 여러 가축들을 가지고 갔다. 이후 유럽인들은 아메리카 대륙을 식민지로 개척하면서 여러 가지 식재료와 요리들을 전파하게 되었다.

영국인들은 다른 유럽 국가에 비해 상대적으로 늦게 도착했으나 가장 많은 인원이 정착하면서 미국 음식문화의 기초가 되었고, 스페인인들은 사탕수수, 오렌지를 전파하였다. 또한 이들은 멕시코에서 초콜릿을 발견해 이를 북아메리카와 유럽에 소개하기도 하였다. 뿐만 아니라 스페인은 고추, 마늘, 석류, 포도주, 바비큐 요리방법 등 미국 요리에 많은 영향을 주었다. 아프리카인들이 아메리카로 유입되면서 검은눈 완두콩, 오크라, 수박 등을 신대륙에 들여왔다. 그 외에도 네덜란드, 독일, 스칸디나비아인들의 영향을 받았다.

맛나다

1. 먹을거리 이야기

19세기 초에 시작한 음식 관련 사업은 이후 음식의 생산, 저장, 가공, 유통 등에 있어서 더욱 발달하게 되었다. 1900년대 초 대부분의 사람들은 음식의 과다섭취로 인한 비만과 소화기 관련한 문제가 생기게 되었다. 이는 상류계층의 부유함으로 인해 음식 선택의 폭이 넓어졌고, 하류계층은 힘든 육체노동을 위해 과식하거나 과음을 하게 되면서 발생된 문제이다. 그러나 1920~1940년대는 대공황과 가뭄으로 인해 영양실조가 만연하게 되었다. 2차 세계대전 이후 음식 관련 산업이 발달하였다. 1940년대에 패스트푸드 산업이 시작되었고, 1950년대 말에 배달 피자가 급성장하고 중국음식이 다양한 품목으로 성장하였으며, 1970년대는 건강식품이 발달하였다.

현재는 이탈리아, 멕시코뿐만 아니라 일본, 태국, 한국 등의 동양 음식문화도 융합되면서 다양한 민족의 음식문화가 공존하고 있다.

2. 요리거리

1) 옥수수

옥수수는 남아메리카 대륙인 안데스 산맥과 멕시코에서 재배해 온 작물로, 콜롬버스가 스페인으로 옥수수 종자를 가져가면서 세계로 퍼지게 되었다. 현재 옥수수는 미국의 주요 수출품이다. 켄터키주의 동북부 지역인 버번에서는 옥수수를 주원료로 위스키를 제조한다.

2) 감자

미국인들이 선호하는 식품으로 생산, 수출, 소비의 양이 상당하다. 미국인들은 전분이 많이 함유된 러셋감자russet potato를 가장 좋아하며, 전체 감자 생산량의 50%를 차지한다. 이 감자는 아이다호 감자idaho potato 혹은 베이킹 감자baking potato라고도 불린다. 감자를 이용한 다양한 조리법이 있으며, 스테이크에도 곁들이고 프렌치프라이, 포테이토 칩으로 즐겨 먹는다.

3) 칠면조turkey

북아메리카와 멕시코가 원산지이다. 추수감사절에 즐겨 먹는데 미국 정착에 성공한 청교도들이 농사짓는 법을 알려주고 고기 잡는 장소를 알려 준 인디언들을 초대해 감사의 마음을 전하면서 주변에서 흔히 보이는 칠면조 고기를 대접한 데서 유래되었다.

4) 미국 베이컨bacon

돼지고기 옆구리살을 얇게 썰어 소금에 절이고 훈연한다. 미국에서는 달걀과 함께 아침식사로 즐겨 먹는다.

5) 토마토 케첩tomato ketchup

미국인들이 가장 즐겨 먹는 소스이다. 케첩은 아시아 문화권에서 만들어졌으며, 피시 소스에 향신료를 넣어서 만들었다.

1700년대 미국 뉴잉글랜드 지역에서 케첩에 토마토를 넣기 시작하였다.

3. 주요 먹을거리

1) 햄버거hamburger

갈은 고기와 다진 양파를 볶은 다음 납작하게 패티patty를 만들어 구운 후 빵 사이에 넣고 위에 채소, 치즈, 토마토 케첩을 뿌려 먹는다. 미국의 대표적인 패스트푸드이다.

2) 핫도그hot dog

가늘고 긴 모양의 소시지를 구워 긴 빵 사이에 넣고 다진 양파, 피클, 토마토케첩, 머스타드를 뿌려서 먹는 음식이다. 소시지는 프랑크소시지나 비엔나소시지를 사용한다. 독일의 프랑크프루트frankfurter 소시지가 미국으로 전해지면서 빵 사이에 끼워 먹을 수 있게 변형되었다.

3) 프라이드 치킨fried chicken

닭고기를 기름에 튀겨낸 음식으로 스코틀랜드 이민자들이 튀겨서 먹던 닭고기 요리에

햄버거

핫도그

베이글

아프리카에서 온 노예들이 먹던 향신료가 가미되면서 현재의 프라이드치킨이 만들어졌다. 밀가루를 기본으로 한 튀김옷을 입혀서 튀긴다.

4) 도넛doughnut

밀가루에 설탕, 달걀, 우유, 유지, 이스트를 넣어서 만든 반죽을 링 모양으로 만들어 기름에 튀긴 빵 종류이다. 아침식사뿐 아니라 간식으로도 즐겨 먹는다.

5) 베이글bagel

주로 아침식사에 먹는 빵으로 19세기 미국 동부 지역으로 이주한 유대인들에 의해 알려지게 되었다. 베이글은 밀가루, 이스트, 물, 소금으로 만들며 달걀, 우유, 버터 등은 넣지 않는다. 반죽을 끓는 물에 넣고 데친 다음 구워 맛이 담백하고 햄, 치즈, 버터, 크림치즈 등과 같이 먹는다.

6) 시저 샐러드caesar salad

로메인 상추와 크루통crouton에 파마산 치즈, 레몬주스, 올리브유, 달걀노른자, 우스터소스, 마늘 후추로 만든 드레싱을 버무려서 먹는 샐러드이다. 미국과 멕시코에서 레스토랑을 운영하던 이탈리아 이민자인 시저 카르디니Caesar Cardini에 의해 1924년 선보였다.

시저샐러드

잠발라야

클램 차우더

7) 잠발라야jambalaya

잠발라야는 미국 남부 루이지애나 주의 대표음식으로 스페인과 프랑스(특히 프로방스)의 영향을 받은 요리이다. 쌀과 돼지고기, 닭고기, 해산물, 훈제 소시지, 당근, 토마토, 칠리, 마늘과 같은 채소를 넣어 만든 볶음밥 종류이다. 미국 남부에 정착한 프랑스나 스페인의 후예인 크리올creole의 요리와 케이준cajun 요리의 재료와 향이 어우러져 있다.

18세기 초 루이지애나에 있던 크리올들이 스페인의 전통요리인 파에야를 변형해 만들었다. 뉴올리언스 크리올 스타일의 잠발라야는 다진 토마토나 토마토 소스를 넣어 붉은 색으로 '레드 잠발라야'라 부르고, 토마토 대신 브라운 루를 넣어 만든 케이준 스타일의 잠발라야는 '브라운 잠발라야'라 부른다

8) 클램 차우더clam chowder

조개(주로 대합)가 주가 되는 수프로 절인 돼지고기나 베이컨, 양파, 셀러리, 감자, 당근 등이 들어간다. 미국 북동부에 정착한 청교도pilgrim들이 18세기 중반부터 이 지역에 거주하던 인디언들의 음식문화에 영향을 받아 만든 것이다. 주로 대구를 넣어 만든 피시 차우더fish chowder, 옥수수를 넣어서 만든 콘 차우더corn chowder도 있다. 짠맛의 크래커를 곁들여 먹으며, 샌프란시스코에서는 사워도우 빵sourdough bread의 속을 파내고 클램 차우더를 넣어 만들며 빵 조각을 손으로 뜯어서 찍어 먹는다.

칼루아 피그

추수감사절 식사

검보

9) 칼루아 피그kalua pig

소금을 뿌린 돼지고기를 땅속에 만든 오븐인 이무imu에서 오랜 시간 익혀 만드는 하와이의 전통 음식이다. 양배추 찐 것을 굵게 채 썰어 같이 먹거나 밥과 마카로니 샐러드를 같이 먹기도 한다.

10) 케이준cajun과 케이준 스파이스cajun spice

케이준은 프랑스어로 시골을 뜻하며, 캐나다의 아카디아Acadia(지금의 노바스코샤주)에 살다 영국인들에 의해 미국 루이지애나주로 추방된 프랑스계 캐나다인들이 즐겨먹던 음식이다. 고대 프랑스의 농촌 스타일 음식으로 냄비에 돼지지방과 고기, 생선과 양념을 넣어 끓인다. 마늘, 양파, 칠리, 후추, 겨자, 셀러리 등을 섞어 매운 맛이 난다. 이때 사용된 양념을 케이준 스파이스라고 했으며, 요즘은 소금, 카이엔 가루, 파프리카 가루, 오레가노 가루, 마늘가루, 양파가루, 흰후추가루, 바질 가루를 혼합한 향신료를 케이준 스파이스라고 한다.

이외에도 다음과 같은 대표 요리가 있다.

검보gumbo는 향이 강한 육수에 고기나 조개류, 셀러리, 후추, 양파, 오크라okra, 쌀을 넣어 스튜처럼 끓인 것이다.

미국의 추수감사절 식사thanksgiving dinner는 칠면조 구이와 스터핑, 매시드 포테이토, 크랜베리 소스, 호박 파이 등을 먹는다. 주로 저녁에 먹으나 점심이나 늦은 오후에 먹기도 한다.

바비큐barbecue는 야외에서 즐겨 먹는 음식으로 각종 수조육류, 어패류, 감자, 옥수수 등을 불에 구운 요리이다. 취향에 따라 다양한 소스도 이용된다.

4. 밥상머리 맵시

- 미국에서는 개인적인 초대를 받았을 때 빈손으로 방문하는 것은 예의가 아니다. 와인이나 간단한 선물을 준비해 가고, 초대해 준 사람에게 감사의 편지나 메시지를 보내는 것이 좋다.
- 개인적인 관계일 경우에는 주로 저녁시간에 초대를 하며, 사업과 관련된 식사는 주로 점심에 이루어진다.
- 식당에서는 웨이터를 큰 소리로 부르거나 재촉하지 않도록 한다. 미국은 팁 문화가 발달되어 있다. 고급 레스토랑에서 식사할 경우 점심은 식사 비용의 18~20%, 저녁은 20~25%의 팁을 주는 것이 적당하다.
- 뜨거운 수프를 먹을 때 입으로 불어서 먹는 것은 무례하다고 여긴다.

똑! **Knock!**

아메리칸 셰프

2014년 개봉한 미국 영화이다. 고급 레스토랑 주방장이었던 칼이 평론가의 혹평 이후 레스토랑을 그만두고 푸드 트럭으로 전국을 다니며 샌드위치를 팔게 된다. SNS로 곤혹을 치루었으나 이번에는 그가 성공하는 계기가 되고 푸드 트럭이 가는 곳은 인파가 모여든다. 요리사라는 직업에 대해 생각해 볼 기회를 제공한다.

캐나다
CANADA

캐나다는 역사가 짧은 만큼 고유의 전통음식을 지니고 있지 않다. 영국, 미국, 프랑스의 음식문화가 영향을 주었으며 19세기 이후 이주한 민족들의 음식이 함께 발전되었다. 메이플 시럽과 아이스 와인은 세계적으로 유명하다.

만나다

1. 자연 둘러보기

캐나다는 아메리카 대륙 북부에 위치하고 약 998만 km^2의 면적을 지니고 있으며 한반도 면적의 45배에 달한다. 러시아에 이어 세계 2위의 면적이다. 고위도에 위치하고 있어 거의 냉대기후이다.

2. 사회 둘러보기

캐나다의 수도는 오타와Ottawa이고 주요 도시는 벤쿠버Vancouver, 퀘백Quebec이다. 인구는 2016년 기준 약 3,536만 명에 달하며, 민족 구성은 영국계(21%), 프랑스계(15.8%), 스코틀랜드계, 아이리시계 등 유럽계 백인이 80% 내외를 차지하고, 타 지역 유색인종이 20%를 차지한다. 영어와 프랑스어를 사용하며 가톨릭교와 기독교를 믿는다.

3. 문화 둘러보기

캐나다는 짧은 역사를 지니고 있어 전통요리를 찾기는 어렵다. 대부분 영국과 미국식 음식문화를 지니고 있으나 퀘백과 같이 프랑스어를 사용하는 지역에서는 프랑스의 음식 문화가 나타난다. 또한 19~20세기에 중부, 남부, 동부 유럽, 남아시아, 동아시아, 카리브해 등에서 캐나다로 이주한 민족들의 음식도 공존하고 있다.

맛나다

1. 먹을거리 이야기

토론토나 몬트리올 같은 대도시에는 많은 나라 사람들이 모여 있어 각국의 음식을 즐길 수 있다. 프랑스, 이탈리아, 그리스, 중국, 일본, 베트남, 한국 등의 음식뿐만 아니라 이들이 서로 융합된 복합적인 요리도 접할 수 있다.

그 외에도 해안가에 위치한 벤쿠버, 빅토리아 같은 도시에서는 저렴하게 연어나 가재 같은 시푸드 요리를 즐길 수 있으며, 캘거리에서는 앨버타주의 대평원에서 사육되고 있는 소를 재료로 만든 스테이크를 즐길 수 있다.

호밀로 만드는 라이 위스키는 캐나디안 위스키로 알려져 있다.

2. 요리거리

1) 연어salmon

남서 해안에서 잡은 연어로 만든 훈제 연어는 세계적으로 유명하다. 일반적인 훈제 연어는 한 번 훈제하지만, 두 번 하면 지방이 많이 빠지는데, 이것을 더블 스모크라고 한다. 긴 시간 동안 훈제한 후 말린 훈제 연어는 하드 스모크라고 한다. 한 번 훈제하여 메이플 시럽과 흑설탕에 절여서 다시 훈제한 인디언 캔디도 있다.

2) 와일드 라이스wild rice

북아메리카 원주민의 주요 식량이었던 와일드 라이스는 쌀이 아니라 물가에서 자라는 수초이다. 원주민들은 마노민manomin이라고 불렀으며 이는 '좋은 열매'라는 의미를 지니고 있다. 캐나디언 라이스canadian rice, 인디언 라이스indian rice, 워터 오트water oat라고 부르기도 한다. 흑미와 비슷한 색을 지니고 있으나 속은 하얗고 글루텐을 함유하고 있지 않다. 단백질, 무기질이 풍부하며 지방은 적은 편이다. 시리얼, 샐러드에 이용되기도 한다.

와일드 라이스

3) 메이플 시럽maple syrup

음식을 만들 때 설탕 대신 단풍나무 수액으로 만들어진 메이플 시럽을 넣는데 이는 독특한 향이 난다. 최대 생산지는 퀘백주로 전체 생산량의 90% 정도를 차지한다. 매년 3~4월 단풍나무에 V자형 칼집을 내고 흘러나오는 수액을 받아 끓여서 만든다. 요리를 만들 때 사용하거나 팬케이크에 뿌려 먹으며 홍차에 타서 먹기도 한다.

메이플시럽

3. 주요 먹을거리

1) 해산물요리

벤쿠버, 빅토리아가 해산물로 유명하다. 훈제 연어, 연어구이, 바닷가재 요리들이 많다.

2) 푸틴poutine

감자를 튀긴 다음 그레이비 소스를 뿌리고 치즈를 얹은 음식이다. 퀘벡과 온타리오주에서 먼저 등장했으며 캐나다식 패스트푸드라고 볼 수 있다. 대표적인 길거리 음식이기도 하다.

푸틴

시시 타우크

3) 시시 타우크shish taouk

레바논의 케밥이었으나 캐나다 몬트리올로 넘어오면서 샌드위치 형태로 즐기게 되었다. 빵에 닭고기, 양상추, 토마토, 소스 등을 곁들여 먹는다.

4) 피키 더프figgy duff

뉴펀들런드Newfoundland 지역에서 가장 인기 있는 푸딩이다. 빵가루, 건포도, 흑설탕, 버터, 밀가루, 향신료로 만들어진다.

5) 플래퍼 파이flapper pie

서부 캐나다 지방의 파이로 위에 머랭이 얹어진 커스타드 파이이다.

6) 나나이모바nanaimo bar

초콜릿 디저트로 나나이모 도시에서 메이벨 젠킨스라는 여성이 처음으로 만들었다. 아래층은 초콜릿과 함께 견과류가 섞여 있고, 중간은 바닐라 커스타드, 맨 위는 얇은 초콜릿이 발라져 있다.

7) 아이스 와인ice wine

캐나다는 와인의 종류도 많고 품질에서도 우수하다. 나이아가라 주변에서 좋은 와인이

플래퍼 파이

나나이모바

많이 생산되며, 달콤한 맛의 아이스 와인이 유명하다.

1811년 독일 이민자들이 만들기 시작한 아이스 와인은 비달vidal 품종으로 만든다. 비달은 껍질이 두꺼워 냉해에 잘 견디지만 리슬링보다 신맛이 좋지 못하다. 독일 아이스 와인에 비해 저렴하여 인기가 많다.

4. 밥상머리 맵시

- 식사 메뉴를 정할 때에는 먼저 상대방에게 선택을 권하는 것이 예의이나, 만약 본인이 메뉴를 정하게 된다면 상대방의 문화적 배경이나 기호 등을 고려해 결정하는 것이 좋다.
- 다문화 국가인 캐나다에서는 각 종교, 민족의 특성에 따라 먹지 않는 음식이 있고 채식주의자도 상당히 많은 편이어서 이를 고려하지 않는다면 식사자리가 불편해질 수 있다.
- 캐나다인에게는 한국처럼 한 가지 음식을 주문해 나누어 먹는 개념이 생소하다. 양식처럼 각자의 접시가 따로 나오는 음식을 먹는 경우라면 상관이 없지만, 한국 음식을 먹게 될 경우 함께 시켜서 나누어 먹는 것이 괜찮을지 상대방에게 먼저 물어보는 것이 예의이다.
- 식사할 때는 개인 접시를 이용하는 것이 바람직하다.

남아메리카

CHAPTER 10

멕시코　브라질　아르헨티나　칠레　페루

MEXICO
Mexico
BRAZIL
PERU
Lima
Brasilia
Sao Paulo
ARGENTIAN
CHILE
Santiago
Buenos Aires

멕시코

UNITED MEXICAN STATES

Méjico

멕시코는 스페인이 정복한 이후 스페인 요리가 원주민의 요리와 융합되었다. 최근에는 미국의 영향을 받아 변화되고 있다. 옥수수의 대규모 경작이 가능해 옥수수를 이용한 음식들이 많이 발달하였다.

만나다

1. 자연 둘러보기

아메리카 대륙의 중앙에 위치한 멕시코는 196만 km^2의 면적으로 한반도의 9배에 달한다. 고지대와 저지대로 나누어지는데 저지대는 고온 다습, 고지대는 온난 건조한 기후를 지니고 있다.

2. 사회 둘러보기

멕시코의 수도는 멕시코시티Mexico city이고 과달라하라Guadalajara, 몬트레이Monterrey 등의 주요 도시가 있다. 인구는 2016년 기준으로 1억 2,317만 명에 달하며, 민족은 메스티조mestizo(60%), 인디언indigena, 백인으로 구성된다. 스페인어를 주로 사용하고 가톨릭교(90%), 기독교 등을 믿는다.

3. 문화 둘러보기

멕시코는 16세기 스페인이 아즈텍제국을 정복한 이후 유럽 요리, 스페인 요리, 토종인 메소아메리칸mesoamerican 요리가 융합되어 발전되었다. 멕시코의 주된 식량은 옥수수이며 그 외 아보카도, 토마토, 칠리, 콩, 호박, 선인장 꽃 등이 주요 산물이다. 스페인의 정복으로 쌀이 들어오고, 가축과 유제품, 다양한 허브와 향신료들이 소개되었다. 가축을 기르기 전에는 칠면조와 개고기를 주로 먹었다. 옥수수 등 곡물, 채소 중심으로 이루어진 요리에 육류가 사용되면서 음식이 다양해지고, 특히 식용유와 함께 튀긴 조리법이 도입되면서 음식문화에 많은 변화를 가져왔다. 스페인의 정복기간에 수녀들이 수도원 주방에서 매일 사제와 수녀들을 위해 준비한 음식을 통해 다양한 식재료와 조리법이 전해지면서 새로운 형태의 멕시코 요리가 탄생되었다. 현재는 국경을 접한 미국의 영향을 받아 식문화가 점차 미국화되고 있다.

맛나다

1. 먹을거리 이야기

멕시코 음식은 매콤하면서도 강한 맛이 나는 것이 특징이며 옥수수와 밀이 주식이다. 특히 토양이 옥수수를 재배하기에 적합하고 대규모 생산이 가능해 멕시코의 음식문화를 옥수수문화라고 말하기도 한다.

멕시코는 서구의 영향으로 상류층과 하류층의 구분이 있으며 식생활에서도 이중적인 구조를 지니고 있다. 상류층은 서구화된 식생활로 소식을 하며 과일과 채소를 많이 먹는다. 중·하류층은 인디오의 전통 식생활 형태를 지니고 있다. 아침은 빵, 우유, 커피, 오렌지 주스, 달걀요리를 먹는다. 아침과 점심 사이에 간단한 샌드위치, 퀘사디아 같은 참을 먹는데 이것을 알무에르소almuerzo라고 한다. 스페인의 영향으로 점심을 오후 3시경에 푸짐하게 차려먹고 저녁은 간단히 먹는다. 멕시코 요리는 유네스코 인류무형문화유산 4대

요리에 들어가기도 한다.

2. 요리거리

1) 옥수수corn

원산지는 멕시코나 남아메리카 북부 안데스 산맥이 원산지로 추정된다. 남북 아메리카 대륙에서 널리 재배되고 있다. 1492년 콜롬버스가 씨앗을 스페인으로 가지고 가 유럽에 전파하였다. 옥수수는 생으로 먹기도 하지만 거의 건조시켜서 사용한다. 건조된 옥수수를 갈아 마사masa라는 반죽을 만들어 사용하거나 발효시켜 아톨레atole(우유와 물에 옥수수와 설탕을 넣어 만드는 뜨겁고 걸쭉한 음료), 포졸pozol(옥수수 반죽을 발효시켜 만든 음료) 등의 음료를 만들거나 타말tamal, tamales(마사를 옥수수 껍질이나 바나나 잎에 쪄서 만든 음식), 소페sopes(타코의 일종으로 옥수수가루로 그릇처럼 틀을 만들어 여러 가지 재료를 올려 먹는 간식) 등 다양한 요리를 만드는 데 사용한다. 특히 또르띠야tortilla는 대부분 지역에서 옥수수로 만들어 사용한다.

또르띠야

2) 칠리 페퍼chili pepper

200여 종의 다양한 칠리가 재배되고 주로 각종 소스를 만드는 데 사용된다. 멕시코를 대표하는 고추 품종인 할라피뇨jalapeño는 피클로 만들어서 먹는다. 또 할라피뇨 고추를 훈증하여 말린 치뽀뜰레chpotle를 만든다. 매운 맛이 없고 단맛이 강해 피망에 가까운 뽀블라노poblano는 섬유질이 많아 구워서 먹는다. 멕시코식 고추전인 칠레 레예노chile relleno, 독립기념일에 먹는 기념 음식인 칠레 엔 노가다chile en nogada에 주로 사용한다. 안초ancho는 뽀블라노를 건조시킨 것으로 우리나라 태양초에 가깝다. 갈아서 살사에 사용되거나 부재료로 많이 사용된다. 아르볼arbol은 매운 품종으로 살사나 국물을 만드는 데 사용한

할라피뇨

뽀블라노

아르볼

쎄라노

과히요

아바네로

삐긴

멕시코 칠리의 종류

다. 쎄라노serranos는 할라피뇨보다 맵고 피코 데 갈로pico de gallo나 살사salsa에 많이 사용된다. 과히요guajillo는 중간 정도의 매운맛을 지니며 살사 소스나 모든 종류의 육류, 특히 닭고기의 맛과 향을 내기 위한 페이스트에 사용된다. 칠레 모론chile morron은 파프리카와 유사하며 향이 좋고 매운맛도 약하다. 아바네로habanero, 삐낀chile piquin은 매운 맛이 아주 강한 품종이다.

3) 히카마jicama

열대성 덩굴식물이며 뿌리를 식재료로 사용한다. '멕시코 감자', '얌빈'이라고도 불리는데, 멕시코와 중남미가 산지이고 콩과 식물이다. 콩과 줄기에는 살충성분이 있어 식용으로 사용하지는 않는다. 멕시코에서는 생히카마에 레몬이나 라임즙, 소금, 칠리가루를 뿌려 먹거나 샐러드나 수프에 넣어 먹기도 한다.

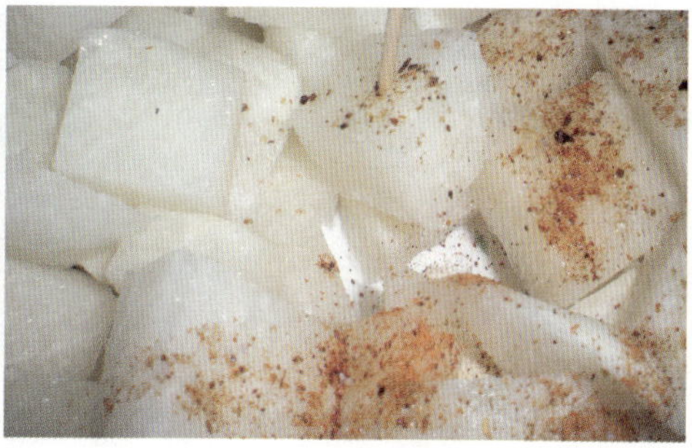

히카마

똑! **Knock!**

멕시코 소스

- 살사 멕시카나salsa mexicana : 매콤한 맛을 내는 소스를 살사라고 함. 고추, 붉은 토마토, 양파, 고수 등을 잘게 썰고 소금, 올리브유를 넣어 만드는 소스. 멕시코 국기의 빨간색, 흰색, 초록색이 있어 살사 멕시카나라 부름
- 몰레 소스mole sauce : 멕시코 음식에서 전통적으로 사용하던 칠리와 각종 양념들을 넣어 만든 진하고 걸쭉한 소스. 푸에블라의 산타 로사 수녀원에 스페인 대주교가 방문했을 때 각종 양념들을 메타테metate라는 맷돌에 빻아 소스를 만들어 칠면조와 함께 대접함. 대주교가 이름을 묻자 수녀는 즉흥적으로 '몰레'라고 답한 데서 유래됨. 닭, 칠면조, 돼지고기를 넣고 끓인 다음 또르띠야나 밥을 곁들여서 먹는 요리도 몰레라고 함. 몰레는 '소스'를 뜻하는 몰리molli에서 유래됨
- 구아카몰 소스guacamole sauce : 잘 익은 아보카도를 으깬 후 잘게 썬 토마토, 양파, 마늘, 라임즙, 고추, 고수, 바질 등을 섞어 만든 소스
- 사워크림 소스sour cream sauce : 생크림을 발효시켜 새콤한 맛이나는 크림으로 만든 흰색 소스로 생크림보다 걸쭉함. 멕시코 샐러드나 다양한 음식에 곁들임

3. 주요 먹을거리

1) 초콜릿chocolate

카카오cacao 열매를 빻아서 발효시켜 만든 것으로 코코아라고도 하며 초콜릿의 주원료이다. 카카오나무를 발견한 것은 아즈텍보다 마야족과 이전의 올멕족일 것으로 보인다.

화이타

소프트타코

하드타코

멕시코 원주민들은 카카오 열매를 갈거나 찧어 페이스트 상태로 만들어 음용하였고 고추를 넣어 쇼콜라틀xocolatl로 만들어 음료로 마셨다. 초콜릿chocolate은 이 'xocolatl'에 유래했으며, 멕시코어의 거품을 뜻하는 'choco'와 물을 뜻하는 'atl'의 합성어이다.

스페인의 탐험가인 코르테즈Cortez가 카카오 열매와 초콜릿에 붉은 고추 대신 설탕을 넣어 마셨다. 이후 유럽 상류층들이 즐겨 마시는 초콜릿 음료가 되었다.

2) 또르띠야tortilla

멕시코와 중앙 아메리카에서 가루로 만든 옥수수나 밀가루를 얇게 펴서 번철 위에서 구운 것이다.

3) 화이타fajita

쇠고기나 닭고기, 돼지고기, 새우 등을 구워 볶은 양파, 양상추, 토마토, 사워크림, 구아카몰, 살사, 피코 데 갈로pico de gallo(다진 토마토, 양파, 고수 잎에 할라피뇨, 소금, 라임즙을 넣어 만든 소스) 등을 치즈와 함께 또르띠야에 싸서 먹는 음식이다.

4) 타코tacos

또르띠야에 고기, 해산물, 채소를 넣고 치즈를 얹어 살사 소스를 넣어 먹는 음식이다. 또르띠야에 그대로 싸서 먹을 경우 소프트 타코라고 하고, 또르띠야를 튀긴 후 모양을

엔칠라다

퀘사디아

부리또

낸 다음 싸서 먹는 것은 하드 타코라고 한다.

5) 엔칠라다enchilada

또르띠야에 고기, 해산물, 치즈, 콩, 감자, 채소 등을 넣고 둥글게 말아 매운 소스를 뿌려 오븐에 구운 음식이다. 위에 치즈를 얹기도 한다.

6) 퀘사디아quesadillas

또르띠야에 치즈, 향신료, 채소 등을 채운 다음 반으로 접어 반달 모양이 되도록 만든다. 고기, 해산물, 소시지 등을 넣기도 하며, 구운 후 부채꼴 모양으로 등분하면 손쉽게 먹을 수 있다.

7) 부리또burrito

또르띠야에 콩과 쇠고기, 닭고기를 얹어 네모 모양으로 만들어 구운 다음 소스를 얹어 먹는다. 이때 또르띠야는 부드럽게 하려고 살짝 굽거나 찐 것을 사용한다. 부리또는 스페인어로 '작은 당나귀'를 뜻하며 당나귀가 싫어 나르던 침낭과 짐의 모양에서 유래되었다.

8) 나초nacho

또르띠야를 기름에 튀겨 만든 칩이다. 구아카몰 소스나 치즈를 녹여 찍어 먹는다. 애

나초

아가베

풀케

피타이저나 간식으로 즐겨 먹는다.

9) 풀케pulque

아가베agave라고 불리는 용설란의 수액을 발효시켜 만든 멕시코의 국민주酒이다. 우유 빛깔로 점성이 있으며 신맛이 강하다.

10) 테킬라tequila

테킬라

아가베agave로 만든 증류주로 멕시코의 대표 술이다. 테킬라를 마실 때는 소금과 라임을 곁들여 마신다. 주로 스트레이트로 마시며 소금→테킬라→라임의 순서로 마신다. 테킬라로 마르가리타magarita, 데킬라 선라이즈tequila sunrise 등의 칵테일을 만든다.

4. 밥상머리 맵시

- 식사할 때 소리를 내면서 먹거나 음식을 입에 넣은 채로 말하지 않는다.
- 중급 이상의 레스토랑을 이용할 경우 정장차림을 요구하는지 알아보고, 이 경우 슬리퍼나 샌들을 신지 않으며 의상에 신경을 써야 한다.

브라질

BRAZIL

República Federativa do Brasil

남미에서 유일하게 포르투갈의 지배를 받았던 나라로 원주민, 아프리카, 포르투갈의 음식문화가 혼합되어 있다. 지역, 기후, 민족에 따라 다양한 음식문화가 발달하였다. 커피의 최대 생산국이며 사탕수수가 많이 재배된다.

만나다

1. 자연 둘러보기

남미 대륙 동부에 위치한 브라질은 851만 km^2의 면적을 지니고 있으며 한반도의 37배에 달한다. 브라질 기후는 적도기후, 열대기후, 아열대기후 등으로 구분할 수 있으나, 서로 인접한 지역이라도 기후 차이가 나는 경우가 많다. 국토의 대부분이 남회귀선 위쪽에 위치해 전체적으로는 열대기후이며, 파라나Paraná, 산타 카타리나Santa Catarina, 리우 그란데 두 술Rio Grande do Sul 등 남부 3개 주州 및 상 파울루 주 남부 지방만 온대기후에 속한다.

2. 사회 둘러보기

브라질의 수도는 브라질리아Brasilia이고 상 파울루São Paulo, 리우 데 자네이루Rio de Janeiro, 사우바도르Salvador, 산토스Santos 등의 주요 도시가 있다. 인구는 2016년 기준으로 약 2억

582만 명에 달하며, 민족은 백인(48.4%), 흑백 혼혈(43.8%), 흑인, 기타로 구성된다. 포르투갈어를 사용하고 대부분이 가톨릭교(64.6%)이며, 그 외 기독교 등을 믿는다.

3. 문화 둘러보기

남미에서는 유일하게 포르투갈의 지배를 받았던 나라이다. 포르투갈에 의해 발견되기 전 브라질은 인디오들이 유목생활을 하고 있었다. 포르투갈은 인디오들을 사탕수수 재배를 위해 노예로 삼았으며 아프리카의 흑인들도 노예로 데리고 왔다. 따라서 브라질 음식문화는 인디오 원주민, 아프리카, 유럽 음식문화가 혼합되어 발달되었다.

브라질의 원주민들은 카사바, 구아라나guaraná, 아사이açaí, 쿠마루cumaru, 캐슈cashew 등을 처음으로 사용하였다. 유럽 이민자들은 밀을 주식으로 이용하였으나 차츰 와인, 잎채소, 유제품을 브라질 요리에 도입하였다.

맛나다

1. 먹을거리 이야기

브라질은 지역, 기후, 민족에 따라 음식문화가 다양하게 발달하였다. 북부와 남부 지역의 요리는 대조적이다. 북부지역은 인디오 원주민과 아프리카인들의 영향을 받아 남미의 토속 음식문화를 지니고 있다. 그러나 남부지역은 이탈리아인들의 유입이 많아 파스타 같은 음식이 자리 잡았고, 독일인들이 많은 곳에서는 독일의 발달된 낙농기술 영향으로 버터나 치즈가 발달하였다.

카페 다 마냥café-da-manhã이라는 아침식사에는 주로 열대과일, 케이크, 타피오카, 꾸스꾸스, 구운 햄치즈 샌드위치, 빵과 버터, 훈제한 칠면조와 치즈, 꿀이나 잼, 달게 한 커피나 차, 주스, 핫초콜릿 등을 가볍게 먹는다. 점심인 알몬소almoço는 밥과 파스타에 삶은 콩, 파로파farofa(밀가루와 돼지고기, 양파, 달걀 및 다른 채소를 섞어서 만든 요리), 폴렌타polenta(옥수수죽), 샐러드 등을 같이 곁들여 먹는다. 저녁식사는 잔타르jantar라고 부르며 수프, 샐러드, 파스타, 햄버거나 핫도그, 피자 등을 먹는다. 점심 비중이 큰 것은 포르투갈의 영향이다.

2. 요리거리

1) 커피coffee

포르투갈 식민지 시대부터 커피 생산을 시작하였고, 현재는 최대 생산국으로 대규모 농장에서 커피를 재배하고 있다. 미나스 제라스Minas Gerais, 상파울로San Paulo, 에스피리투 산토Espirito Santo, 파라나Parana 등이 주요 산지이다.

2) 사탕수수sugar cane

브라질의 사탕수수 생산량은 세계 2위이며, 줄기에 당분이 많아 이를 가공해 설탕으로 만든다. 사탕수수 재배를 위해 아프리카 흑인들을 노예로 데려왔다. 최근에는 사탕수수에서 에탄올을 추출하여 자동차 연료로 사용한다.

마니오크

3) 마니오크manioc

카사바cassava로 알려져 있으며 고구마와 비슷한 외형을 지녔고 겉껍질은 갈색이지만 속은 하얀색이다. 뿌리에서 얻은 녹말은 타피오카tapioca라고 한다. 가루로 만들어 죽으로 먹거나 빵이나 음료에 이용되기도 하고 생것을 갈아 즙을 내 사용하기도 한다.

파우미투

4) 파우미투palm heart

야자나무의 껍질을 제거하고 나오는 속대 가운데 부분의 심으로 가래떡 모양인데 흰색이다. 주로 샐러드에

아사이베리

아사이 나 티벨라

이용되며 튀기거나 볶아서 주요리와 함께 나온다.

5) 아사이베리acai berry

아사이 야자나무 열매로 브라질 아마존강 열대우림 지역에서 자란다. 원주민들에게 '생명의 나무'로 불릴 만큼 질병 치료와 자양 강장에 사용되었던 식품이다. 브라질에서는 갈아서 시리얼, 바나나 같은 과일을 곁들여 아사이 나 티젤라açaí na tigela 음료로 즐겨 먹기도 한다.

6) 덴데오일dende oil

야자나무 열매의 섬유질 과육에서 얻은 기름으로 아프리카 흑인들이 거주하던 지역에서 튀김 음식을 할 때 주로 사용한다. 야자 열매의 속씨를 갈아서 짜낸 화이트 팜 오일 white palm oil과 구분하여 레드 팜 오일red palm oil이라고 한다.

7) 투쿠피tucupi

카사바 뿌리의 껍질을 제거해서 분쇄한 다음 즙을 짜내고 해독을 위해 끓인다. 끓이면 노란색이 되는데 여기에 소금, 아우파바카alfavaca나 치커리 같은 향신료를 넣어 소스로 만든다. 인디오 음식에 주로 사용된다.

3. 주요 먹을거리

1) 슈하스코churrasco

브라질 남부의 목동인 가우초에 의해 시작된 바베큐 종류로 쇠고기, 돼지고기, 닭고기, 소시지 등을 꼬치에 꽂아 구운 음식이다. 파인애플이나 양파, 호박 같은 채소를 곁들여 굽기도 한다. 축제음식으로 결혼식, 생일 같은 중요한 행사에 즐겨 먹는다. 고기는 두툼하게 썰어서 긴 쇠꼬챙이에 꽂고 굵은 소금을 뿌리면서 천천히 돌려 굽는다. 구워진 고기는 토마토나 양파 소스에 곁들여 먹는다. 슈하스카리아churrascaria라는 전문식당에서 즐길 수 있다. 웨이터가 꼬챙이를 직접 들고 손님 테이블을 다니면서 서빙하며, 다양한 고기를 원하는 만큼 먹을 수 있다.

2) 페이조아다feijoada

검은콩에 돼지고기의 여러 부위를 넣고 끓인 스튜의 일종이다. 아프리카 흑인들이 농장에서 일하다 먹을 것이 부족해 주인이 버리는 돼지 꼬리, 발 등 부산물과 내장을 검은 콩과 끓여 먹은 것에서 유래하였다. 국물이 진한 페이조아다는 흰 쌀밥과 돼지껍질튀김, 케일볶음과 함께 제공되기도 한다.

3) 무께까moqueca

18세기 포르투갈의 식민지 시대에서 유래되었다. 뼈를 제거한 생선, 새우 등의 해산물에 코코넛밀크, 토마토, 양파, 마늘, 고수, 덴데오일을 넣고 냄비에서 천천히 끓여서 만든

슈하스코

페이조아다

무께까

음식이다. 우리나라의 해물탕과 비슷하다.

4) 빠스텔pastel

길거리나 패스트푸드 음식점에서 파는 파이의 일종으로 일본 이민자들이 중국인들의 스프링롤을 튀겨 파는 것을 보고 변형해서 만든 것이다. 밀가루 반죽에 쇠고기, 닭고기, 새우 등의 속재료를 넣고 튀겨 만든다.

5) 카페징요cafezinho

냄비에 물, 설탕을 넣고 끓기 시작하면 강하게 볶은 커피가루를 넣고 잘 저은 후 여과천에 걸러서 마시는 브라질식 커피이다. 포르투갈어로 '작은 커피'라는 의미지만, 브라질에서는 집에 손님이 오거나 새로운 사람을 만날 때 환영과 환대를 뜻하는 의미이다.

6) 과라나guarana

아마존 강 주변에서 볼 수 있는 과일이 과라나이다. 카페인이 많이 들어 있으며 탄산음료로 자양효과가 있다. 브라질에서는 콜라보다 많이 마신다.

7) 까샤사cachaça

사탕수수 원액을 증류하여 만든 술로 사탕수수 찌꺼기인 당밀로 만든 럼에 비해 사탕수수 원액으로 만드는 점에서 차이가 있다.

빠스텔

과라나

까샤사

8) 까이삐링야caipirinha

까이삐링야

사탕수수 원액으로 만든 증류주인 까샤사cachaça에 으깬 라임, 설탕, 얼음을 넣어 마시는 브라질 전통주이다. 라임 대신 레몬, 키위, 딸기 등의 과일을 넣어 마시기도 한다. 페이조아다와 잘 어울린다.

4. 밥상머리 맵시

- 브라질 사람들은 저녁을 9시나 10시 이후에 먹기도 하므로 저녁에 식사 초대할 경우에는 너무 이른 시간은 피해야 한다.
- 음식을 입에 넣은 채 이야기하지 않도록 하고, 소리를 내지 않고 먹도록 한다. 특히 트림을 소리 나게 하는 것은 예의에 어긋난다.
- 음식이 들어 있는 그릇은 오른손으로 잡고, 빈 그릇은 왼손으로 잡는다. 이는 오른손은 축복, 왼손은 저주를 상징하기 때문이다. 또한 식탁에 팔꿈치를 대지 않도록 해야 한다.
- 국수류는 소리를 내며 먹지 않도록 하고 포크로 돌돌 말아 한 입 크기로 만들어 먹는다.
- 술을 즐겨 마시지만 많이 마시지 않는다.

아르헨티나

ARGENTINA

República Argentina

스페인의 식민지였으며 스페인뿐만 아니라 이탈리아의 음식문화에서도 많은 영향을 받았다. 소고기를 즐겨먹으며 스테이크가 훌륭하다. 아르헨티나 사람들은 먹는 것을 즐기며 미식가가 많다.

만나다

1. 자연 둘러보기

아르헨티나는 아메리카 대륙 남부에 위치하고, 약 278만 km^2의 면적을 지니고 있으며 한반도의 12배에 달한다. 안데스 산맥을 경계로 서쪽은 칠레, 북쪽은 볼리비아, 파라과이, 동쪽은 브라질, 우루과이, 남쪽은 남대서양과 접해 있다. 북부 아열대기후부터 남부 한대기후까지 분포하고 있으며, 사계절을 볼 수 있다.

2. 사회 둘러보기

아르헨티나의 수도는 부에노스 아이레스Buenos Aires이다. 인구는 2016년 기준으로 4,389만 명에 달하며, 민족은 백인 95%, 메스티소, 원주민 등으로 구성된다. 스페인어를 사용하고, 가톨릭교(92%), 기독교, 유대교 등을 믿는다.

3. 문화 둘러보기

아르헨티나는 16세기 중반 이후 스페인의 식민지가 되었다. 19세기 초 독립을 선언하였고, 19세기 말부터 유럽 자본이 유입되면서 프랑스, 이탈리아, 독일인의 이민이 활발해졌다. 이로 인해 다양한 식문화가 존재한다. 특히 스페인과 이탈리아 이민자가 많고 이탈리아인들에 의해 파스타 요리가 소개되었다. 영국 이민자들이 티를 가지고 왔으며 티타임을 즐기게 되었다.

맛나다

1. 먹을거리 이야기

쇠고기 중심의 식단이 주를 이룬다. 아르헨티나의 스테이크는 세계적으로 맛 좋기로 유명하다. 아르헨티나는 팜파스pampas라고 부르는 광활한 초원지대가 있고 기후조건이 목축업에 적합하다. 또한 우수한 품종 개량을 위해 꾸준히 노력했기 때문이다. 쇠고기에 비해 돼지고기가 2배 정도 비싸 고급 요리에 속한다. 호수, 강, 대서양을 끼고 있어 수산 자원을 풍부하게 보유하고 있으나 육식 애호가들이 많아 생선 요리를 별로 즐기지 않는다.

아르헨티나에는 먹는 것을 즐기는 미식가가 많다. 보통 아침은 주스, 빵과 햄, 우유나 커피 한 잔 정도를 먹지만, 점심과 저녁 식사에는 육류와 레드 와인을 즐긴다. 보통 한 끼에 2~3시간 정도 소요된다. 식사 첫 단계에는 엔트라다entrada라는 전채음식으로 주로 차가운 음식인 햄이나 소내장 요리 등을 먹는다. 다음으로는 주요리인 베페 데 로모bife de lomo 또는 비페 데 초리소bife de chorizo라는 쇠고기 스테이크가 나온다. 한국보다 2~3배 양이 많다. 샐러드인 엔살라다ensalada, 레드 와인인 삐노 띤또vino tinto도 곁들인다. 만일 엔트라다에 생선요리가 나올 경우는 화이트 와인인 삐노 블랑꼬vino blanco가 나온다. 주요리를 마친 뒤에는 후식에 해당하는 포스트레postre가 나온다. 달걀노른자와 우유, 설탕을 섞어 만든 단맛이 나는 후식인 플란flan, 아이스크림, 과일 등을 먹는다. 마지막으로 차나 커피를 마신다.

2. 요리거리

1) 쇠고기

국토의 40% 이상이 팜파스라는 목초지로 사람보다 소가 많은 나라이다. 1인당 연간 소고기를 소비하는 양이 세계 1위이며 고기뿐만 아니라 다양한 내장도 판매하고 있다.

2) 밀, 대두, 옥수수

아르헨티나의 주요 수출 곡물인 밀, 대두, 옥수수는 넓은 팜파스에서 재배되며 북반구와 계절이 반대이기 때문에 북반구에서 생산되지 않는 계절에 수확이 가능하고 높은 가격으로 판매할 수 있다. 특히 대두는 콩기름으로 만들어 수출한다.

3. 주요 먹을거리

1) 아사도asado

아르헨티나의 카우보이 가우쵸gaucho들이 즐겨먹던 요리에서 유래하였으며, 소고기에 소금을 뿌려 숯불에 구워 먹는 아르헨티나 음식이다. 숯불에 직화로 굽기보다 부드러운 질감을 위해 장작불에 간접적으로 굽는다. 남자들이 만들며 조리법은 아들에게 전해진다. 고기는 감자, 옥수수, 레드와인과 함께 먹는다. 2년생 송아지 한 마리를 통째로 껍질째 구운 소고기는 아사도 콘 쿠에로asado con cuore라고 하는 전통적인 아사도이다.

2) 엠파나다empanadas

만두 모양의 미트파이로 스페인과 라틴아메리카의 음식이다. 빵이나 페이스트리 반죽을 접고 안에 고기, 치즈, 위틀라코체huitlacoche(옥수수 나무에 기생하는 깜부기 균으로 옥수수

아사도

엠파나다

뿌체로

버섯이라 부른다)를 넣어 기름에 튀겨 만든다.

3) 뿌체로puchero

고기와 채소로 만든 수프의 일종으로 쌀이나 국수를 넣어 먹기도 한다. 이외에도 마늘, 양파, 감자, 고구마, 어린 옥수수, 호박, 양배추, 당근 등이 들어간다. 또르띠아와 함께 나오기도 한다. 라플라타강 유역에서 즐겨 먹던 전통음식이다.

4) 마테차mate tea

아르헨티나의 미시오네스 주에서 주로 재배되며, 아르헨티나와 파라과이, 브라질에서 즐기는 전통차이다. 조롱박 모양의 마테 컵에 마테 잎을 넣고 뜨거운 물을 부어 우려 마는데, 봄빌라bombilla라고 하는 여과망이 있는 금속 파이프를 이용해 잎이 들어가지 않도

마테차

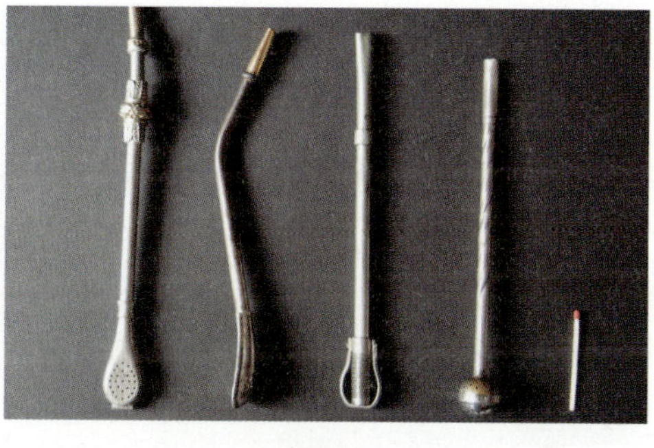
봄빌라

록 하여 마신다. 가우초들이 구운 고기와 마테차를 함께 즐겨 마셨다.

5) 와인

남미에서 가장 많은 와인을 생산하지만 자국의 소비가 많아 수출은 적은 편이다. 멘도사Mendoza가 주요 산지이며 주로 레드 품종이 많이 재배되었으나 최근 화이트 품종도 재배하고 있다.

4. 밥상머리 맵시

- 아르헨티나 사람들은 매운 음식, 생선, 국물이 많은 음식들을 좋아하지 않는다. 생선은 부활절에 제한적으로 먹는다.
- 아르헨티나는 대부분 고기가 주식이므로 포크는 왼손에, 나이프는 오른손에 잡고 먹도록 하며, 고기를 자를 때 접시에 칼이 닿아서 나는 불쾌한 소리가 나지 않도록 한다.
- 와인은 오른쪽으로 따른다. 왼쪽으로 따르면 실례로 생각한다.

칠레

CHILE

República de Chile

스페인과 원주민인 마푸체의 음식문화가 결합되어 발전하였다. 칠레는 남북으로 긴 지형을 지니고 있어 식재료가 다양하다. 그중 포도가 가장 많이 생산되고 수출된다. 칠레는 와인 생산 신흥국의 대표 국가이다.

만나다

1. 자연 둘러보기

칠레는 아메리카 대륙 서남부 태평양 연안에 위치하고, 76만 km^2의 면적을 지니고 있으며 한반도의 3.5배에 달한다. 북부는 사막지대로 연평균 기온이 섭씨 16도로 아열대성 기후를 보이고, 중부는 지중해성 기후이다. 여름에는 건기이며, 겨울에는 우기이다. 남부는 연평균 기온이 섭씨 9도로 한랭기후를 보이며 강우량이 많은 편이다.

2. 사회 둘러보기

칠레의 수도는 산티아고Santiago이고 콘셉시온Concepcion, 카우틴Cautin, 코르데리야Corderilla, 발파라이소Valparaiso 등의 주요 도시가 있다. 인구는 2016년 기준으로 약 1,765만 명에 달하며, 민족은 메스티소(60.7%), 백인, 인디오로 구성된다. 스페인어를 사용하고 가톨릭교

(66.7%), 기독교, 기타 종교를 믿는다.

3. 문화 둘러보기

칠레에는 '마푸체mapuche'라는 원주민이 거주하고 있었다. 이들은 감자, 옥수수, 콩, 해산물들을 주로 이용하였다. 1520년 마젤란Ferdinand Magellan이 처음으로 칠레를 발견한 이후로 여러 정복자들이 이곳에 발을 들였고, 칠레는 스페인의 식민지가 되었다. 스페인 정복자들로 인해 밀, 돼지, 양, 소, 닭, 와인 등이 칠레에 소개되었다. 이로 인해 스페인과 원주민인 마푸체Mapuche의 음식문화가 결합되어 발전하였다.

식민지 이후에 추초카chuchoca(삶아서 말린 옥수수), 우미따스humitas(옥수수가루 다진고기, 고춧가루를 옥수수 잎에 싸서 찐 것), 로끄로locro(옥수수, 감자, 닭고기, 돼지고기 등으로로 만든 스튜의 일종) 그리고 코차유요cochayuyo(미역과 비슷한 식용 해초)와 삶은 달걀과 함께 주어지는 루체luche(식용해초)가 대중적인 음식이 되었다.

17세기에 수녀들에 의해 페이스트리가 대중화되었다. 비슷한 시기에 멕시코로부터 거위와 칠면조가 들어오고, 자메이카로부터는 멜론과 수박이 들어왔다. 18세기는 특히 귀족계층 사이에서 칠레의 요리가 더욱 정교해지기 시작했다. 차와 커피가 기존의 마테차를 대체하기 시작했고, 칠레 와인이 유명해졌다.

칠레는 독일, 이탈리아, 프랑스의 영향을 받아 음식문화가 발전하였다. 독일과 이탈리아 요리는 대중들에게 인기를 얻었고, 프랑스 음식은 칠레에 고급 음식문화가 생기는 데 도움을 주었다. 독일인들의 정착지였던 남쪽 지방의 경우 견과류나 과일을 넣어 구운 독일 파이인 쿠헨kuchen과 크리스마스에 주로 먹는 빤 데 빠스구아라pan de pascua라는 독일식 케이크도 유명하다.

맛나다

1. 먹을거리 이야기

칠레인은 오후 늦게 저녁을 대신하여 차와 같이 햄과 치즈 등을 곁들인 빵, 케이크 등으로 간단하게 식사하기도 한다. 이는 발파라이소Valparaiso에 정착한 영국인들에 의한 풍습으로 보인다.

칠레 음식은 옥수수, 토마토, 호박 등을 섞어 으깨거나 찜을 하는 음식이 많고, 소박한 편이다. 태평양 해안선에 길게 걸쳐 있는 칠레는 해산물 요리가 유명하고 특히 남부가 풍부하다. 생선은 주로 튀김이나 구이로 먹고, 국이나 세비체ceviche(페루의 대표적인 요리로 바닷가에 있는 더운 나라 사람들이 즐겨 먹는 요리로 해산물을 얇게 썰어 레몬즙이나 라임즙에 재워 차갑게 먹는 중남미 대표 음식)로 먹기도 한다.

중부 지역은 포도 재배와 와인 양조장이 많다.

2. 요리거리

1) 포도

칠레는 북반구와 계절이 반대이므로 과일이나 농작물 수출에 유리한 편이다. 특히 과일 산업이 발달하였고, 대표적인 과일로 포도, 사과, 복숭아, 자두, 키위, 배, 아보카도 등이 있다. 이 중에서 포도는 농산물 생산량 중 1위일 뿐만 아니라 전 세계 수출 1위이다. 포도로 만든 와인의 수출도 전 세계 5위를 차지하고 있다.

2) 체리모야cherimoya

안데스 산맥의 아열대 지역에서 주로 서식하는 과일로 원주민은 께주아cherimoya라고 불렀다. 이는 '차가운 과일'이라는 뜻으로 선선한 기후에서 잘 자란다. 과육을 떠 먹거나 샐러드에 넣어 먹기도 하고 아이스크림으로 만들기도 한다.

체리모야

루쿠마

퀴노아

3) 루쿠마lucuma

'잉카의 황금'이라고 알려진 과일로 아이스크림, 스무디, 요구르트 등에 파우더 형태로 첨가한다.

4) 퀴노아quinoa

안데스 지역에서 주로 재배되며 잉카제국의 '슈퍼곡물'로 불리며, 이 지역에서 6천 년 동안 고단백, 고영양 식품으로 중요한 곡물이었다.

3. 주요 먹을거리

1) 빠리야다parrillada

소의 곱창, 간, 선지 등 내장에 소금을 뿌려 굽는 요리이다. 아르헨티나에서도 빠리야다라 불리며, 브라질에서는 슈하스코라 불리는 비슷한 음식이 있다.

2) 빠스뗄 데 초끌로pastel de choclo

질그릇에 다진 쇠고기나 닭고기, 해산물을 넣고 양파, 찐 달걀을 넣어 볶은 뒤 옥수수 으깬 것을 올려서 오븐에 구워낸 음식이다. 아래 부분은 서양식 미트파이 맛이 나며, 옥수수 으깬 것 위에 설탕을 듬뿍 올리기 때문에 달달한 맛이 난다.

빠리야다

빠스뗄 데 초클로

까수엘라

3) 까수엘라cazuela

닭고기나 쇠고기를 우린 국물에 호박, 감자, 옥수수, 고수 등을 큼직하게 썰어 넣고 끓인 국물 음식이다.

4) 칼디요 데 콘그리오caldillo de congrio

칠레에서 흔히 잡히는 장어로 만든 국물요리로 노벨문학상을 수상한 빠블로 네루다Pable Neruda가 좋아하여 시까지 썼다고 한다.

5) 꾸란또curanto

칠레 중남부 지역의 전통음식으로 조개류, 쇠고기, 감자, 채소 등이 들어간다. 땅을 파내고 아래 부분에 돌을 넣고 장작불을 때서 돌이 뜨거워질 때까지 기다린다. 돌이 달궈지면 해산물과 주재료를 대황 잎이나 무화과, 양배추 잎으로 덮어주고 마지막에는 젖은 자루, 흙과 풀로 덮어 약 1시간 동안 쪄내는 음식이다. 꾸란토란 '뜨거운 돌'이라는 의미를 지니고 있다. 요즘에는 모닥불이나 그릴에 큰 스튜 포트를 올려 익히거나 압력솥을 사용하기도 한다.

6) 소빠이삐야sopaipilla

칠레 사람들이 겨울철에 즐겨 먹는 디저트로 밀가루 반죽을 사각형으로 잘라 기름에

칼디요 데 콘그리오

꾸란또

소빠이삐야

튀겨낸다. 머스타드, 케첩, 꿀, 뻬브레pebre(다진 양파, 올리브오일, 마늘, 토마토, 고수, 고추를 넣고 소금, 후추로 간을 해서 만든 소스)를 뿌려 먹는다.

7) 모떼 꼰 우에시요mote con huesillo

칠레 전통 음료로 여름철에 주로 마신다. 말린 복숭아huesillo를 물, 설탕, 계피와 함께 넣고 끓인 다음 차갑게 식히고 껍질을 벗겨 익힌 밀을 넣어 만든 음료이다. 설탕 대신 꿀을 사용하기도 한다.

8) 까페 꼬르따도cafe cortado

칠레 사람들이 즐겨 마시는 밀크 커피이다. 커피와 우유를 반씩 넣어 층을 이룬 모양이 'cortar(자르다)'라는 의미를 지녀 붙여진 이름이다.

9) 삐노vino

칠레에서 생산되는 레드 와인을 삐노 띤또vino tinto, 화이트 와인을 삐노 블랑꼬vino blanco라고 한다. 레드 와인의 품질이 좋은 편이다.

까베르네 쇼비뇽, 삐노 누아, 말벡, 프티 베르도, 메를로, 쇼비뇽 블랑, 세미옹 등이 주로 재배되는 품종이다. 마이포 계곡, 아콩가과, 카차포알, 탈카 등이 대표적인 생산지역이다.

모떼 꼰 우에시요

삐스코 사워

10) 삐스코 사워pisco sour

포도를 증류하여 만든 삐스코pisco에 라임즙, 시럽, 얼음을 넣어 만든 칵테일이다. 페루에서는 달걀 흰자를 넣기도 한다.

4. 밥상머리 맵시

- 칠레 사람들은 특별히 싫어하는 음식은 없으나 주로 해산물보다 육류를 좋아한다.
- 칠레에서는 식사 시간에 와인을 같이 마시므로 손님을 대접할 경우에는 준비하는 것이 좋다.
- 상대가 식사하고 있는 중간에 자리를 뜨거나 양해를 구하지 않고 흡연하는 행위는 피하도록 한다.
- 식사하는 동안 손은 항상 테이블 위에 올려 두는 것이 예의 있는 행동이다.

페루

PERU

República del Perú

높은 산, 해변, 건조, 열대우림, 열대지역에 인디오 및 스페인 문화가 혼합된 독특한 형태를 가지고 있으며, 1990년대까지만 해도 전 세계 여행자를 페루로 불러들이던 일등공신이 '마추픽추'였다면, 2000년대 초반부터 음식을 맛보기 위해 페루에 가보고 싶어 하는 이들이 늘고 있다.

만나다

1. 자연 둘러보기

남아메리카 서부에 위치하고 있으며 전체 면적은 128만 km² 정도이고, 한반도의 5.8배이다. 안데스 산맥의 태평양 해안을 따라 페루 전역을 3등분한다. 정글 지방인 셀바selva는 아마존 강의 열대우림이 뒤덮인 평원으로 세계 네 번째로 열대 우림이 넓은 지역이다. 기후는 해안지대는 온난다습하며, 밀림지대는 열대성 기후이다. 구리·아연 등 광물자원이 풍부하며, 원유·커피가 많이 산출되고 수산업이 발달하였다. 특히 어분魚粉 생산은 세계 1위이다.

2. 사회 둘러보기

수도는 리마Lima이고, 인구는 2016년 기준 약 3,074만 명으로 세계 43위이다. 종족 구성은 인디언 45%, 메스티조 37%, 백인 15% 등이다. 언어는 일반적으로 스페인어를 사용하며, 케추아어, 아이마라어를 사용하기도 한다. 가톨릭교가 국교로 90% 이상이 믿는다.

3. 문화 둘러보기

페루에는 적어도 B.C. 8000년 경부터 사람이 거주하기 시작했다. 고대문화는 쿠스코에서 80km 떨어진 해발 2,450m의 고지에 있는 잉카제국의 '잃어버린 도시' 마추픽추Machu Picchu의 유적에서 발견할 수 있다. 민속문화는 스페인 통치 이전과 메스티소 전통에서 유래된 요소들이 풍부하다.

맛나다

1. 먹을거리 이야기

2000년대 초반부터 분위기가 바뀌었다. 음식을 맛보기 위해 페루에 가보고 싶어 하는 이들이 늘고 있다. 페루는 국제 관광업계에서 가장 권위 있는 상으로 「월스트리트 저널」이 '여행업계의 아카데미상'이라고 표현한 월드 트래블 어워즈WTA '최고의 미식 여행국가Best Country for Gastronomy' 부문에서 2012년부터 2016까지 5년 연속 1등을 차지했다. 요리의 기본인 식재료가 엄청나게 풍부하다. 태평양과 접한 해안에서부터 해발고도 5,000m에 이르는 안데스 산맥, 아마존 열대우림에 이르는 자연환경의 덕분으로 다양하고 풍성한 식재료를 자랑한다.

고추, 감자, 옥수수, 고구마, 호박, 토마토, 딸기, 파파야, 아보카도 등이 원산지이며, 기호식품인 담배와 잎에 코카인 성분이 들어있는 코카나무도 이 지역이 원산지이다.

주류는 맥주의 소비량이 압도적으로 많다. 맥주 이외에 위스키, 와인, 삐스코(포도의 증류주), 론(사탕수수의 증류수) 등이 있으며, 각종 칵테일도 많이 마신다. 특히, 페루의 대표적인 칵테일인 '비스코 사와(비스코, 달걀흰자, 레몬, 설탕이 어우러진 칵테일)'는 맛이 좋다.

식수食水는 수질오염과 배수관의 노후 등의 이유로 일반 가정에서 수도꼭지에서 직접 물을 마시지 않는다.

2. 요리거리

서고츠 산맥 서쪽의 해안지역에는 열대 식생이 풍부하다. 저지대에서는 코코넛·빈랑·후추·생강·고무·바나나 등이, 고지대에서는 커피·차·소두구 등이 주로 재배된다.

1) 감자

페루가 원산지로 페루 전역에서 4,000여 품종의 감자가 재배되고 있다. 지역민에게 감자는 농업과 문화의 중심이다. 해발 3,000m 이상의 안데스 산맥 고원에 자라는 감자는 1532년 금을 찾아 신세계로 진출한 스페인의 정복자들과 처음 대면하였다. 그 후 1570년경 스페인 정복자들이 배 위에서 먹을 식량으로 감자를 가져가면서 처음으로 유럽에 전해졌고, 다시 인도를 거쳐 중국에까지 전해진 것이다. 이후 감자는 인류의 식량문제 해결에 지대한 공을 세운 작물이 되었다.

포테이토potato의 어원도 감자의 원산지인 페루에 연유한다고 한다. 고대 페루에서는 감자를 파파papa라고 불렀다. 감자가 유럽으로 전해지면서 파파가 파타타patata로, 이 파타타가 지금의 포테이토potato로 정착된 것이다.

2) 퀴노아quinoa

약 3000~4000년 전에 처음 재배되었다고 하지만 어떤 고고학자는 이 곡물이 재배되기 전에, 즉 인류가 재배한 것이 아니라 자연스럽게 이 곡물이 자라난 것은 5000~7000년 전이라고도 한다. 서양에서는 대표적인 슈퍼푸드로 인기를 얻고 있다. '곡물의 어머니'라고 불릴 정도로 효능이 좋다. 단백질, 식이섬유, 칼슘, 무기질 등의 영양성분이 고루 포함되어 있으며 변비 개선, 다이어트 등에 탁월한 효과를 지니고 있다. 쌀 대신 밥을 지어서 먹기도 하고 샐러드, 죽 등으로 만들어 먹기도 한다.

감자

퀴노아

카카오

3) 카카오cacao

열매를 코코아 분말과 초콜릿의 원료로 사용한다. 커다란 열매인 카카오는 녹색, 황색, 적색, 자주색이며 열매의 과육이 있는 하얀 펄프에는 60개 이하의 씨앗이 들어 있다. 익은 열매에서 씨를 꺼내 나무통에서 며칠간 발효시키면 씨가 붉은 빛을 띤 갈색으로 변하고 독특한 향기가 난다. 이것을 물로 씻은 다음 건조시킨 것이 카카오 콩이며, 볶아서 분말로 만든 것이 카카오 페이스트cacao paste이다. 여기에 설탕, 우유, 향료를 첨가하여 굳힌 것이 초콜릿이다. 카카오 페이스트를 압축시켜 지방을 뽑아낸 것이 코코아이고, 여기서 얻은 지방이 카카오 버터cacao butter이다. 페루 사람들은 초콜릿 원료인 카카오를 집에 사가지고 가서 초콜릿을 만들어 먹는다.

3. 주요 먹을거리

1) 세비체ceviche

생선살을 큼직하게 잘라 고춧가루와 라임즙, 다진 양파, 실란트로(고수)에 무친 '페루식 생선회'다. 원래 해안가에 살던 모체Moche 원주민의 음식이다. 모체족은 페루에서 툼보tumbo라고 부르는 바나나 패션프루트banana passionfruit 열매 즙으로 신맛을 냈다. 하지만 16세기 스페인 정복자들이 라임lime을 들여왔고, 툼보를 라임즙으로 대체한 버전이 오늘날 전 세계가 즐기는 세비체로 완성됐다. 인디오 원주민을 비롯해 스페인·독일·이탈리아 등 유럽계 백인, 인디오·백인 혼혈 메스티소, 흑인, 중국·일본 등 아시아계가 공생한다.

세비체

로모 살타도

삐스코 칵테일

이들이 뒤섞이며 빚어낸 독특한 식문화의 대표적인 반영이 세비체이다.

2) 로모 살타도lomo saltado

19세기 페루에는 철도 건설과 사탕수수 농사에 동원된 중국인과 일본인이 정착하면서 아시아계 이민이 시작됐다. 그때 정착한 중국인들의 중화요리가 페루의 스페인 요리와 결합해서 만들어진 음식 중 하나가 바로 로모 살타도이다. 중국 음식의 영향을 받은 퓨전 요리로, 길게 썬 소고기를 간장에 재웠다가 양파, 토마토, 고추와 같이 볶는다. 쌀밥, 감자튀김과 함께 먹는다.

3) 삐스코pisco

포도를 증류한 술로 한국의 소주에 버금가는 페루 국민 술이다. 포도즙을 증류한 싸구려 술이었으나, 최근 고급 삐스코가 속속 출시되고 있으며 칵테일로도 다양하게 즐기고 있다.

이외에 생선을 얇게 썰었을 뿐 양념은 세비체와 같은 티라디토tiradito도 있다. 타말레스는 옥수수 가루를 고기·치즈 등과 함께 바나나 잎에 싸서 구운 요리다. 레체 데 티그레leche de tigre, 즉 '호랑이 우유'는 새콤매콤한 세비체 양념에서 갈라져 나와 음료로 발전했다. 숙취 해소에 탁월하다.

똑! Knock!

마추픽추 Machu Picchu

마추픽추는 페루에서 잉카 문명의 흔적이 가장 완벽하게 남아 있는 세계적인 유적으로 쿠스코에서 북서쪽으로 약 80km 떨어진 곳에 있다. 2개의 뾰족한 봉우리 사이 말안장 모양의 지역에 위치하고 있기 때문에 스페인 침략자들에게 발견되지 않았으며, 1911년에야 예일대학교의 히람 빙엄에 의해 발견되었다. 콜럼버스의 신대륙 발견 이전에 세워진 도시로서 마추픽추처럼 거의 사람의 손이 미치지 않은 채 간직된 경우는 드물다.

2,300m의 산 정상에, 험준한 계곡과 가파른 절벽에 기대어 숨어 있는 신비의 공중 도시 마추픽추는 면적은 13km^{2}이고 신전 하나와 3,000개가 넘는 계단과 연결된 테라스식 정원으로 둘러싸인 곳으로 궁전이 있고, 신을 모시는 신전, 의식에 사용되는 의례품을 저장하는 저장소가 있었다. 또 학교와 공장, 사람들이 살던 집, 묘지, 산을 계단식으로 깎아 옥수수와 약초를 재배하던 경작지도 있었으며, 천체 관측을 했던 것으로 보이는 건축물도 볼 수 있다.

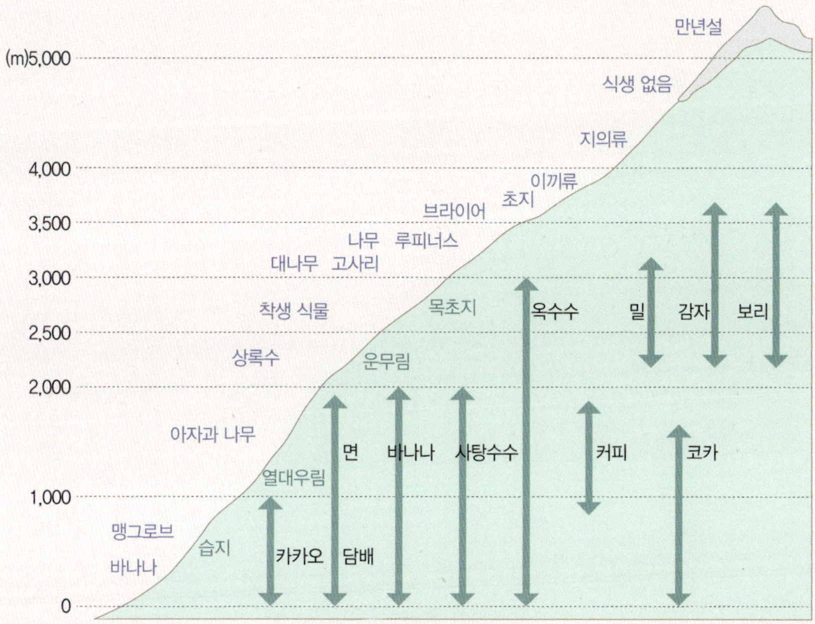

안데스 산맥의 기후와 식생

자료 : 페루관광청; 조선일보, 2017년 3월 9일자; @머니S MNB, 식품 유통·프랜차이즈 외식 & 유망 창업아이템의 모든 것

4. 밥상머리 맵시

- 커피를 좋아하는 국민이므로 아침 식사와 간식 시간에는 반드시 준비되어 있으며 원하는 만큼 마신다. 그 외에 허브herb 차를 항상 마시고 있는 사람도 적지 않다.
- 페루에서는 옥수수를 남기거나 버리면 안 된다. 옥수수가 주식인 페루에서는 옥수수를 신성시한다. 심지어 페루의 신은 옥수수 모양을 하고 있다.
- 손님은 권한 음식을 전부 먹고 남기지 않는 것이 예의지만 그것이 힘들 경우 주인의 기분이 상하지 않게 요령껏 사양한다.
- 손짓을 하거나 손뼉을 쳐서 웨이터를 부르고, 사람을 부를 때는 손바닥을 밑으로 하여 손짓한다.
- 받은 서비스에 대해서는 팁(5%)을 지불하는 것이 예의이다.

오세아니아

CHAPTER 11

호주 뉴질랜드

AUSTRALIA
Sydney
Canberra
Melbourne
Tasmania
NEW ZEALAND
Wellington
Christchurch

호주

AUSTRALIA

濠洲

다문화를 갖춘 호주에서는 세계 각국의 다양하고 생생한 음식을 호주인들의 입맛에 맞게 변형되어 자리하게 되었으며, 호주인들은 공원이나 바닷가 등 야외 식사를 즐기거나 정원에서 가족이나 친구들과 함께 바비큐 요리를 즐기는 것이 일반화되어 있다.

만나다

1. 자연 둘러보기

남반부에 위치한 세계에서 6번째로 면적이 넓은 나라로, 대륙 본토와 태즈메이니아 섬, 그리고 인도양과 태평양의 많은 섬으로 이루어져 있다, 대륙의 절반 이상은 서부 고원 지대로 내륙은 대부분 사람이 살기 어려운 불모지이거나 반사막이어서 대부분은 해안지대에 살고 있다. 세계에서 가장 큰 섬이자 가장 작은 대륙으로 편평한 지형의 호주는 동쪽의 태평양과 서쪽의 인도양을 비롯해 사면이 바다로 둘러싸인 해양국가로서 전체 면적은 약 774만 km^2(한반도의 35배)이다. 기후는 대체로 건조하나 북부는 열대, 남부는 온대, 대륙 중앙은 사막성 기후를 나타낸다. 국토의 60% 이상이 연강수량 50mm 이하인 사막기후지대, 그리고 10%가 연강수량 100mm 정도인 반건조기후 지역이다.

2. 사회 둘러보기

수도는 캔버라Canberra이며 인구는 2016년 기준 약 2,300만 명이다. 원주민 인구는 크게 감소하여 순혈종의 원주민 약 4만 명이 특별보호구에서 보호생활을 하고 있다. 오랫동안 이민에 의해 인구가 증가하였다. 민족은 앵글로색슨 80%, 아시아와 원주민(애보리진) 및 기타 20%로 구성되어 있다.

대부분의 사람들은 영어를 쓰고 있는데, 호주 영어(오지 잉글리시)는 미국 영어나 영국 영어와 구별되는 특징을 갖고 있다. 2001년 조사에 따르면, 전체 인구의 80%는 가정에서 영어만을 사용하고 있다. 이민 1세대나 2세대의 상당수는 두 언어를 사용하고 있다.

호주는 국교가 없는 국가로 기독교 67%, 무종교 26%, 기타의 순이다.

3. 문화 둘러보기

호주의 역사는 몇 만 년 전부터 이곳에 거주하던 원주민인 애버리진Aborigines으로 거슬러 올라간다. 이들은 고대 인류와 DNA가 가장 비슷한 종족이기도 하다. 호주의 원주민인 애버리진은 현재로부터 약 5만 년 전, 마지막 빙하기 때 바다가 얕아진 사이에 동남아시아로부터 배를 타고 호주로 도착하였다. 그 후 2만~4만 년간 간빙기가 오면서 다른 대륙들과 완전히 동떨어진 자신만의 문화를 구축하게 된다. 이들은 곡물 재배를 알지 못하고 석기시대 방식으로 수렵과 채집으로 식량 문제를 해결하고 있었다.

1770년에 영국 해군의 선장 제임스 쿡이 본격적으로 이곳을 탐험한 이후, 유럽인에게 이 대륙이 소개된 것은 뉴사우스웨일스 주의 초대 식민지 총독인 아서 필립이 이끈 11척의 선단이 1788년 호주의 보터니 만에 입항하면서부터였다. 1901년 1월 1일에 영연방의 일원이 되었고 얼마 후에 군대가 창설되었다.

초기의 백호주의 정책으로 유럽계의 이주민만을 받아들였기 때문에 1870년대 초반까지는 이민에 의한 사회적 인구 증가는 물론 자연 증가도 크지 않았다. 그러나 2차 세계대전 이후 헝가리, 레바논, 중국 등지에서 온 망명자와 이주민에 의해 점차 증가했다가 1973년 백호주의가 폐지되면서 이민이 자유로워져 인구는 급증하게 되었다.

맛나다

1. 먹을거리 이야기

다양한 이민자들의 유입으로 각국의 요리가 발달하였다. 기틀을 잡은 영국인들과 금광이 발견되면서 중국과 이탈리아 등지로부터 온 이민자들과 인도, 터키, 태국, 베트남, 중동, 프랑스, 일본 등의 다양한 음식은 각 나라 고유의 기본 형태는 갖추면서 호주인의 기호에 맞게 적절히 변형시킨 음식으로 발전하였다.

양고기와 소고기가 풍부하게 생산되는 나라로 국민 1인당 육류 소비량이 연간 100kg에 달하며 주로 두툼하게 썰어 스테이크로 즐기거나 야외에서 바비큐를 해서 먹는다. 소금과 후추 등 몇 가지 양념만을 사용해 단순하면서 고기 본래의 맛을 즐기며 양이 많다. 호주 쇠고기는 세계적으로 품질이 우수하다.

육류의 많은 소비로 인해 성인병과 비만인의 수가 늘어나자 1990년대 이후로 '모던 호주modern australia'라고 하는 새로운 운동이 전개되면서 전통 자연음식, 즉 원주민이 즐겨 먹던 육류와 야생식물을 주재료로 한 부시 터커bush tucker가 인기를 끌게 되었고, 부시터커 전문 음식점이 늘어나고 있다. 캥거루나 악어, 호주산 타조인 에뮤emu와 같은 고기요리들이 부시 터커로 알려져 있다.

4면이 열대와 온대의 바다로 둘러싸여 있어 바닷가에 접한 도시에는 해산물이 풍부하다. 가장 대표적인 것이 시드니 명물인 록 오이스터(돌굴)이다. 자연산인 이 굴은 살이 단단하고 깊은 맛이 나는데 레몬을 곁들여 날로도 먹고, 치즈를 곁들여 구워서도 먹는다.

이외에도 연어, 참치, 새우 등을 비롯한 갑각류, 게, 바닷가재, 조개, 전복 등 다양한 해산물을 즐긴다.

맥주와 와인 모두를 즐기는 민족으로 호주의 레스토랑에는 B.Y.O.Bring Your Own라는 독특한 시스템이 있다. 주류 판매 허가는 엄격해서 인가가 없는 레스토랑에서는 B.Y.O.라는 표시를 하며, 이곳에서는 손님이 직접 술을 가지고 들어갈 수 있다. 1인당 맥주 소비량은 세계 3위이며 각 지역에 따라 다양한 브랜드의 맥주가 생산되고 있다. 세계적으로 유명한 맥주로는 포스터Fosters와 쿠퍼스Coopers가 있다. 호주의 와인은 비록 역사는 짧지만 맛에 있어서는 세계적인 평가를 받고 있다. 신선하고 산뜻한 맛이 특징이며, 사우스 호주 주에서 생산되는 레드 와인이 세계적으로 유명하다.

2. 요리거리

엄청난 양의 곡물, 양질의 밀, 보리와 양고기 및 소고기 수출로 유명하다. 그러나 생산업자들이 전 세계 다른 국가들과 차별화되는 호주만의 상대적 경쟁력을 이용하기 시작하면서 변화의 기운이 감지되고 있다. 호주에는 열대기후부터 사막·온대, 극지방 기후까지 다양한 기후지대가 분포되어 모든 종류의 농산물을 재배할 수 있다.

1) 캥거루 고기kangaroo meat

전통적인 원주민 음식인 캥거루 고기는 약간 질기고 특유의 냄새가 나긴 하지만 씹을수록 색다른 맛이 난다. 1993년부터 식품으로 승인되었고, 햄버거용이나 수프용으로 다양하게 소비되고 있다. 다른 고기에 비하여 지방이 적고 콜레스테롤 수치도 낮아 다이어트 식품으로 수요가 점차 증가하고 있는 추세이다.

2) 꿀

오염되지 않은 남호주 캥거루 아일랜드Kangaroo Island에서 채취한 희귀 꿀이야말로 가장 달콤한 식재료일 것이다. 지구상에서 순수한 리구리안ligurian 벌들만 모여 사는 서식지는 이제 캥거루 아일랜드뿐이라고 한다. 300개 벌집을 보유한 클리포드 허니 팜Clifford's honey farm을 비롯한 캥거루 아일랜드 소재 40여 개 양봉 농가들은 이 온순하고 부지런한 벌을 지키는 역할을 하고 있다. 1885년 벌 보존구역으로 지정된 이후 이 섬에 다른 벌의 유입은 허용되지 않았으며, 남호주 해안의 고립된 지리적인 특징도 벌의 혈통 보존에 기여했다.

3) 버섯

검은 송로버섯은 호주에서 급성장하고 있는 산업으로 서호주와 태즈매니아의 한랭지대를 중심으로 매년 4.5톤에 달하는 검은 송로버섯이 생산되고 있다. 이 중 약 3톤 분량을 생산하는 서호주 맨지멉Manjimup의 와인 앤 트러플 컴퍼니Truffle & Wine Co는 프랑스 페리고르Perigord 지방의 토양과 기후 조건이 조성된 13,000그루의 개암나무와 오크나무를 심은 과수원을 개발하여 프랑스의 유명한 '블랙 다이아몬드'의 품질에 비견되는 고급 호주 페리고르 송로버섯을 생산하고 있다.

오트웨이 포리스트 쉬타키Otway Forest Shiitake는 호주 반대편 빅토리아에 있는 청정 오트웨이 포리스트Otway Forest의 깊은 숲속에서 현지 농부들이 환경 보존 및 수입을 목적으로 놓고 간 유칼립투스 통나무를 배지로 표고버섯을 재배하고 있다. 한편 남호주 애들레이드 힐즈Adelaide Hills에는 채집가들이 희귀한 야생 포르치니 버섯(그물버섯으로 부드럽고 크림처럼 녹는 질감에 고소하고 약간 고기맛이 나는 버섯이다. 날로 먹거나 버터에 구워 먹거나 갈아서 파스타나 리조토, 수프, 그리고 많은 요리에 넣어 먹는다)을 찾는 비밀의 장소들이 있다.

포르치니 버섯

3. 주요 먹을거리

1) 피시 앤 칩스fish & chips

밀가루를 묻혀 튀긴 흰살생선에 길게 썬 감자튀김을 곁들인 것으로 영국의 전통적인 음식을 호주에서도 볼 수 있다. 공원이나 해변, 길거리에서 바로 튀긴 생선을 종이에 싸서 들고 먹는 모습을 흔히 볼 수 있다. 피시 앤 칩스를 파는 식당에서는 생선뿐 아니라 닭고기, 오징어, 중국식 스프링롤 등을 같이 파는 경우도 많다.

2) 미트파이meat pie

미트파이는 진한 버터향이 나는 파이 반죽에 닭이나 쇠고기를 간 것과 버섯, 커리, 감자, 채소 등을 듬뿍 넣은 속을 넣어 만들며, 완두콩이나 그레이비 소스를 뿌려서 먹는다. 미트파이는 영국에서 건너간 것이지만, 호주인들이 더 즐겨 찾는 인기 있는 음식이다.

피시 앤 칩스

미트파이

베지마이트

3) 베지마이트vegemite

베지마이트는 소금, 채소즙, 이스트 추출물로 만드는 크림 타입의 스프레드로서 흑갈색을 띠어 초콜릿 소스처럼 보이지만 냄새가 특이하고 짭짤한 맛이 난다. 베지마이트는 채소를 의미하는 베지vege와 친구를 의미하는 마이트mite가 합해서 붙여진 명칭이다. 일반적으로 토스트나 비스킷에 발라 먹는다.

4) 부시 터커bush tucker

부시 터커는 호주 원주민이 4만 년 동안 먹어온 음식으로 '미개한 원주민의 음식'이란 뜻의 원주민 전통음식이다. 부시 터커에는 다양한 약초, 향신료, 과일, 채소, 짐승, 새, 파충류 그리고 곤충 등이 있다. 최근 성인병이 만연하면서 호주인들은 건강식인 부시 터커에 이목을 집중하고 있으며, 이러한 음식의 대량 생산과 유통이 진행 중이다.

5) 와인

호주에서 와인이 처음 생산된 것은 1816년으로 역사는 짧지만 전 세계 와인 생산량의 4%를 차지한다. 좋은 품질을 인정받아 세계적으로 수출되고 있다. 호주 와인은 깊은 맛보다는 신선한 맛으로 유명하다. 1980년대 중반에 과일향이 가득한 샤르도네와 꿀향의 세미용 그리고 자두맛이 나는 잘 익은 쉬라즈 등은 세계적으로 유명해졌다. 유명한 와인 생산지는 서호주의 마가렛 리버, 남호주의 바로사 밸리Barossa Valley와 펜폴즈, 시드니 북쪽

부시 터커

버터

의 헌터 밸리 등이다. 펜폴즈에서는 고급 레드 와인인 '그레인지 허미티지grange hermitage'가 생산된다. 바로사 밸리에서는 매년 4월에 포도 수확과 와인 생산을 축하하는 '포도 축제vintage festival'가 열린다.

6) 버터와 치즈

버터는 본토의 머틀포드 버터 팩토리Myrtleford butter factory에서도 호주 전통 방식을 고수한다. 호주에서는 소를 목초지에서 방목하다 보니 우유에 베타카로틴(비타민 A)이 많아 버터가 노란 빛을 띤다. 이곳의 대표 제품은 가볍고 크리미한 유럽식 버터로 소량으로만 생산해 수작업으로 포장하며 유크림과 배양균, 단 2가지 재료만 들어간다. 그 결과 유지방 함량 82% 이상의 풍부한 버터가 탄생하였고, 송로버섯을 이용한 검은 송로버섯 버터도 유명하다

태즈매니아Tasmania에는 브루니 아일랜드 치즈 컴퍼니Bruny Island Cheese Company처럼 서늘한 해안기후를 이용하여 세계적인 치즈를 제조하는 업체들이 있다. 치즈 전문 메이커 닉 해도우Nick Haddo는 현재 호주 최고의 명품 치즈를 생산하고 있으며, 전통 방식만으로 치즈를 만들고 숙성하기를 고집한다.

4. 밥상머리 맵시

- 초대를 받았을 때에는 약속시간 10~15분 늦게 가는 것이 예의이다.

• 호주 중산층 가정의 디너 파티에 초대되었을 때, 아홉 시가 넘도록 밥을 주지 않는 것이 보통이므로 가기 전에 배를 좀 채우고 가는 것이 좋다. 물론 손님들이 도착한 후 한 시간 남짓 흐르면 'savoury snacks'라 하여 간식이 나오기는 하지만 양이 적어 눈 깜짝할 사이에 사라져 버린다.
• 수프 그릇을 손으로 들고 먹지 않으며 국수를 소리내어 먹지 않는다.
• 식사 시 비록 음식이 형편 없더라도 완벽한 음식이라는 칭찬을 계속해 주어야 한다.

뉴질랜드

NEW ZEALAND

新西蘭

양질의 농산물과 다양한 이민자의 유입으로 다채로운 음식문화를 포용한다. 보기 좋게 담아낸 창의적이며 혁신적인 요리를 높이 평가하여 국가적 음식 정체성을 갖게 되었으며 여러 문화의 다양성이 잘 조화된 나라이다. 수도 웰링턴에는 인구당 식당이 뉴욕보다 더 많다.

만나다

1. 자연 둘러보기

환태평양 조산대에 속하는 섬나라로서 지형이 험준하고 화산과 지진이 많으며, 호주대륙에서 남동쪽으로 약 2,000km 떨어져 있다. 북섬과 남섬으로 이루어진 본토와 여러 섬 및 제도諸島를 국토로 한다. 오클랜드와 웰링턴이 있는 북섬은 면적의 63%가 산지와 구릉이며, 특히 화산이 많다. 면적은 약 27만 km^2로 우리나라의 1.2배에 달하며 남태평양 한가운데 떠 있는 섬이기 때문에 서안 해양성의 온대기후를 나타낸다. 고산지를 제외한 대부분의 지역에서 연중 습윤하고 온화하며, 연평균 기온은 북섬의 오클랜드가 15℃, 남단의 인버카길이 10℃로서 기온의 지역차가 적으며 연교차도 적어 여름과 겨울의 기온차도 8~9℃ 정도에 불과하다.

계절은 북반구와 정반대이다. 12~3월이 가장 따뜻한 기간이며, 6~9월이 가장 춥다.

2. 사회 둘러보기

넓은 국토를 이용하여 고도의 경제 발전을 이룩하였으며, 그 결과 국민의 생활 수준이 높고 풍요롭다. 또한 인구가 적고 산업이 기계화되어 생산성이 높고 완전고용이 실현된 나라이다.

수도는 웰링턴이고, 인구는 2016년 기준으로 약 447만 명이다. 종족 구성은 대부분이 유럽계인 영국계가 68%, 마오리족 14%, 아시아인 9.2%, 폴리네시아인 순이다. 뉴질랜드인은 그동안 '화이트 뉴질랜드 정책'에 따라 유색인종을 배척하고 백인의 나라를 구축해 왔으나, 요즘은 인종 간 융화를 추진하고 있다.

인구의 90%가 공식 국가 언어인 영어를 사용하고 있으며, 1987년부터 마오리어가 공식 언어로 채택되어 두 가지 언어가 공용어로 사용되고 있다. 종교는 성공회교 17%, 가톨릭교 14%, 기독교 11%를 차지하며, 힌두교 및 마오리족 고유의 토착종교 그리고 무교 인구도 많은 편이다.

3. 문화 둘러보기

1250~1300년에 폴리네시아인이 정착하고 나서 독특한 마오리족 문화가 발전되었다. 뉴질랜드의 원주민은 폴리네시아계系의 마오리족族으로 전 주민의 9%를 차지한다. 그들은 대략 타히티 방면에서 여러 차례에 걸쳐서 뉴질랜드에 이동해온 것으로 추정된다. 마오리족의 대부분은 북섬에 거주하며, 타로감자·얌감자·고구마·호리병박 등을 재배하며 농경생활을 하였다. 사냥을 잘하고 자연에서 음식을 잘 구하던 마오리족의 '카이'라 부르는 마오리 음식은 조류, 생선에 야생 허브나 뿌리를 넣어 요리했다.

1642년에는 네덜란드의 탐험가 아벨 타스만Abel Tasman이 유럽인으로는 최초로 발견했다.

이때 마오리의 인구는 12만 명 정도로 추정된다. 타스만 이후 뉴질랜드를 찾은 사람은 영국의 탐험가 제임스 쿡James Cook 선장이었다. 18세기 후반에 최초의 유럽 이주민이 정착하면서 감자, 호박, 밀, 설탕 등을 도입했다.

19세기 초 감자와 머스킷총이 도입되면서 머스켓 전쟁이 발발하는 계기가 되고, 마오리족은 격변의 시기를 겪었다. 1840년 마오리족은 자신들을 보호해 주는 대가로 영국에 뉴질랜드의 통치권을 양도하는 와이탕이 조약을 체결했다. 이후 이민자가 급속히 증가하면서 갈등이 커졌고, 마오리족이 북섬 중부 땅을 몰수당하게 되는 뉴질랜드 전쟁으로 이어진다. 1880년대 초 냉동선이 개발되자 오지에서도 농목업이 발전하였다. 그 후 뉴질랜드는 개척이 진전됨에 따라 1907년 영국의 자치국이었다가 1947년 독립하였다.

맛나다

1. 먹을거리 이야기

뉴질랜드는 목축의 왕국으로 양고기, 사슴고기, 쇠고기의 주요 생산국이다. 질이 좋고 비싸지 않은 육류요리로 유명하며, 스테이크로 먹거나 훈제로 먹는 등 조리법도 다양하다. 닭고기나 돼지고기보다 소고기가 저렴하다.

바다에 둘러싸인 뉴질랜드의 환경은 다양한 해산물 요리를 발전시켰다.

신선한 해산물을 쉽게 구할 수 있는 환경을 가지고 있어 연어, 왕새우, 굴, 조개요리를 해산물 전문요리점에서 비교적 싸게 맛볼 수 있다. 특히 랍스터의 일종인 크레이피시가 유명한데 바닷가재와 비슷하고 집게가 상대적으로 작은 갑각류이다. 끓는 물에 익혀 레몬즙을 뿌려먹는 요리가 유명하다.

뉴질랜드는 아보카도, 쿠라마 등의 채소와 과일도 풍부하다. 키위는 가장 인기 있는 과일이며, 살구와 딸기의 일종인 보이스베리를 많이 생산한다. 독특한 향기와 맛을 자랑하는 과일들이 많아서 흔히 뉴질랜드를 두고 '남태평양의 과일 바구니'라고 부르기도 한다.

2. 요리거리

1) 키위kiwi

다래나무과의 낙엽 덩굴식물이다. 키위는 원래 중국 남부에서 자라는 식물이었으나,

키위

초록입술홍합

굴

20세기 초에 뉴질랜드에서 재배되기 시작하였다. 키위란 이름은 뉴질랜드의 나라새인 키위와 닮았다고 해서 붙여졌다.

2) 초록입술홍합green-shelled mussel

홍합의 입술(껍데기)이 녹색 빛깔을 띤다고 하여 녹색입술홍합이라 한다. 간단히 쪄서 먹는 것이 가장 맛있다. 모든 부분이 사르르 녹는 질감과 달콤하고 크리미한 맛이 일품이다. 뒷맛은 독특하고 바다의 향을 느낄 수 있다.

3) 굴oyster

블러프Bluff 굴은 세계 최고를 자랑한다. 포보 해협Foveaux Strait의 차고 깨끗한 해역에서 서서히 생장한 굴이 수확되면 뉴질랜드 전역으로 운송된다. 생으로도 먹고, 파스타 등의 요리에 많이 들어간다. 퍼시픽 오이스터라는 굴은 해초 향기가 강해서 인기가 많다.

3. 주요 먹을거리

1) 양고기 로스트lamb roast

청정지역인 목축왕국의 가장 일반적인 먹거리는 역시 육류이다. 즙이 많고 연한 양고기 로스트는 키위(뉴질랜드 사람)들이 가장 즐겨 먹는 음식의 하나이다. 뉴질랜드 양고기는 전 세계적으로 인기가 있으며, 이 나라의 육류 수출에 한몫을 차지하고 있다. 로즈마리와 제철 채소를 넣어 조리하는 양고기 로스트가 대표적이다.

2) 항이hangi요리

항이란 흙 오븐earth oven이라는 뜻이며, 항이요리는 지난 2000여 년간 마오리인들이 가장 널리 이용한 조리법이다. 온천지역인 북섬 중부의 로토루아에 가면 쉽게 맛볼 수 있는 돌찜구이이다. 땅에 큰 구멍을 파고 뜨겁게 달군 돌맹이를 넣은 후 위에 하라케케 나뭇잎으로 싼 식품을 얹고 흙으로 덮어서 물을 뿌려가며 수증기와 지열로 서너 시간 익힌다. 하라케케의 향이 재료에 베어 향기롭고, 고기는 부드럽다.

3) 피시 앤 칩스fish and chips

피시 앤 칩스는 영국 이민자들이 많은 뉴질랜드에서도 거의 전통음식 수준이다. 흰살 생선과 감자를 기름에 튀겨 함께 담은 요리로 값싸고 대중적이다. 키위들이 가장 많이 즐기는 음식으로 꼽히는 피시 앤 칩스는 케첩을 찍어 먹기도 한다.

4) 토헤로아 수프toheroa soup

뉴질랜드 남섬과 북섬의 몇몇 해안에서만 발견되는 토헤로아 조개로 만든 수프이다. 카키색의 토헤로아 수프는 뉴질랜드에서 전통적으로 크리스마스 만찬의 첫 번째 코스요리였으며, 환상적으로 향긋한 향미를 자랑한다.

양고기 로스트

항이요리

토헤로아 수프

파블로바

호키포키

5) 파블로바pavlova

머랭meringue류의 디저트로 뉴질랜드를 대표하는 디저트이다. 달걀흰자로 거품 낸 머랭을 구운 후 크림과 과일을 올려서 만든 것으로 단맛이 강하다. 겉은 바삭하고 속은 촉촉하여 입안에서 부드럽게 녹으며, 특히 크리스마스 식탁에 빠지지 않는 메뉴이다.

6) 호키포키hokey pokey

키위들은 단 것을 좋아하고, 아이스크림 애호가이다. 그 중에서도 벌집 조각이 들어가 있는 바닐라 아이스크림인 호키포키가 가장 인기를 누리고 있다. 캐러멜이 들어 있는 아이스크림이다.

7) 와인wine

뉴질랜드는 신흥 와인생산국으로 최근 들어 좋은 품질의 화이트 와인을 생산해 세계 시장에서 주목받고 있다. 세계 와인 시장에서 주목을 끈 것은 소비뇽 블랑sauvignon blanc으로 현재 뉴질랜드를 대표하는 와인이 되었다. 특히 말보로marlborough 지역의 소비뇽 블랑은 매우 명성이 높으며 1980년대 이후 국제대회에서 높은 수상을 하면서 국제적으로 인정을 받게 되었다. 무거운 풀 보디full body의 피노 누아, 가벼우며 과일 향이 그윽한 소비뇽 블랑, 입을 가득 채우는 메를로가 있다.

4. 밥상머리 맵시

- 식사 중에 다른 음식이 있는 식기나 소금, 소스, 샐러드 등이 자신의 위치와 멀리 떨어져 있을 때에는 반드시 가까운 자리에 앉아 있는 사람에게 "Pass me … please." 라고 말한다. 다른 사람이 같은 부탁을 할 때에도 그 사람에게 전달해 주도록 한다.
- 음식을 소리 내지 않고 먹는다. 특히 수프를 마실 때나 국수를 먹을 때 소리를 많이 내게 되는데 이 나라에서는 그런 태도를 좋지 않게 생각한다.
- 자신이 먹고 싶지 않은 음식을 상대방이 권할 때는 언제나 "No, thank you."라고 말한다.

똑! Knock!

키위kiwi

키위는 여러 가지 의미를 가지고 있다. 첫 번째는 뉴질랜드의 국조國鳥로 뉴질랜드에만 서식하며 날개가 퇴화되어 날지 못하는 새의 이름이다. 이 새는 야행성으로 밤마다 '키~위~' 하고 울어 뉴질랜드 원주민인 마오리족이 '키위'라 이름 지었다. 이 새는 뉴질랜드에서만 서식하고 있어 뉴질랜드 사람들의 국가적 상징이 되었다.

두 번째 키위는 뉴질랜드에 사는 백인을 칭하는 말이다. 그들은 스스로를 "I'm kiwi."라며 좋아하는데, 원주민 마오리족에게 배려하는 사람, 근면 성실한 사람을 뜻하는 이름이라고 한다.

세 번째 키위는 우리도 잘 알고 있는 과일 키위다. 키위 새와 몸통과 모양이 똑같아서 붙은 이름으로 키위 새와 헷갈리지 않기 위해 영어로는 반드시 과일을 뜻하는 fruit를 붙여 kiwifruit라고 쓴다.

참고문헌 및 이미지 출처

강지영, 미식가의 도서관, 21세기북스, 2013.

강진형, 안빈, 홍종숙, 아름다운 우리 식기, 교문사, 2005.

구난숙, 권순자, 이경애, 이선영, 세계 속의 음식문화(개정4판), 교문사, 2016.

구천서, 세계의 식생활문화, 향문사, 2000.

권오길, 권오길의 괴짜 생물 이야기, 을유문화사, 2012

김기숙, 한경선, 교양을 위한 음식과 식생활 문화, 대한교과서, 1997.

김상보, 조선시대의 음식문화, 가람기획, 2005.

김지영, JUST GO 스페인·포르투갈, 시공사, 2016.

김태정, 손주영, 김대성, 음식으로 본 동양 문화, 대한교과서, 1999.

김혜영, 인도네시아의 식문화 연구: 인도네시아 식생활을 중심으로, 한국식생활문화학회지 7권 1호, 1992.

농림수산식품교육문화정보원, EPIS World trade&pdicy research, 2014년 칠레 농업 현황, 2014. 7. 23.

동아시아식생활학회 연구회, 세계의 음식문화, 광문각, 2007.

레오나르도 다 빈치 지음, 김현철 옮김, 세 마리 개구리 깃발 식당, 책이 있는 마을, 2011.

레오나르도 다 빈치 지음, 김현철 옮김, 한 천재의 은밀한 취미, 책이 있는 마을, 2002.

마빈 해리스 지음, 서영진 옮김, 음식문화의 수수께끼, 한길사, 2008.

박금순, 정외숙, 신영자, 김향희, 정현숙, 박어진, 지구촌 음식과 식생활문화, 도서출판 효일, 2007.

박반야, 식음 테이블에서의 센터피스 선호도에 관한 연구, 한국식공간학회, 제10권 제2호, 2015.

백종민, 젓가락의 무게가 식사 만족도에 미치는 영향, 경기대학교 관광전문대학원 석사학위논문, 2016.

사이먼 킴, 영혼의 안식처, 한솜미디어, 2011.

서정교, 문화경제학, 한울출판사, 2003.

엘라인 맥킨토시 저, 김형곤 편역, 미국의 음식문화, 역민사, 1999.

오재복, 류무희, 김지영, 장혜진, 황지희, 새로 쓴 테이블 코디네이트, 교문사, 2012.

오재복, 방짜유기(方字鍮器) 활용방안에 관한 연구, 경기대학교 관광전문대학원 박사학위논문, 2008.
우문호, 우기호, 권상일, 김경환, 변태수, 엄원대, 글로벌시대의 음식과 문화, 학문사, 2006.
유한나, 계수경, 김진숙, 김효연, 함께 떠나는 세계 식문화, 백산출판사, 2009.
이어령, 이지로그, 생각의 나무, 2006.
임영상 외, 음식으로 본 서양문화, 대한교과서, 1999.
장 졸리 지음, 이진홍, 성일권 옮김, 지도로 보는 아프리카 역사 그리고 유럽, 중동, 아시아, 시대와 창, 2014.
정현숙, 조연숙, 세계 식생활 문화 이해, 양서원, 2012.
조윤준, 우나리야, 김현정, 최원석, 신미경, 세계의 식생활과 문화, 파워북, 2014.
최광진, 한국의 미학: 서양, 중국, 일본과의 다름을 논하다, 미술문화, 2015.
최정희, 최남순, 조우균, 이영미, 차성미, 세계 식생활과 문화, 파워북, 2014.
하숙정, 이종임, 박보경, 50년 역사로 엮은 한국음식, 수도출판문화사, 2015.
하진영, 오선영, 영화로 보는 매너와 에티켓, 파워북, 2014.
한성우, 우리음식의 언어, 어크로스, 2016.
한정혜, 가정요리, 정우문화사, 1991.
한정혜, 세계가정요리전집, 정우출판사, 1985.
한정혜, 한국요리, 정우문화사, 1992.
한정혜, 한국요리, 정우진흥, 2004.
今田美奈子, 貴婦人が愛したお菓子, 角川書店, 1991.

기타 문헌

다음백과
두산백과
위키백과
페루관광청
한국민족문화대백과사전
조선일보, 2017년 3월 9일자
에쎈, 2016년 1월호
행복이 가득한 집, 2009년 6월호

이미지 출처

http://blog.naver.com/paradise_tnl/196617934
http://upload.wikimedia.org/wikipedia/commons/f/fd/Le-Procope.jpg

http://4.bp.blogspot.com/-cHXWrmS5k-w/TntUvYmdsoI/AAAAAAAAA0Y/vWL7aPHruc4/s320/you_tiao-300x225.jpg

http://art1.photozou.jp/pub/734/233734/photo/20391817_624.v1488243641.jpg

http://blog.naver.com/jose_jose/220846815998

http://blog.sizen-kankyo.com/blog/wp-content/uploads/%E6%9C%AC%E8%86%B3%EF%BC%93.jpg

http://blog-imgs-24.fc2.com/k/u/i/kuimakuru/20070306_2.jpg

http://cfile209.uf.daum.net/image/2759A14C527546110DCBB6

http://cfs10.tistory.com/image/5/tistory/2009/01/03/22/32/495f68d31dc89

http://cfs12.tistory.com/original/5/tistory/2008/11/11/12/21/4918fa2ae64fe

http://imagec.navi.com/images/templates/TAIPEI/5044097/de714027b58b74e3_S2.jpg

http://iseshou.com/files/product/x-large/303.jpeg

http://kin.naver.com/qna/detail.nhn?d1id=9&dirId=9020201&docId=253311033&qb=66+46rWtIOuMgO2RnCDsnYzsi50=&enc=utf8&section=kin&rank=1&search_sort=0&spq=0&pid=T4OYowpySo0sstttvfCssssssuK-366347&sid=uh%2BNLL4zQIdwsmT0x4Bgjg%3D%3D

https://kr.fotolia.com/

http://scontent.cdninstagram.com/t51.2885-15/s480x480/e15/11084779_459455014203539_202258447_n.jpg?ig_cache_key=OTQ2MTA1NDY3MjI4MjAyMzQw.2

http://sfshow.bayvoice.net/wp-content/uploads/sites/18/2016/02/IMG_1692-e1455935844377.jpg

http://terms.naver.com/entry.nhn?docId=2095058&cid=42864&categoryId=50859

http://thumbs.dreamstime.com/z/locum-10625085.jpg

http://thumbs.dreamstime.com/z/turkish-pide-1295676.jpg

http://ttcfd.hanatour.com/@ext_640x480/2015030953/gjejx6/18.jpg

http://uds.gnst.jp/rest/img/mw08vg7a0000/s_0ndo.jpg?t=1477385226

http://v.media.daum.net/v/20170120170430899

http://whatscookingamerica.net/Menu/DiningEtiquetteGuide.htm

http://www.australia.com

http://www.chaovietnam.co.kr/archives/6387

http://www.heianjidai.com/img/kotoba.jpg

http://www.koreatimes.com/article/20040922/201368

http://www.museum.city.nagoya.jp/img/exhibition/special/past/tenji090620/img_02.jpg

http://www.tamagawa.ac.jp/sisetu/kyouken/kamakura/bokie.jpg

http://www.turkishculture.org/images/page/trabzonekmegi.jpg

http://www.visitthailand.or.kr/home/info.php?mid=149

http://www.yousccd.com/images/oays44ddmnxw6ltdny/bbs/20140107/20140107113057371 4.jpg

https://2.bp.blogspot.com/-LLtxzjktPCo/VYlRS20AsFI/AAAAAAAAEBM/dQgzC6o5yoU/s640/%25E5%2585%25AB%25E7%258F%258D%25E7%2582%2592%25E9%25BA%25B5%2B%25282%2529.jpg

https://encrypted-tbn0.gstatic.com/images?q=tbn:ANd9GcQ3-ROZ70EQfhA_9JrixmfL-npyhJyvbcxzcdafzYptZmwWxt3m

https://encrypted-tbn1.gstatic.com/images?q=tbn:ANd9GcSAf29biB9YAafs_tbkYHzK9AtSgieth8yhfIhRVawx1Y113ZNX

https://foodculturewriting.files.wordpress.com/2014/04/e5aeaee4bf9de99b9ee4b88101.jpg

https://ginskitchen.files.wordpress.com/2013/05/mantou2.jpg?w=600&h=370

https://i2.kknews.cc/large/97200021556896f2c77

https://ilovestinkytofu.files.wordpress.com/2013/01/2012-09-01-19-01-26.jpg?w=474

https://issuu.com/chaovietnam/docs/vol304/66

https://ko.wikipedia.org/wiki/%ED%8C%8C%EC%9D%BC:
13-08-31-wien-redaktionstreffen-EuT-by-Bi-frie-133.jpg; 4577_-_Mercato_di_Ortigia,_Siracusa_-_Foto_Giovanni_Dall%27Orto,_20_marzo_2014.jpg; Ayran_a%C5%9F%C4%B1.jpg; Beer_wuerzburger_hofbraue_v.jpg; Berliner_Pfannkuchen_in_Stuttgart.jpg; Br%C3%B6tchen.JPG; Bullabessa.jpg; Christmas_pudding.JPG; Compote.jpg; FoodApplePie.jpg; Fresh_ayran.jpg; Haggis.JPG; NCI_bacon.jpg; Rosinenstuten.jpg; Schweinshaxe_Chiang_Mai.JPG; Simit.jpg; Somerset-Cheddar.jpg; Tavuk_ve_bulgur_pilav%C4%B1.jpg; TillysTavernFish.JPG; Traditional.Sunday.Roast-01.jpg

https://media-cdn.tripadvisor.com/media/photo-s/02/1b/38/74/500.jpg

https://translate.google.co.kr/translate?hl=ko&sl=es&u=https://es.wikipedia.org/wiki/Limonada&prev=search

https://upload.wikimedia.org/wikipedia/commons/
2/24/Bullabessa.jpg; 3/32/Croissant.jpg; 3/3c/Tea_at_the_Rittenhouse_Hotel.jpg; 4/49/Shokado01s3200.jpg; 4/4d/Camembert_%28Cheese%29.jpg; 5/57/Croquettes_with_salad.jpg; 5/5b/Ramadan_Dinner_2005-11-07.jpg; 8/82/Sukiyaki_by_nyaa_birdies_perch_in_Tokyo.jpg; 8/8e/Doner_kebab%2C_Istanbul%2C_Turkey.JPG; 9/97/Nl-baguettes2.jpg; a/a2/Botrytisgrape.JPG; c/c4/Gouda.jpg; d/d3/KatharinavonMedici.jpg; f/f6/Pate_de_foie_gras_with_Sauternes_and_bread.jpg

https://upload.wikimedia.org/wikipedia/commons/thumb/
0/06/Po%C4%9Fa%C3%A7a_bread.jpg/800px-Po%C4%9Fa%C3%A7a_bread.jpg; 0/07/Bouquet_garni_p1150476_extracted.jpg/800px-Bouquet_garni_p1150476_extracted.jpg; 1/11/Turkish_Baklava.

JPG/800px-Turkish_Baklava.JPG; 1/12/Weisswursttopf_Brezn_Senf.jpg/800px-Weisswursttopf_Brezn_Senf.jpg; thumb/1/1b/Foie_gras_DSC00180.jpg/1280px-Foie_gras_DSC00180.jpg; 2/26/EU-Germany.svg/800px-EU-Germany.svg.pngLocation of Germany; 2/26/Truffe_noire_du_P%C3%A9rigord.jpg/220px-Truffe_noire_du_P%C3%A9rigord.jpg; 2/29/Beef_bourguignon_NYT.jpg/1280px-Beef_bourguignon_NYT.jpg; 2/29/Cuisine_of_China_0106.JPG/800px-Cuisine_of_China_0106.JPG; 2/2a/Scone_varieties.jpg/800px-Scone_varieties.jpg; 3/37/Historisches_Oktoberfest.JPG/800px-Historisches_Oktoberfest.JPG; 3/3a/Chateaubriand_with_Bearnaise.jpg/800px-Chateaubriand_with_Bearnaise.jpg; 3/3b/WP_20140904_019.jpg/800px-WP_20140904_019.jpg; 3/3e/Cormeilles_Market_9_Artlibre_jnl.jpg/1024px-Cormeilles_Market_9_Artlibre_jnl.jpg; 4/48/Pilav.JPG/800px-Pilav.JPG; 4/4a/Brioche.jpg/800px-Brioche.jpg; 5/50/%C5%9Ei%C5%9F_kebap_and_pilav.jpg/800px-%C5%9Ei%C5%9F_kebap_and_pilav.jpg; 5/56/Marrons_glac%C3%A9s.jpg/800px-Marrons_glac%C3%A9s.jpg; 5/53/Beaujolais_nouveau_wine.jpg/800px-Beaujolais_nouveau_wine.jpg; 5/56/Turkish_coffee_in_Istanbul.jpg/1024px-Turkish_coffee_in_Istanbul.jpg; 5/5a/Gourmet_coq_au_vin.jpg/800px-Gourmet_coq_au_vin.jp; 2/27/Ratatouille.jpg/800px-Ratatouille.jpg; 5/5a/Pachyrhizus_erosus_2.jpg/800px-Pachyrhizus_erosus_2.jpg; 5/5b/Turkish_tea2.jpg/800px-Turkish_tea2.jpg; 5/5e/Cochon_truffier.JPG/800px-Cochon_truffier.JPG; 5/5f/Louis_XIV_of_France.jpg/800px-Louis_XIV_of_France.jpg; 6/6a/Jacques_Lameloise%2C_escab%C3%A8che_d%27%C3%A9crevisses_sur_gaspacho_d%27asperge_et_cresson.jpg/250px-Jacques_Lameloise%2C_escab%C3%A8che_d%27%C3%A9crevisses_sur_gaspacho_d%27asperge_et_cresson.jpg; 6/6a/Pain_de_Campagne.jpg/800px-Pain_de_Campagne.jpg; 6/6f/Farshirovannyi_peretz.jpg/1280px-Farshirovannyi_peretz.jpg; 7/76/Riesling_grapes_leaves.jpg/1024px-Riesling_grapes_leaves.jpg; 7/78/Schweizerhaus04.jpg/1024px-Schweizerhaus04.jpg; 7/7c/Firinda_s%C3%BCtla%C3%A7.jpg/800px-Firinda_s%C3%BCtla%C3%A7.jpg; 8/80/Great_Britain_%28orthographic_projection%29.svg/792px-Great_Britain_%28orthographic_projection%29.svg.png; 8/82/Scotch_Eggs.jpg/220px-Scotch_Eggs.jp; 8/84/Buche_de_Noel_%28Yule_Log%29.jpg/1024px-Buche_de_Noel_%28Yule_Log%29.jpg; 8/88/Brie_01.jpg/1280px-Brie_01.jpg; 9/92/Roquefort_cheese.jpg/800px-Roquefort_cheese.jpg; 9/93/BakedPotatoWithButter.jpg/800px-BakedPotatoWithButter.jpg; 9/9b/Petits.fours.wmt.jpg/800px-Petits.fours.wmt.jpg; 9/9e/French_republic%2BEEZ_without_Antarctica-en.svg/722px-French_republic%2BEEZ_without_Antarctica-en.svg.pn; a/a2/Whiskyhogmanay2010.jpg/800px-Whiskyhogmanay2010.jpg; a/a3/Rostas_%28ready_and_served%29.JPG/800px-Rostas_%28ready_and_served%29.JPG; a/a5/Kabinet_Riesling_from_Graacher_Himmelreich.jpg/800px-Kabinet_Riesling_from_Graacher_Himmelreich.jpg; a/a6/Naschmarkt_Wien_2009_PD_20091008_031.JPG/1024px-Naschmarkt_Wien_2009_PD_20091008_031.

JPG; a/a8/Homemade_Hot_Cross_Buns.jpg/800px-Homemade_Hot_Cross_Buns.jpg; a/ac/Simnel_cake_1.jpg/800px-Simnel_cake_1.jpg; b/b0/German_Bratw%C3%BCrste.jpg/250px-German_Bratw%C3%BCrste.jpg; b/b5/Blutwurst.jpg/1024px-Blutwurst.jpg; b/b5/T%C3%BCrk_Kahvesi_-_Bakir_Cezve.jpg/800px-T%C3%BCrk_Kahvesi_-_Bakir_Cezve.jpg; b/b8/Joghurt.jpg/800px-Joghurt.jpg; b/b9/Semmelkn%C3%B6del.jpg/800px-Semmelkn%C3%B6del.jpg; b/b9/Tajinbottle.jpg/800px-Tajinbottle.jpg; b/ba/Pastirma1.jpg/800px-Pastirma1.jpg; b/bb/Pf%C3%A4lzer-Leberwurst.JPG/1024px-Pf%C3%A4lzer-Leberwurst.JPG; b/bf/Cornish_pasty.jpeg/1024px-Cornish_pasty.jpeg; b/bf/Net_Migration_Rate.svg/260px-Net_Migration_Rate.svg.png; c/c1/Irish_bangers_and_mash.jpg/800px-Irish_bangers_and_mash.jpg; c/c2/Emmentaler.jpg/800px-Emmentaler.jp; c/c3/Petra_metzes.jpg/800px-Petra_metzes.jpg; c/c9/Truffle_washed_and_cut.jpg/800px-Truffle_washed_and_cut.jpg; c/cb/Pilsner_Urquell_2_%28cropped%29.jpg/800px-Pilsner_Urquell_2_%28cropped%29.jp; d/d0/Mince_Pie.jpg/1024px-Mince_Pie.jpg; d/d1/Akcaabatkofte.jpg/800px-Akcaabatkofte.jp; d/d1/Scotch_whiskies.jpg/1024px-Scotch_whiskies.jpg; d/d9/Fladenbrot-1.jpg/800px-Fladenbrot-1.jpg; d/db/Oktoberfest_inside_Hippodrom.jpg/800px-Oktoberfest_inside_Hippodrom.jpg; d/dd/8.28.12CheeseburgerMacByLuigiNovi1.jpg/800px-8.28.12CheeseburgerMacByLuigiNovi1.jpg; d/dd/Turkey_%28orthographic_projection%29.svg/553px-Turkey_%28orthographic_projection%29.svg.png; d/df/Schwarzwaelder_Schinken-01.jpg/800px-Schwarzwaelder_Schinken-01.jpg; e/e6/Lamb-stew.jpg/150px-Lamb-stew.jpg; f/f1/Inniskillin_Eiswein_1984.jpg/130px-Inniskillin_Eiswein_1984.jpg; f/fa/Gruy%C3%A8re.jpg/1024px-Gruy%C3%A8re.jpg; f/fa/Sandwich9200280.jpg/800px-Sandwich9200280.jpg; f/fe/DongPoRou.jpg/250px-DongPoRou.jpg

https://www.tripadvisor.com/Restaurant_Review-g293974-d1085710-Reviews-Matbah_Ottoman_Palace_Cuisine-Istanbul.html#photos;geo=293974&detail=1085710&ff=158669631&albumViewMode=hero&albumid=101&baseMediaId=158669631&thumbnailMinWidth=50&cnt=30&offset=-1&filter=7

https://www.tripadvisor.com/Restaurant_Review-g298006-d740275-Reviews-Deniz_Restaurant-Izmir_Izmir_Province_Turkish_Aegean_Coast.html#photos;geo=298006&detail=740275&ff=144562229&albumViewMode=hero&albumid=101&baseMediaId=144562229&thumbnailMinWidth=50&cnt=30&offset=-1&filter=

찾아보기

ㄱ

가도가도 106
가스파쵸 194
가쓰오부시 75
가이세키요리 73
가이토스트 210
갈랑갈 87
감자 157, 257, 300
감자 주식 문화권 16
건해삼 66
검보 261
경엽채류 26
계례 44
고르곤촐라 183
고우다 146
고이꾸온 97
고이응오센톰텃 99
과라나 284
과채류 26
관례 43
광둥요리 67, 69
교자상 40
구아카몰 소스 275
굴 318
그라탱 147
그라파 185
그뤼예르 145
근채류 26
기이 127
까빼 89
까샤사 284
까수엘라 295
까이삐링야 285
까페 꼬르따도 296
까페 다 99
껌승 98
껌찐하이산 98
께짭 마니스 소스 104
꼬치니요 아사도 194
꽈므업당 95
꾸란또 295
꿀 310

ㄴ

나나이모바 266
나베모노 78
나시고랭 104
나시뚬 105
나초 277
난 130
남똑무 90
남프릭 89
남플라 89
노르웨이 205
누벨 퀴진 141
뉴질랜드 315
느억맘 96
늑등 96
늑짬 96
늑쿳메 96
니모노 78
닐기리 128

ㄷ

다과상 40
다즐링 128
다히 127
단오 50
달 마살라 130
대보름 48
대추야자 238
데미타스 185
덴데오일 282

도넛 259
도네르케밥 114
독일 154
돈부리 79
돌마 114
돌상 43
돌잡이 43
동지 54
또르띠야 273, 276
똠얌 89
뜨바록 226
뜨응엇 96

ㄹ

라구 181
라따뚜이 149
라마단 110, 235
라멘 81
라씨 131
라우멍싸오또이 99
라이스 페이퍼 95
라키 120
락스 햄 158
러셋감자 257
러시아 222
레버부르스트 158
레오나르도 다 빈치 186
렌당 105
렌틸콩 126
렌즈콩 126
로르 117
로모 살타도 302
로스트 비프 168
로스티드 라인디어 210
로지넨쿠켄 160
로쿰 118
로크포르 145
로티 129
루이보스 티 250
루쿠마 294
리모나다 201
리몬첼로 185
리스트레토 185
리슬링 162
리조또 184
링곤베리 219

ㅁ

마니오크 281
마데이라 와인 201
마롱글라세 149
마리스꼬 193
마살라 126
마살라 차이 131
마추픽추 303
마테차 289
맘또옴 96
맛초트 241
맥주 161
메이지 시대 74
메이플 시럽 265
메제 113
멕시코 271
멕시코 소스 275
멘도사 290
모떼 꼰 우에시요 296
몰레 소스 275
무교병 241
무께까 283
무오일 53
무화과 248
미고랭 104
미국 255
미소 76
미트파이 311
민스파이 173
밀 248
밀 주식 문화권 16

ㅂ

바게트 146
바비큐 262
바스마티 라이스 126
바이스부르스트 158
바질 페스토 180
바칼라우 199
바클라바 118
반꾸온 98
반미 97
반보후에 97
반상 37
반쎄오 98
반짱 95
반콧 99
발렌베리 버거 214
백설병 41
백일상 42
백자 56
베를리너 160
베야즈 페이니리 117
베이글 259
베이징요리 68
베이컨 167, 258
베지마이트 312
베트남 93

베트남 소스 96
베페 데 로모 287
병아리콩 247
보드카 224
보라랏 99
보르도 150
보르시치 229
보졸레 누보 150
봄빌라 289
뵈프 부르기뇽 148
부르고뉴 150
부리또 277
부시 드 노엘 151
부시 터커 312
부야베스 147
부케가르니 144
분짜 100
브라질 279
브라트부르스트 158
브뢰첸 160
브리 146
브리야니 130
브리오슈 147
블루트부르스트 158
블리니 228
비노 데 헤레스 195
비페 데 초리소 287
빠리야다 294
빠스뗄 데 초클로 294
빠스텔 284
빠에야 193
빤 데 빠스구아라 292
빵 202
빵나무열매 104
뺄메니 229
뿌로 218
뿌체로 289
쁘띠푸르 149
삐노 296
삐스꼬 302
삐스꼬 사워 297

ㅅ

사떼 96, 106
사모바르 225
사모사 131
사오뗍 99
사워크림 소스 275
사탕수수 281
사프란 199
산둥요리 66
산채류 27
살미아키 220
살사 멕시카나 275
삼발 소스 104
삼복 51
삼신상 41, 42
삼짇날 49
삼칠일 41
상례 45
상어 지느러미 64
상하이요리 68
새끼돼지구이 199
샌드위치 170
샤슬릭 229
샤토브리앙 148
샬롯 87
샴페인 151
샹그리아 195
석류 239
섣달그믐 55
설날 47
세비체 301
소또 105
소바 80
소비뇽 블랑 320
소빠이삐야 295
소프트 타코 276
솜땀 90
숫야비 96
송로버섯 310
수르스트뢰밍 213
수식 문화권 18
수저 57
수프가니아 237
순록고기 218
숩꾸어 99
쉬시케밥 114
쉬틀라츠 118
슈냉 블랑 250
슈바인스학세 159
슈와르마 240
슈하스코 283
스리라차 소스 89
스메타나 226
스뫼레브뢰 209
스뫼르고스보르드 207, 213
스시 76
스웨덴 211
스이모노 77
스카치 에그 171
스카치 위스키 172
스콘 171
스페인 189
시골빵 146
시미트 117
시시 타우크 266

시식 46
시저 샐러드 259
식기 55
식문화 14
심넬 케이크 173
쌀 26, 87, 95
쌀국수요리 97
쌀요리 98
쌀 주식 문화권 16
쏘이 98
쏠랸까 228
쓰게모노 77
쓰촨요리 67, 69

ㅇ

아라비아 핀란드 217
아로스 드 마리스쿠 200
아르헨티나 286
아사도 288
아사이베리 282
아삼 128
아유르베다 132
아이란 116
아이스바인 159, 163
아이스 와인 266
아인토프 157
아체토 발사미코 181
아쿠아비트 213
아페리티프 와인 152
아프리카 245
안후이요리 67
알몬소 280
알무에르소 272
애프터눈 티 165
야키모노 77
약식동원 25
얌운센 91
양고기 242
양고기 로스트 318
에그 플랜트 87
에도 시대 73
에멘탈 146
에스카르고 143
에스프레소 185
에이시 249
에크맥 117
에티켓 151
엔칠라다 277
엔트라다 287
엠파나다 288
여우하오 96
연어 207, 264
영국 164
오니기리 79
오코노미야키 81
옥수수 248, 257, 273
옥수수 주식 문화권 16
옥토버페스트 161
온쫌 105
올리브유 180, 192
옹기 56
와사비 75
와인 150, 162, 184, 250
와일드 라이스 265
요구르트 116
요크셔 푸딩 168
우동 80
우하 228
유기 56
유두 51
유대인의 축제일 240
유프카 118
음양오행 25
이집트빵 249
이집트콩 247
이칸 104
이탈리아 177
이탈리아 식사 코스 187
인도 122
인도네시아 101
인도네시아의 소스 104
일본 71
일상식 상차림 36

ㅈ

자우어크라우트 160
자일리톨 219
자쿠스카 230
자포니카형 26
잔타르 281
잠발라야 260
장국상 39
장쑤요리 66
재킷포테이토 169
저식 문화권 18
저장요리 67
절식 46
젓가락 57
제례 46
제비집 64
제상 46
젝트 163
젤라또 183
주안상 39
죽상 38
중구 53

중국 59
중국의 4대 요리 68
중국의 8대 요리 66
중동 233
중하절 49
지중해 식단 198
짜죠 98

ㅊ

차 64
차이 119
차파티 129
채식주의 125
체더 치즈 169
체리모야 293
초록입술홍합 318
초르바 116
초리소 194
초콜릿 275
초파일 50
최케렉 117
추석 52
추수감사절 261
츄로 194
치먼 홍차 64
치즈 145, 183
치킨 커리 130
칙피 247
칠레 291
칠리 페퍼 273
칠면조 257
칠석 52

ㅋ

카랄란피락카 220
카망베르 145
카사바 103, 281
카스트 제도 123
카오팟 90
카이제르젬멜 160
카카오 275, 301
카페 142
카페 다 마냥 280
카페징요 284
카피르 라임 87
칼두 베르도 201
칼디요 데 콘그리오 295
칼라쿠코 220
칼루아 피그 261
캐나다 263
캐비어 226
캥거루 고기 310
커리가루 126
커리 페이스트 89
커틀러리 문화권 18
커피 247, 281
케냐AA 248
케밥 114
케이자다 200
케이준 261
케이준 스파이스 261
케피르 225
코니시 패스티 170
코리앤더 199
코셔 235
코셔 마크 235
코코넛 밀크 103
코코뱅 148
콜돌마르 214
콩 26
쿠스쿠스 249
쿠쿠 사브지 242
쿠헨 292
퀘사디아 277
퀘프테 114
퀴노아 294, 300
크네델 159
크로켓 159
크루아상 147
크리스마스 푸딩 173
클램 차우더 260
키르 131
키위 317, 321

ㅌ

타르투포 181
타이 셀렉트 92
타코 276
타틀르 118
타파 193
타피오카 281
탄두리 치킨 129
탈리 129
태국 85
태국의 국수 91
태국의 소스 89
터키 109
테킬라 278
템페 105
토란 103
토마토 181
토마토 케첩 258
토헤로아 수프 319
통과의례 상차림 41

퇴르피스크 208
투쿠피 282
튀르크 카베시 120
트라바세이루 200
트라시 103
트러플 143
트로켄베렌아우스레제 163
티라디토 302
티라미수 184

ㅍ

파블로바 320
파스델 데 나타 200
파스타 182
파우미투 281
파이 170
팔도 향토음식 28
팔라펠 240
팜파스 287
팟타이 91
퍼 97
페란 아드리아 196
페루 298
페이조아다 200, 283
폐백 44
포도 293
포르또 201
포르치니 버섯 311
포르투갈 197
포리콜 209
포스트레 288
포아차 118
푸아그라 143
푸젠요리 67
푸틴 265
풀케 278
프라이드 치킨 258
프랑스 139
프랑스빵 146
프랑스 코스요리 142
플래퍼 파이 266
피노타쥬 250
피데 117
피로시키 227
피스코 302
피시 앤 칩스 168, 311, 319
피자 182
피키 더프 266
피타 241
핀란드 216
필라프 115, 130, 249
필미열크 214
필스너 161

ㅎ

하누카 237
하드 타코 277
하람 238
하몬 192
한국 23
할라피뇨 273
할랄 238
할랄 마크 238
할례식 110
할바 118
핫도그 258
핫 크로스 번 173
항이요리 319
해기스 169
햄버거 258
향신료 133
헤페초프 160
호르머 238
호샤프 119
호이신 소스 96
호주 307
호키포키 320
호프 식사예절 155
혼례 44
홀렙 227
홍차 165
화이타 276
회갑 44
회혼례 45
후난요리 67
후무스 241
히카마 274

저자 소개

류무희

경기대학교 대학원 외식조리관리학과 박사

현재 호원대학교 외식조리학부 교수

오재복

경기대학교 관광전문대학원 식공간연출전공 박사

현재 경기대학교 관광전문대학원 교수

김지영

경기대학교 대학원 외식조리관리학과 박사

현재 한양여자대학교 식품영양과 교수

장혜진

경기대학교 관광전문대학원 외식산업경영학과 식공간연출전공 박사

현재 한양여자대학교 외식산업과 교수

황지희

성신여자대학교 대학원 식품영양학과 박사

현재 청강문화산업대학교 푸드스쿨 조리전공 교수

만나다, 맛나다

세계음식문화

2017년 3월 20일 초판 인쇄
2017년 3월 25일 초판 발행

지은이 | 류무희·오재복·김지영·장혜진·황지희
발행인 | 유제구
발행처 | 파워북
주 소 | 경기도 고양시 일산동구 호수로 358-25
동문굿모닝타워 2차 529호
전 화 | (02) 730-1412
팩 스 | (031) 908-1410
등 록 | 1997. 1. 1 제 300-1997-13

정 가 22,000원
ISBN 978-89-8160-330-4 (93590)

잘못된 책은 바꿔드립니다.